叢書・ウニベルシタス　820

哲学者エディプス

ヨーロッパ的思考の根源

ジャン=ジョセフ・クロード・グー

内藤雅文 訳

法政大学出版局

Jean-Joseph Claude Goux
ŒDIPE PHILOSOPHE

This Book is published in Japan by arrangement
with Éditions Aubier, Paris
through le Bureau des Copyrights Français, Tokyo.

凡例

* 原文のイタリック体は太い明朝体の活字で示した。
* 原文の大文字で始まる単語は「　」で示した。
* 原文の《 》は、〈 〉で示した。
ただし、作品の長い引用箇所には、「　」を用いた。
* （ ）と［ ］は原文どおりである。
* 訳者の補足・説明には〔 〕を用いた。

目次

序論

人類学、比較神話学、あるいは物語研究《ナラトロジー》という手段を用いて、エディプス神話の論理についてより鋭敏な、より細分化した分析を行なえば、フロイトが精神分析による体験から位置づけたような〈エディプス〉への取り組み方を修正したり、さらには覆したりすることができるだろうか。法的に、この衝撃は保護されない。のみならず、彼の期待は不当なことでもあるのだ。フロイトは自己分析によって自分の中に、次いで男性患者たちの夢の中に、執拗な二つの幻想、父親殺しの幻想と母親との近親相姦の幻想を発見したが、そのときすぐにエディプス王の運命を思い出している。ソフォクレスは、エディプスの運命からギリシャ劇の中で最も完全な悲劇を引き出した。しかしフロイトにとっては、この神話と悲劇は幻想を核とする一つの文学的表現となる。そしてこの神話を解釈する作業は、もっぱら精神分析のためだけにということになるらしい。この神話が持っている何か執拗な、普遍的なものにおける心理的〈コンプレックス〉は、この神話の存在と、この悲劇の劇的展開がわれわれに及ぼす力とを説明すべきものなのだ。だからフロイトにとってはどうやら、神話的論理をさらに明快に理解することによって、コンプレックスの形成に関する何らかの解明を期待するなどということは問題外であるようだ。このコンプレックスこそが神話を説明するのであって、神話が一つの知の担い手として、精神分析による体験を問うというような何らかの資格を持っているわけではないのである。

この公準は、エディプス伝説の神話学的、人類学的なアプローチと、精神分析的なアプローチとの間に広く刻み込まれている事実上の分裂によって確固たるものと見える。マリー・デルクール、ジャン＝ピエール・ヴェルナンは、フロイトの読み方を充実させたり覆したりするよりもむしろ、それに対して断固として背を向けた[1]。ファン・デル・シュテレン、アンズィユー、グリーンは、精神分析の知と張り合ったり、これを脅かしたりすることができるような神話や悲劇について、たいしたことを学ばなかった[2]。

われわれのアプローチは、フロイト理論の認識論的公準に反して行なわれる。挑戦的な一つの反対命題にまとめると、われわれの命題は次のように表現されるだろう。コンプレックスを説明するのはエディプス神話だ、と。すなわち、主観性によるある種の歴史的制度の内部、特異な象徴的装置（エディプス神話はその最も強力な表現である）の枠組みがあればこそ、〈エディプス〉のような重要な存在が繰り返し現われてきて、叙述されることが可能であったのだ。西洋がエディプス的であるからこそ、フロイトは〈エディプス〉を発見したのである。またこの意味で、神話としてのエディプス神話の論理は、フロイトが〈コンプレックス〉によって示していると信じた記述を解明し、さらには覆すことができる。たぶんこのような復元操作を行なうことができさえすれば、フロイトの発見は、歴史的な磨耗によって彼の発見を支えていた概念が無効になってしまう恐れがあるときに、異なったやり方ではあるにしても、なおもわれわれに話しかける機会を残しているのである。

本書は多くの点で、危険な企てである。この企てに入り込むには、さまざまな取り組み方が可能である。

人類学的、神話学的な成果は、今日精神分析を混乱させている最も先鋭的な争点と絡み合うし、また哲学の困難な帰結の展開と絡み合うことになる。しかしながら、本質的な動きに戻ることによって、われわれの証明は、継ぎ目のはっきりとした、いくつかの十分に簡潔な命題で表現することができる。それらの命題をこの序論から思いきって赤裸々に示すことにしよう。論証のための多岐にわたる歩みを始める前に納得してもらうという条件で。

1　エディプスの神話は変則的なものである。典型的、普遍的な形態で、英雄神話の中心に据えられているのは、父親殺しではなく、〈母親殺し〉である。やがて国王になる英雄は、血みどろの戦いの中で、**雌の竜** *la dragonne*、**雌の蛇** *la serpente*、**雌の**怪物を殺す人物である。不吉な女性的なものをこのように殺害することによって、彼はその許婚者を解放する。至る所で証明ずみの、われわれが**単一神話** *monomythe* と名づけるこの神話のタイプと比較すると、エディプスの物語は、冒頭の語りの形態の逸脱ゆえに得られた、常軌を逸した神話なのである。

2　この逸脱は、語りが生まれるメカニズムばかりでなく、弁別的に、この神話を最も明確に規定する特徴をも説明している。つまり、**エディプスの神話は、挫折した国王叙任の神話、あるいは巧みに回避された男性的通過儀礼の神話である**。父親殺しと近親相姦の神話的変則によって、厳密なシステムを作り上げているのが、他ならぬこの挫折（あるいはこの回避）なのである。

3　しかしさらにいえば、通過儀礼的に挫折した試練のこの逸脱のメカニズムは、デュメジルがインド＝ヨーロッパ語圏で解明した、太古的な**機能の三分割**（聖なるもの、戦争、豊穣さ）の枠組みの中でしか、完全に解明されえない。エディプスの神話は、この英雄の三つの罪が相関的に対応している三重の試練の、基本的図式の過酷な逸脱による、単一神話的な筋の変形なのである。

4　まさに機能の三分割による**破壊**としてのこの神話が、ギリシャ的理性の〈基盤を成す〉。エディプスの神話はその根源において男性的欲望から発しているということが無視されているにもかかわらず（あるいは無視されているがゆえに）、この神話は西洋の真実（あるいは西洋に固有の彷徨）、西洋の形而上学的、人類学的特異性を説明している。エディプスは、ソフォクレスにおいては暗示的に、ヘーゲルにおいては明示的に、哲学者の典型的な姿となる。それは人間と自我の展望を確立するために聖なる謎を忌避する人物の姿である。このエディプスを形成するものが、哲学の起源以降観念論のさまざまな逆転に至るまで、哲学全体を悩ますのであり、そこには絶えず自らを掘り下げていこうとする**息子としての**権利回復の要求がある。この点においてフロイトの〈誤り〉が説明される。エディプス的な想像の世界が、民主主義的な主体とその固有の合理性を悩ます。そして意識と無意識の分割自体がまさにエディプス的なのである。

第1章　規則的な神話と逸脱した神話

文明が異なっていても男性的英雄の神話がどれもこれも驚くほど似通っているために、前世紀〔十九世紀〕から、〈単一神話 monomythe〉を引き出そうとするさまざまな試みが行なわれるようになってきた。〈単一神話〉、つまりそうしたすべての神話の下に横たわる、一つの典型的な筋立てである。典型的な伝説が確立する際には、参照する神話の選択だけでなく、採用された部分、適切なものとして取り上げられた特徴、あるいは素材に施された凝縮によってもまた変化をこうむるのであるが、その変化がいかなるものであれ、一つにつながった同じモチーフ、個々の特殊な英雄神話の基盤となるモチーフが存在するのは、疑いようがないと思われる。主要なモチーフの類似性はもとより、誕生の条件から権力の獲得、結婚、死に至るまで、物語の一般的な構成の類似性が、国王叙任の典型的な神話である男性的英雄の単一神話の存在を提起する根拠となる。(1)

ところですぐに疑問が生じてくる。単一神話とエディプス神話の間にはいかなるつながりがあるのだろうか。単一神話はエディプス的であるのか、否か。単一神話は、これに基盤を与えている深いエディプス神話の構造から派生しうるものなのか。あるいは逆に（これはフロイトの確信を決定的に打ち破ることになるだろうが)、エディプス王の神話は、もっと規則的な、もっと根源的な語りの構造に比べると逸脱であり、特異なものではないのか。

普遍性を要求するような、男性的英雄の単一神話を引き出すことによって、物語研究の上でも人類学の上でもさまざまな問題が生じてくるが、それらを避けるために、われわれはギリシャ神話だけに限定する。われわれの方法は、膨大な数の神話について、これが決定的というような詳細な比較をすることではない。われわれの手順はむしろ、参照する神話の数を抑え、ギリシャという領域だけに限って、エディプス神話との明白な形式的、文化的つながりをとらえることにより、最も大きな規則性を示す神話を選択することになるだろう(後世の研究ですでに確立した構造をも考慮に入れる)。

物語を最小限の核にまで単純化し、国王叙任の三つのギリシャ神話――ペルセウス、ベレロフォーン、イアソン――を厳密に比較し、それらの共通のモチーフを体系的に引き出すことによって、われわれがギリシャ的単一神話と呼ぶものの構造を、簡単に言い表わすことができる。

次のようなシークェンスの連なりが得られている。(1)一人の国王が、自分よりも若い、あるいはこれから生まれてくる男が自分の地位を奪うのではないかと恐れている。神託が自分にそう予言したからである。そこで彼はあらゆる手段を用いてその子供が生まれてくるのを阻止しようとする。あるいはそのように想定される邪魔者を遠ざけようとする。(2)しかしながら、未来の英雄は国王のその殺人計画を免れる。ところがずっと後になると、彼は、別のもう一人の国王が彼を抹殺するような状況の中に再び追い込まれる。しかしこの第二の国王は、自分自身でその罪悪を犯そうと決心するわけではない。そこで彼はその未来の英雄に、普通ならば命を落とすに違いないような危険な義務を与える。(3)その試練は怪物との戦いである。英雄は怪物を打ち倒すことに成功するが、たった一人でそうするのではなく、神々、賢者、未来の許婚者の恩恵を受けてそうするのである。(4)最後に、怪物に対する勝利によって、英雄は国王の娘との結婚に至る。

比較し、共通のモチーフを引き出すことがつまりは、極端に凝縮して意味が豊かになった一つの典型的な筋立てを公式化させるに至るのである。パラディグマティックなギリシャの英雄が次々と異なる三人の国王にかかわるということが注目に値する。まず最初は、**迫害者**としての国王であり、次に力ずくで追放し、離別した後は、**委託者**としての国王であって、彼が困難な、危険な試練を与える。その試練は常に援助を必要とするもので、首尾よく達成されることになる。最後に、試練に勝利を収めることで、許婚者を得ることができ、それによって**贈与者**としての国王が生じる。

エディプスの冒険についてのギリシャの聴衆や語り手はみな、この三つの神話を知っているからといって、またこのモチーフとこの筋立ての一般的な構造を元にして違った風にエディプスの冒険を聞いたり、言い表わしたりしているからといって、エディプスの物語の筋立ての分析は、国王叙任のこの単一神話を考慮に入れずにすますわけにはいかない。

エディプスの神話はこの典型的な筋立てとどこが似ているのだろうか。またいくつかの決定的な点でどこが異なるのだろうか。それらの違いをどのようにして説明することができるだろうか。それらの違いを生み出すメカニズムを再現することはできるだろうか。そしてその差異からいかなる結果を引き出すことができるだろうか。

至る所に国王の生活を脅かす男の子のモチーフが見られる。ペルセウスとイアソンの物語では、未来の英雄の誕生以前に、神託が脅威を感じている国王にお告げを下した。これは、エディプスの誕生がライオス〔エディプスの父〕に重くのしかかってくるという脅威を告げる神託ときわめて緊密な類似関係にある。

この不安が英雄を遠ざかるようにしむけるのであり、だから彼は、脅威を感じている迫害者としての国王から離れて成長する。エディプスがコリントの国王によって引き取られるように、ペルセウスはポリュデクテースによって育てられ、イアソンはケンタウロス族のケイロンによって育てられる。エディプスとペルセウスとの間には、銘記すべき特別な類似性がある。(エディプス神話の解釈の一つによるならば)両者とも大箱の中に閉じ込められ、水の流れるがままに流されてゆき、その後で拾われたということになっている。

この四人の英雄(イアソン、ベレロフォーン、ペルセウス、エディプス)はそれぞれ、同じように、後に危険を冒して一匹の怪物と対決し、その怪物を打ち倒すことに成功する。これが英雄物語の中で最も重要な局面の一つである。英雄がその称号を得ることができるのは、怪物のような存在を倒して獲得した勝利の結果でしかない。その勝利は、試練に打ち勝つことができずに、滅んでいった数多くの不幸な者たちと英雄を区別するものである。ペルセウスはゴルゴンに勝ち、ベレロフォーンはキマイラに勝つ、イアソンは「金羊毛」を守る不死身の怪物に勝ち、エディプスはスフィンクスに勝つ。

イアソンが対決したコルキスの竜は性があまりはっきりしていないので、その場合を除くなら、この英雄たちが立ち向かう怪物たちはみな**女性**である(ゴルゴン la Gorgogne、キマイラ la Chimère、スフィンクス la Sphinge)。これらの恐るべき存在は単にその役割によって似通っているだけではない。これらの間にはまた、神話的系譜のつながりがあって、それがこれらの存在を互いに緊密に同化させるのである。キマイラ、スフィンクス、コルキスの竜は三匹とも蛇＝女、エキドナの子どもたちである。スフィンクスは、いくつかの異本によれば、エキドナと番犬オルトロスの結びつきによって生まれた娘ではなく、エキドナとキマイラの間に生まれた娘である。このような変形が、これらすべての存在のきわめて緊密なつながりを証明している。ゴルゴンを含めて、これらはみな、海の神、すべての怪物たち（ケルベロス、ヒュドラ、ネメアのライオンなど）の祖先、ポルキュスとケートーの子孫なのであって、英雄たちはいつでもこれらの怪物たちに出くわし、戦い続けるのである。これらは時として大地と海が交わるような近親相姦的な結びつきの結果から生まれる。この系譜は考慮されなければならないだろう。

最後に（しかしここではわれわれは、大きな差異についてわれわれに注意を促すような一つの類似に触れるのだが）、怪物たちを倒すことでもたらされたこれらの勝利はそれぞれ英雄を結婚へと導く。ペルセウスはアンドロメダを妻とし、ベレロフォーンはピロノエーを、イアソンはメディアを――そしてエディプスはイオカステを――妻とする。英雄的な試練がこのように結婚という結果に終わる例は、周知の通り、ほとんど無数と言っていいくらい数多く存在しているであろう。怪物に対する勝利によって、国王の娘との結婚を許し、場合によってはその王国を得るようにしむけるのは、国王叙任の神話の法則である。

ところでエディプスの神話とその他のすべての英雄神話のこの点における類似ゆえに、フォン・ハーン、ランク、ラグランは、あまり問題もなく、この神話とこれ以外の神話を明確に比較対照することができた。しかし、この類似によって、さらにはこの神話に全体的に同じ構造を認めるということによって、大きな一つの問題が提示されないわけにはいかない、ということが容易に認められるであろう。もしも、一般的な形態、〈英雄は国王の娘と結婚する〉という形態だけで満足せず、このモチーフの中味をもっと念入りに考察すればそうなるのである。ランクを含めて今挙げた分析家たちの誰もが（しかもそれに関しては本質的な、精神分析全体を巻き込むような理由のために）、その差異を気にかけず、エディプス神話の**逸脱**を検討しないというのは奇妙なことである。

ところでこの場合に、あまりにも知られていることだが、英雄が結びつくのは国王の娘ではなく、国王の**妻**であって、それはまた彼自身の母親である。結婚のモチーフにおけるこの大きな逸脱が、他の神話の国王たちとエディプスを完全に同一化することを妨げているのに違いない。われわれは、英雄神話の典型的な構造と比べると彼の物語は変則的なものと見なさざるをえない。この差異だけが唯一の差異ではないだけに、なお一層そうせざるをえないのである。そこで、それらの変則の中にはある種の神話的論理が存在し、結婚という結末は、語りの構成全体に悪影響を及ぼす一貫した歪みの要因の一つにすぎないのではないかと想像しなければならない。

そこでわれわれは、探り出した様式とエディプス神話の一致ではなく、逆にその歪みを探し求め、注意深くまた体系的に、変則的な箇所の一つ一つを探し求めることにした。そうした箇所はおそらく、急いで読んだり、あるいはフロイト的なコードで読んだりする読書が想像させる以上に数が多く、しかもはっきり表われてはいないだろう。われわれは神話的論理の内的な厳密さを十分に信頼しているので、あるモチーフについての差異が、とりわけそれが同じくらい重要な、終局のモチーフであれば、さまざまなモチーフの全体的構成にはね返ってくると確信している。また重要な点において、一定の歪みを結果としてもたらすような変形はあるはずがないと確信している。そこでわれわれはこの神話を新しい光の中に位置づけるアプローチに取りかかる。それはこの神話をフロイトのようなやり方で完全に例外的な神話（これは他のすべての神話をあたかもそれが真実であるかのように説明することができるようにする）と見なすことではない。またこの神話をフォン・ハーンやラグランのように単に国王叙任の英雄神話の規則的な様式と同一視することでもない。ギリシャ的英雄神話の規範的様式を組織的に歪めた（そのためにとりわけ興味深い）一つの変形のようなものであるとして、この神話の構造的な歪みの神話的論理、この神話の変則的な部分と規則的な形態の間の一定の関係を見つけ出さねばならないのである。

ところで参照する三つの神話の中で厳格に繰り返されるのに、エディプスの神話の中に欠けている大きなモチーフは、**国王によって課せられる試練**のモチーフである。ポリュデクテースはペルセウスにゴルゴンの首を探しに行けと**厳命する**。リュキアの国王、イオバテースはベレロフォーンにキマイラを殺すように**命じる**。王位簒奪者の伯父、ペリアスは(イアソンが権力を要求しに戻ってきたときに)イアソンに対しコルキスの竜に守られている「金羊毛」を探しに行くように**要求する**。このように国王に危険な試練を命じるようにしむける状況は、細部においては異なっているかもしれないが、**課せられる試練**というモチーフは不変である。しかもその試練は若き英雄によって受け入れられるのである。

この大きなモチーフは、単一神話を引き出そうとした作家たちの誰によっても示されなかった。唯一プロップの作品の中でのみ、**贈与者**という機能のタイプが、物語の中のこの神話のモチーフの名残と見なされているようである。実際に、このモチーフは参照する神話の選択をギリシャ神話だけに狭めてはじめてよく見えてくるのである。その場合に、このモチーフはもはや偶然的とは見なされずに、国王叙任の英雄神話の構造に必要不可欠な部分と見なされうる。このモチーフが、通過儀礼のような一節をも含めて、試練の意味作用に決定的な解明をもたらす。

あたかも一人の国王が、自分にとって危険だと見なされる若い英雄を自分の手で殺す代わりに(したがって自分自身で成し遂げるには嫌悪を覚える殺人の代わりとして)、死に至ると想像される試練のほうに向かわせるかのように、すべてが行なわれる。この試練は偽装した殺人である。若きライバルを厄介払いするために、国王によって考え出された手段である。しかしこの青年は自分に示された**挑戦**に応じる。そのように死の危険を冒しながら、彼は自分の力と知性と、この時から奮い立たせた能力によって、国王のたくらみの**裏をかく**ようにしなければならない。彼が勝利するのは（もちろんそうなるのが英雄神話の場合であるが）、国王の望みに反し、国王の予想に反し、国王自身に反することである。

危険なライバルである、あるいはそうなるかもしれない人物を殺そうとする、国王的な人物の殺人の脅威は、したがって**二つの時期**に表現される。第一の時期では、国王の不安と殺人計画はまさに誕生以前に行なわれる（アクリシオスはペルセウスの誕生を、ペリアスはイアソンの誕生を妨げようとする）。あるいは未来の英雄が国王の館にいるときに行なわれる（プロイトスはベレロフォーンが殺されてしまうようにと、彼を追い出す）。殺人計画の第二の時期は、(a)すぐ後に、別の国王的な人物によって再開されて生じる（ベレロフォーンに対するイオバテース）。(b)同じ国王によって、しかしずっと後に生じる（イアソンに対するペリアス）。(c)後になって、また別の国王的人物によって生じる（ペルセウスに対するポリュデクテース）。いずれにしても、二つの時期は区別されており、第二の時期の殺人計画は、死に至ると想像されるようなきわめて困難な、危険な試練の指定に変わる。検討すべきこの三つの神話において、試練とは国王が英雄の死を想定する手段なのである。

エディプスの物語との差異は明白である。そこに、神話の他の異常性に光を当てることのできる、大きな変則性を見ざるをえないほどである。エディプスの神話では、国王によって与えられた試練のモチーフをそれほど簡単に見つけることはできない。スフィンクスとの出会いは、敵対する国王から来る威圧的、断定的な命令の結果としては決して説明されないからである。エディプスは自分から進んでその対決に飛び込む。すなわち彼は、途中でたまたま、スフィンクス自身によって対決を強いられるのである。

ところで、子細に検討すれば（またそのことによってのみ、この神話のもう一つの変則性が明らかになりうるのだが）、エディプスの事例の中には、敵対する国王によって指定された試練の特徴を示すシークェンスと**同じ構造配置**を取る出来事が確かに存在する。それは他でもない、ライオスとの出会いである。もしも基盤的神話との大いなるつながりを考察するならば、またもしも連続するモチーフの構造体系を考慮するならば、エディプスの神話の中には見られない〈国王による英雄の殺人計画〉の第二の時期が、ライオスとの出会い、およびライオスの殺害に取って代わった、ということはかなり明らかである。そしてそれはスフィンクスとの対決よりも先行している。

自分が生まれる前に存在していた脅威に耐えて生き残った青年が、実際に権力を手にし、統治している人物を現実に脅かすことができる年齢に達した時が問題となる。そしてもしも典型的な構造の中で、この闘争の時期が〈国王によって課せられた試練〉によって形を変えられているのなら、この闘争の時期はエディプスの場合には国王**殺害**に通じる、ということが見て取れる。若き英雄の死をかつても今も望んでいる国王との劇的な出会いは、参照している他の神話と同様に、確かに生じているのである。そしてこのモチーフを特徴づける攻撃と、挑戦と、大言壮語の時期もまた同様である。しかしこの国王は、死に至ると予想する試練の危険をこの青年に課すことなく、その場でこの青年の手によって殺される。まるで彼の国王としての権威が認められなかったかのようである。ライオスは、正規の神話によれば、自分の二輪馬車がこの横柄な青年の通行を妨げるような狭い道で、これほどの危険な試練に立ち向かうことができるならやってみろと彼に挑んで、しつこくまとわりつくこの人間を葬り去るはずだったのだ。その様式はこうである。「よし！　もしもお前がそれほど誇り高く、自分の若い力にそれほど自信があるならば、お前にふさわしい敵と力くらべをしに行くがよい。あの無敵の怪物、山々に出没するあのスフィンクスと、等々。」この難癖をつけられた挑戦こそが、激情的な、誇り高い青年の雄々しさにとって正真正銘の試練となるはずだった。そして彼にとって名誉にかかわるのは、〈不可能な〉その試練を受け入れることであって、何の栄光もなしに（棍棒を使って）その老人を殺すことではなかったはずだ。しかし神話を書き直すわけにはいかない……。このエディプスの結末は参照する他の神話と比べて明らかに構造の上で変則なのである。

エディプスは、出会った国王によって試練を〈課せられる〉がままになってはいない。彼が危険な怪物と対決するのは、**国王のため**ではないし、国王の目が値ぶみした、彼の若さの値打ちを証明するためでもない。エディプスは求められた務めを果たしに出かけるわけではない。だから正確には、肉体と精神のすべての力を誇示する必要のある、雄々しい、激しい試練を、国王がそのように押しつけることの**代わりとして**、エディプスはライオスを殺すのである。最も危険な挑戦に対していつでも応じる用意のある青年の暴力、女性的な怪物に対抗する英雄的な勝利に不可欠な暴力が、ライオスによって誰もが認める敵対相手のほうへ向けられなかったために、ライオス自身に転嫁されたかのように、すべてが行なわれる。その恐るべき奇形のものは、他のすべての人々をおびえさせて、至る所に恐怖をまき散らしている。そして強い、最高権力を約束された、この英雄だけがそれを打ち負かすと期待されている。

イアソンやペルセウスの物語では、補足的な語りの詳細なやりとりが介入する。課せられた試練は、国王の質問に対する英雄の無謀な答えによってもたらされた急変である。イアソンが足に片方のサンダルだけをはいて近づいてくるのを見たペリアスは、国王に陰謀を企てた者にはどんな懲罰を与えるべきだろうか、と彼に尋ねる。イアソンは（ヘラに吹き込まれて）、その者には「金羊毛」を取りに行かせるべきであると答える。そこでまさしくそのようにペリアスはイアソンに命じる。ペルセウスの場合にも状況は似通っている。夕食中のポリュデクテースは、友人たちは自分にどんな贈り物をくれるのだろうか、と尋ねた。国王に捧げるには馬が最もふさわしい贈り物である、と全員が答える。しかしペルセウスだけは、高慢な挑戦的気分の高揚の中で、もしも必要なら、自分はメドゥーサの首をもってこようと言い張る。そこでポリュデクテースは、不可能と見なされているその務めを果たすようにと彼に厳命する。若き英雄自身が、間接的にまたそれと知らずに、自分に課せられることになる義務を決定するのは意味深長である。あたかもその義務は、彼自身が知らないのに（また最初に別の者に転嫁されて）、彼の心の最も奥深い欲望と一致するかのようである。

英雄の出発が、国王と青年の間の闘争の危機を解決する。青年の無謀な、空威張りとさえいえるような態度が、国王の権威とぶつかるのであり、それが結局義務を与えるという結果をもたらすのである。モチーフのこのような同一性を前にすると、創出への移行に必要不可欠な、攻撃性と挑戦から成るある種の劇的瞬間は、そこに一つの語りの表現を見出し、その語りの表現が神話的側面に加えて慣例的側面をも表わさなければならなくなったのだ、と考えずにはいられない。

エディプスの筋立てにそれが欠如しているということは、計り知れないほど重要なことである。そしてその欠如がますます深まってゆくということに気づけば、〈エディプス〉の分析に、それほど多く回り道や行き詰まりをしないで済むようになるであろう。これから先は、エディプス神話の**変則的な**、しかし一貫した体系の中の二つの大きな逸脱——二番目の国王が危険な試練を課す**代わりに**殺されるということと、国王の娘と結婚する**代わりに**母親と結婚するということ——が、筋立ての陳腐な解釈ではとらえきれない、さまざまな関係を維持していく。しかしながら、そうした相関関係（〈エディプス〉の構造よりもより強力な構造を指し示している）の神話的メカニズムを指摘する前に、われわれは区別することのできるすべての逸脱を活用させながら、差異による分析の可能性を論じ尽くさなければならない。

英雄は一人あるいは数人の神の援助なしに、自分に課せられた試練に直面してこれに勝利することはできない。ペルセウスは、三人姉妹ゴルゴンの中からメドゥーサを見分ける方法を教えてくれるアテナによって助けられる。メドゥーサを決して正面から見てはいけない、お前に授ける磨き上げた盾に映して見るだけにしなさいと教えてくれたのもまた、青みを帯びた目をもつこの女神である。ヘルメスのほうは彼によく切れるはがねの鉈鎌を与える。同じように、ベレロフォーンがキマイラを攻撃するために天馬ペガサスをとらえようと準備をするとき、アテナは彼に、翼のあるこの馬を唯一制御することのできる黄金の馬勒をもってくる。イアソンもまた、長い航海の最初に、アルゴー船の舳先に神託を与える木柱を加えてくれたアテナによって助けられる。また彼は遠征に際してはヘラの擁護を受ける。これらすべての場合に、意味深長な一貫性によって、英雄は神々の力によって補佐されているのであって、このモチーフの反復についてはじっくり考える必要があるだろう。

神々の助けなしに勝利するということを忘れるわけにはいかない。というのもそれによってとりわけエディプスの冒険が解き明かされるからである。だがそれはギリシャ人たちにとって傲慢なことであり、狂気の沙汰である。ソフォクレスが、『アイアース』の中で、はっきりと証明しているのは、まさにそのことである。「わが息子よ、戦いに勝利を望め。だが常に神のご加護をともなった勝利をな」と、アイアースの父親は若き英雄に言った。しかしアイアースは、慢心に我を忘れ次のように答えたのだった。「父上、取るに足りない人間なら神々とともに勝ちを収めることもできましょう。しかし私は神々なしに栄光を勝ちとることができると自負しております」（七七三―七七四）。この慢心（**ヒュブリス** *hubris*）が、女神アテナを怒らせた。そしてこの女神の恨みが、アイアースの悲劇的な錯乱を引き起こしたのである。ところでエディプスもまた、神々の援助なしに、スフィンクスに打ち勝つ。ペルセウス、ベレロフォーン、イアソンを助ける英雄たちの友、処女神アテナもいない。したがって、ある人たちのように、暴君を作り出す慢心（**ヒュブリス**）と、聖域を敬わない者の傲慢さの価値が貶められる、『エディプス王』の合唱隊《コロス》の言葉に驚く必要があるだろうか。人はしばしば合唱隊《コロス》の発する言葉が何のためにエディプスにかかわってくるのかと問いかけた。ところが一方でエディプスはテイレシアスのそばで、神々の啓示も人からの啓示もいっさい受けずに、「ただよく考えるという努力をしただけで」、あの怪物を打ち負かしたと自慢したばかりなのである。しかしながら、われわれにとって非難されるべきこととは思えないことが〈人は〈自分自身で考える〉ことを学ばなかっただろうか〉、**神話的に言うと**――またソフォクレスも知っていることだが――重大な変則、本質的過ち、冒瀆に等しいものとなるのである。〈一人だけで〉、〈自分一人で〉達成するということは、他のすべての人間たちを締め出すだけではなく、さらに、またとりわけ神々を締め出す傲慢さを前提としているのである。それは一種の神性の否定、咎むべき思い上がりによって神々をお払い箱にすることである。差異の分析がそのことを証明している。つまり、どんな英雄も神の助けなしに任務を達成したと主張することはできない。そしてわれわれが参照している神話のすべての英雄たちは（オデュッセウスやヘラクレスは言うまでもなく）、それぞれが、〈よき助言者〉、武装した処女、ゼウスとメティスの娘、アテナの存在に支えられてきたのである。

しかし英雄の補佐をするのは神々だけではない。ベレロフォーンは、キマイラを攻撃する前に、占者ポリュイードスに相談する。すると彼はベレロフォーンに、ペガサスがペイレーネーの泉で水を飲んでいる間にこれをとらえるように助言する。イアソンは盲目の占者ピーネウスに助けられるのだが、彼は辿るべき道と、シュムプレーガデス（打ち合わさる岩）を通るためにするべきことを指示する。その後、国王の娘、メデイアの助力によって（彼女自身はアフロディテに動かされて）、イアソンは「金羊毛」を奪うことに成功する。

神々や人間たちによる英雄の補佐（プロップによって分析された物語の**補佐役**の機能がその小さな痕跡

をとどめている）というこのモチーフは、エディプスの物語の中では完全に欠けている。彼は誰の助けも借りずに任務を達成するのである。神も、年をとった賢者も、許婚者もいない。似通った神話の中にこのモチーフが恒常的に存在することを考えれば、それは意味深長な欠如ということにしかなりえない。

　もう一点、考察しなければならないことがある。目撃されることのないエディプスの勝利は、また**段階的に**獲得されてもいない。これもやはり変則である。イアソンも、ペルセウスも、ベレロフォーンも、一度に成功することはない。彼らが一挙に、唯一の決定的な任務につくということは決してない。彼らの冒険のそれぞれに、予備的ないくつもの段階があり、長かろうが短かろうが、その段階なしには、勝利を得ることはできない。そして、彼らに神や人間たちの援助が必要になるのは、このときなのである。差し当たりイアソンと、「金羊毛」を得るために彼が成し遂げなければならなかった大航海のことは言うまでもないことだが、ペルセウスやベレロフォーンも、大きな試練の最終段階に直接に取り組むわけではない。ゴルゴンの国を探すとき、ペルセウスはまずポルキデス〔ポルキュスの娘たち〕の国にやって来る。そして彼女たちに策を弄して自分が行くべき道を教えるようにしむける。そこで彼女たちが彼をニンフたちのところに送ってゆくと、そのニンフたちが彼に翼のあるサンダル、袋、姿の見えなくなる兜を手渡すのである。またメドゥーサを殺すことさえ最後の試練ということにはならない。さらになおアンドロメダを救うための海竜との戦いが存在する。

　エディプスとの差異は明らかである。エディプスの勝利は、一挙に、援助もなく、予備的な行程もなく獲得される。さらに、これがたぶん最も重要なのだが、**たった一つの言葉**で獲得される。参照しているわが英雄たちはみな（それぞれの機会に）血みどろの戦いをすることによってしか、剣や槍の力を得られないのに、エディプスだけは、ただ知性を働かせるだけで、言葉による試練、あの有名な謎に打ち勝つのである。この勝利は雄々しいものではない。神話はこの点に関しては、少なくともソフォクレスによって採用された解釈では、はっきりしている。そして図像研究《イコノグラフィー》を信じるなら、そうした解釈が彼の時代には支配的だったのである。エディプスは、勇敢な戦士としての行為、スフィンクス殺しを果たして**いない**。謎が解き明かされてしまったために、スフィンクスは自ら死んでゆく。深淵に身を投げて自殺するのである。

盃の下地として取り巻くように描かれているあの有名な図を見てみよう。エディプスは座った姿勢をとっている。そして彼は武装していない。旅人用の単なる杖が彼の脚の上に置かれている。彼の左手は考える人の姿勢であごの下に曲げられている。スフィンクスは翼を上のほうに広げて、ライオンの体をもつ大きな鳥のように、円柱のてっぺんに置かれている。そして王冠のようなものを戴いたその頭はエディプスの頭の**上に**ある。

この状況は、神話の論理において、エディプスとスフィンクスに対応する、ベレロフォーンとキマイラの対決や、ペルセウスとメドゥーサの対決とは、きわめてはっきりとした対照を示している。例えばベレロフォーンは、古代のある形象では、キマイラの**上を**飛ぶ天馬ペガサスにまたがっている。彼は手に長い槍をもち、下のライオンの胸の方角に狙いを定めている。キマイラ殺しは、ベレロフォーンが怪物の口の中に溶ける鉛によってこの怪物に打ち勝つことから、そこに駆け引きが行なわれているとしても、勇気と体のエネルギーを奮い起こす、暴力行為としか考えられない。

ペルセウスの物語でもまた、武勲は血みどろの暴力、鉈鎌を使ってのメドゥーサの斬首を意味するのであり、それはしばしば壺の絵に描かれた。そうした例の一つ一つにおいて、怪物を殺すのは、尖った、あるいは鋭利な武器を用いた攻撃、襲撃の結果である。怪物を殺すのは、戦士としての情熱を奮い立たせる。

ペルセウスの場合には、明らかに、その大胆な殺すという行為の中に、血まみれの切断、蛇の髪をもつ雌の怪物の頭が斬首され、さらされるということが含まれる。力の詰まった戦利品（これは敵を石と化す）が最後にはアテナに捧げられ、それが彼女の盾に収められるかのようである。エディプスの場合にはこのようなことは何もない。スフィンクスが消滅するのは、自殺するためである。その敗北は肉体的なものではない。スフィンクスの自己破壊は、秘密が暴かれたことで名誉を傷つけられた者の、悔しさの行為である。スフィンクスは殺されるのではなく、エディプスの答えによって**感情を害される**のである。この場合セイレンと比較することができる。彼女たちは初めのうちはミューズと歌を競って負けた結果として翼を失った。もっと後になると彼女たちは自殺することになるのだが、その原因は、アルゴナウテース〔アルゴー船の乗組員〕たちが帰還するとき、オルフェウスが竪琴で奏でる音楽に勝つことができず人を引き寄せることに失敗するからである。歌う声が手段であるような、戦闘的なものではない競争においては、克服できない、この痛切な失敗が、そうした悔しさの行為を呼び招くのである。ミューズ自身がスフィンクスに出すべき謎を教えたと見なされているのだから、それだけにこの比較は必然的なものになる。またスフィンクスは時として、〈謎を詩のように朗唱する女の歌い手〉とか、〈竪琴を伴わない歌〉によって死の脅威を与える乙女、あるいは雌犬として描写されるのだからなおのことそうである。その上、謎の単語の一つ（**グリフォイ** *griphoi*）は、漁師が使うある種の網という語であって、(2) これはわれわれをセイレンの海の世界に近づける。

スフィンクスに対するエディプスの勝利が彼の名声を築くのであるが、これは何よりも彼の賢明さを証明する。ソフォクレスは忘れずにその特徴を際立たせ、そしてたぶんひそかに問題点を示唆している。「誰もが理解できたように、翼のある乙女がかつて、道行く途中の彼を呼び止めたとき、試練は彼を賢明なもの（**ソフォス** *sophos*）、都市にとって大切なものと認めさせたのだ」（五〇行）と、合唱隊《コロス》は歌う。エディプスは、武器を手にして敵対者と戦った勇気ある戦士ではない。この人物は、一つの謎を解いた賢者、**ソフォス**なのである。彼は正しい語で言葉による試練に応じることができた。彼はその言葉の謎を解明した。彼は生身の力で勝利者に、次いで国王になったわけではなく、頓智の問題を解いたのである。都市におけるエディプスの力は、知性の力なのである。エディプスは賢明な（**ソフォス**）国王である。「私は知性によって成し遂げた」（**グノーメー・キュレーサス** *gnômêi kyrêsas*）と、彼自身が自分の偉業について語っている。

　ところでこの知性は独学者の知性である。エディプスは教えを受けなかった。彼は前もっていかなる神聖な知恵の秘儀も授けられていない。神官は、エディプスがその都市の前に到着するや否や、いかなる情報も与えられることなく、いかなる教えも受けることなく（**ウデクディダクテイス** *oud' ekdidachtheis*）［一三八行］、成し遂げてしまったのを認めている。しかしこの神官はすぐにその成功を神の援助によるものと見なす。「誰もがそう考え、主張しているが、神の援助によって（**プロステーケー・テウー** *prosthêkê theôi*）、あなたはわれわれの命を救ってくれたのだ」（三八行）。**プロステーケー**が意味するのは、追加、補足、付け加えられるもの、助け、補助である。しかしながらエディプスは、もう少し先のテイレシアスに対する逆上した答では、まったく別のやり方で、自分の成功を表現している。それは、彼が公然と言ってもいいほどばかにしているアポロンの神官たちのやり方とは反対である。「あの『雌犬』があそこでわれわれに歌うように謎を問いかけたとき、お前の同胞たちを解放するために、どうしてお前は正しい答を見つけられなかったのか。たぶん誰でもそれを成し遂げられるというわけではなく、そのためには予言の（**マンテイアース** *manteias*）才能が必要だったのだ。ところで、見た通り、鳥たちも神々もお前には何も啓示してはくれなかった。ところが私、このエディプスがやって来た。私は何にも通じてはいないし、鳥たちに意見を求めることもしない。私は知性によって成し遂げ（**グノーメー・キュレーサス**）、スフィンクスの口を封じたのだ」（三九四行）。老いたテイレシアスの神聖な知識が挫折したのに、若きエディプスの独学の知性が勝利をもたらすのである。エディプスは鳥たちに、天からのしるしに、神々が自らの意志を知らせるために送りつける言語に意見を求めない。彼は自分自身の考察にしか頼らない。彼の若き知性の力が、記号を解読する先祖代々の知識に勝る。人間の秘儀の伝授も、神の補佐も必要はなかった。エディプスは一人だけで成し遂げたのである。

差異分析のおもな結果を要約してみよう。

エディプス神話の構造が、模倣する正規の英雄神話の構造ときわめて緊密な類似関係にあるならば、後に生じた変則性として、次の点を指摘することができるだろう。ある種の変則性は見過ごされてしまうほど目立たないが、誰の目にも明らかな変則性もある。

A 〈国王によって課せられるモチーフ〉が欠如している。その代わりに〈国王殺し〉が存在するのだが、この国王は英雄の父親である。

B 雌の怪物との危険な対決は、次のような異常性を示す。

1 神々の援助がない（アテナも、ヘルメスも、英雄を助けるために存在しない）。

2 人間の援助がない（占者である賢者の助言もなければ、許婚者の助けもない）。

3 決定的な勝利に至るまでのさまざまな試練に段階を設けていない。

4 肉体的な力の結集がなく、たった一語を発するだけである（そこから怪物の自殺という結果が生じ、それが本来の意味の殺害に取って代わっている）。

C　国王の娘との結婚ではなく、彼自身の母親との結婚。

そんなわけで、われわれが人物像を引き出した典型的な英雄とは対照的に、スフィンクスに対するエディプスの勝利は、神話的に変則なのである。対決が権威者（委託者である国王）によって課せられていないばかりでなく、その成功は**独学的**、**無神論的**、かつ**知性的**である。こうした特徴については再検討しなければならないだろう。（神々であれ人間たちであれ）**他者**との関連、**自分自身**との関連について、また試練によって結集される特性については、すでにその射程距離を見てとれる。このような歪みと、エディプスの冒険の明らかなる変則（父親殺しと近親相姦）が作り出すものとの間に、神話的な因果関係が存在するということは、推測できることでもあるが、また深く連結させなければならないことでもある。今まで行なわれてきた以上に、エディプス神話の内的な意味作用を理解するために。

これらすべての変則事項につけ加えなければならないのは、これらすべてにかかわり、これらすべてを貫いている、取り決められたような一つの混同である。規則的な神話が区別している三人の国王――迫害者（R_1）、委託者（R_2）、贈与者（R_3）――は、分化された機能が完全に重なり合い、もはや**たった一人の国王**、英雄の本来の父親（P）、ライオスだけになっている。われわれが参照しているすべての神話では、$R_1 \neq R_2 \neq R_3 \neq P$ であるのに対し、エディプスの神話は奇妙な特異性を示して、この三人の行為主を同一化する（普通なら委託者であるべき国王を、いわば〈線を引いて消している〉）、そして彼らを、次のような公式によって、本来の父親と等しいものにする。$R_1 = \not{R}_2 = R_3 = P$。

このように他のものを固有のものに重ね合わせること、いくつもの違ったものを同じ一つのものに重ね合わせることが、この神話の論理について考えさせる一つの特徴である。また同時に、もう一つ別の手段によって、エディプスの構造上の問題について考えさせる特徴でもある。国王と父親にかかわる他者性、差異がこのように還元され、画一化してしまうことが、どうして可能なのだろうか。エディプスが、他者性との対決を通じて自分の運命を切り開く代わりに、同じ一つのもの、固有のものの中にとどまるようになるには、正規の神話の根底にあるいかなる権限が打ち砕かれ、欠如し、ねじ曲げられなければならなかったのか。この問題は避けて通るわけにはいかないだろう。

以上が変則事項の一覧表である。これらの変則事項は互いに無関係なわけではなく、この神話全体に割りふられていて、典型的神話から逸脱したシステムを支配する**規則的な逸脱**の中に刻み込まれているのであって、神話的論理の極度の厳密さを信じるからには、はっきりとそのことに気づくべきである。しかしながら、これはきちんと指摘しなければならないのだが、この厳密さ、この論理の本質が、神話の**真実**を注ぎ込む。教育的手段を枯渇させるために、いかなる逆転、対称、急変、変換などが、エディプス神話の構造上の変則を、規則的な神話の一般的な図式に形式的に引き戻しているのか、ということを発見するだけでは十分ではない。そのような操作、さらにはそれを形式化する一連の手続きを想像することができないからではなく、そうした変形に関する明確な一つの規則の中に、逸脱の説明、つまりは神話の深い意味作用を探し求めようとしても無駄だからである。そうした変換、逸脱、ねじれは、組み合わせタイプとしての合理性をまったくもっておらず、語りの次元においては、いかなる代数的変換によっても予測することができないような、**人間的宿命の拘束**にかかわる認識作業や、分岐した、首尾一貫した知の結果なのである。

時としてレヴィ＝ストロースに向けられた非難は、神話を論理的な組み合わせのシステムとしてしか認識しておらず、多義的なイメージや象徴の中に注ぎ込まれ、導かれている情動を考慮していないというものなのだが、まさにその通りである。(3) そして慣習は、人に働きかける機能において、そうした情動を忘れることを許さない。この構造主義の人類学者が主張することとは反対なのであって、神話思想の拘束は、「いくつもの同じ概念が、異なったやり方で配置され、それぞれの価値やそれぞれの機能を交換したり、妨げたり、反転したりして、ついにはそうした組み合わせ可能性が低下したり、あるいは単に底をついたりする」(4) といった〈変換の作用〔戯れ jeu〕〉による拘束とはまったく違う。神話的な語りの拘束は、それよりもはるかに重く、はるかに意味が深い。それは、形式的な完全性をめざす置き換え操作の、論理的な意味における**戯れ** *jeu* という言葉を口にすることを禁じる。それは純粋な組み合わせ理論の可能性としては存在しない。それが反映させるのは、情動的な拘束、欲望の集中、情念のドラマツルギー〔作劇法〕であり、また誕生、死、結婚、戦いなど典型的な存在状況における人間の魂の、内面的であると同時に〈客観的な〉精神状態なのである。これらの拘束が描き出す意味の葉脈は、途方もない凝縮力による言語活動において、象徴的な人生、すなわちきわめて短い人生の、最も根強い、最も深く入り込んだ真実を、その人生がもつ文字通り人間的なものの中で明らかにするのである。神話が〈はるかなる〉、〈公平無私な〉視線によって前もって切り離され、抽象化され、関心が薄められている場合にだけ、神話は〈精神の自律的活動〉(5) を表明するものと見なされうる。ちょうど文法学者が、長い、血なまぐさい塹壕での戦いの最中に、取り交わされる一束の軍事報告書を分析しながら、正しく構成されたこれらの文章から、形式的な特徴を引き出すこともできるけれど、ここでは精神の自律的活動が問題になっているのだ……と断言するようなものである。

さらにレヴィ＝ストロース自身は、根本において矛盾したことを言っていると気づかずに、さまざまな神話で狂気に関する**知**を識別しなければならなかったのだが、その歪曲もそれなりに意味のあることである。神話の中には心の病についての厳密な認識がある。認識であって、単なる直接的な表現ではない。徴候や精神錯乱といった領域に属するのではなく、精神異常を表現するのでもない、神話は、精神錯乱や徴候についての知なのであり、神話「もまたそれなりのやり方で理論を作り上げ、患者の側にではなく、臨床医の側に位置づけられる[6]」。したがって、レヴィ＝ストロースが他のところでも何度も、侵すべからざる構造主義の公準として主張するものとは逆に、まさしく神話の中に真実があるということになるだろう。神話はそれ自体の知恵によって、〈精神医学の〉知と**張りあう**。精神障害に関して、レヴィ＝ストロースは次のようなことまで言っている。神話は「精神障害を描写し、精神障害を精神障害と診断する。同時に、神話は、ある主要人物の人生のささいな出来事を詳述し、その出来事を障害の起源にまで遡らせる[7]」。心の奥底の障害や、人間的宿命の拘束が、精神の自律的な、断固とした活動を示す組み合わせ理論でしかないとしたら、神話がどうしてそれらにかかわる知を保持することができるのか、理解しがたい。神話は、（レヴィ＝ストロースが神話解読のすべての〈秘教伝授的《グノスティック》〉誘惑と対比させる方法論的公準に応じて）世界の秩序、現実の本質、人間の運命に関してわれわれに教えられるようなものは何も語っていないと言い張ることはできないし、同時に、その一方において、これこれの神話は人間の心のこの平衡障害に関する知として、また運命のこれこれの脱線はある狂気の描写として、さらにはその正確な診断として形成されているのだ、と主張することもできない。ところで、一つの神話の教訓、その倫理学、その教えが位置づけられるのはそこである。すなわちその**ディア＝グノーシス** *dia-gnosis*〔診断〕においてなのである。それは、神話とその変形したものとの間に厳密な物語としての一貫性がないということではない。そうではなく、それらの間に一貫性があるならば、それらを操作する運命の脱線や象徴的な真実それ自体が、表面的な非合理性の下に、ある種の深遠な合理性、イメージ的な論理をもっているということなのである。

対比的な分析から次のことが分かる。**血みどろの戦いで雌の怪物を殺していない者は、自分自身の母親と結婚する運命にある。**メドゥーサやキマイラとの荒々しい、勝利を得るための対決は避けられない戦いであって、それなしには神々によって認められる結婚への道が開かれることがないかのように、すべてが行なわれる。雌の怪物を殺すということ——単に知性によってそれを排除するだけではなく——は、近親相姦ではない結婚の条件となるようである。差異を探し求める読書がわれわれに教えるのは、まさしくそのことである。エディプスは、スフィンクスとの出会いで外見的には完全に義務を達成しているように見えるが、十分に、規則に適うように、雌の怪物を殺す決定的な段階を達成しているわけではない。〈謎を解く〉ということは、〈王女と結婚するための〉完全無欠な適性を示す、十分な、完全な試練とはいえないのだとでもいうかのように、すべてが行なわれる。血という代価を払って、自分の存在全体のエネルギーを結集する戦いをしなければならない。その恐ろしい、危険な雌の奇形の怪物を斬首するか、刺し殺すかしなければならない。彼女自身が蛇＝女、不死身のエキドナから生まれたからである。だがエディプスの冒険ではこの殺害が欠けているのである。

エディプス神話のこのような配置、差異を生み出すこの中核が、そのすべての意味を作り上げているのに、フロイトはこれを完全に見落した。いくつかの根本的な理由があってのことなのだろうが、彼はエキドナの子どもたちとの戦いについては、何も知らない。なぜ雌の怪物を殺すということが、近親相姦ではない結婚の条件になるのだろうか。フロイトの解釈は、このような疑問の前ではわれわれを無力にする。フロイトやランクが、スフィンクスを殺すことは〈父親を殺すことの代用〉であると主張するとき、彼らはわれわれの我慢強さにつけ込んで、彼ら自身の強迫観念を誇示しているのである。というのも、一方においてスフィンクス *la* Sphinge は（ギリシャ語でもドイツ語でも、これはフロイトに注意を促すべきことだったのであるが）女性的な存在だからである（キマイラ *la* Chimère、ゴルゴン *la* Gorgone、クロムミュオーンの雌猪 *la* truie de Crommyon、レルネーのヒュドラ l'Hydre de l'Herne と同様に）。しかしエディプスの場合には、父親はすでに殺害されてしまっていて、これは重複になるのだということが理解されていない。その殺害がすでに公然と行なわれたのであれば、なぜ父親の殺害の象徴的な代用（つまりは偽装）が生じるのだろうか。しかも、スフィンクスは殺されるのではなく、自殺するのである。

きわめて単純に、スフィンクスは、怪物たちの母親、エキドナとまったく同様に、フロイト的なコードでは解釈不可能であるということを認めなければならない。スフィンクスはフロイトの精神分析では考えられないもの、それによっては解き明かされない謎である。またそれは、構築によって解き明かされることはありえない。というのも、この謎の解明は、エディプス神話について――さらに深刻なことに、エディプスについて――根本的に間違ったある解釈を基盤にしているフロイトの体系全体を脅威にさらすからである。

スフィンクスの謎とは何か。これは二つの意味で理解すべき表現である。スフィンクスが提示する謎と、スフィンクスが作り上げている謎である。エディプスは前者を解き明かし、フロイトは後者を解き明かしたと思い込んだ。だが両者とも答えを見出していなかったとしたら、どういうことになるのだろうか。

第2章　精神分析と殺害

〈怪物殺し〉はフロイトの学説ではまったく考えつかないものである。精神分析の始まりを揺るがした分裂、異端者ユングとの決裂は、この論争と無関係なわけではない。ユングは父親とのエディプス的な敵対関係を神経症に関する自分の解釈の核とはしない。彼にとって、父親殺しは、大きな問題とはならない。エディプスは彼が参照する神話ではないのである。ユングが、時として漠然と、当惑するようなやり方でとらえながらも、真の問題として指摘するのは、フロイトが説明することのできない、一つのモチーフが異常なほど恒常的に、中心的に存在するということである。つまりそれは英雄と怪物との戦いである。どんな文化の英雄神話学でも、この〈神話要素 mythologème〉は前面に出ている。ところで、フロイトやその弟子たちが提起することができたと思い込んだこととは反対に、この英雄的な殺害（これは英雄の〈犠牲〉と一致する）を、父親殺害の代用と解釈することはほとんど不可能である。そのような解釈を許容するものは何もない。大胆な英雄の悪夢に棲みついている、「雌の竜」の多様な形態の中に、偽装され、転換されているとはいえ、父親のイメージを見るというのは、神話学的規定（怪物の性が女性であること、洞穴に住んでいること、など）を少しばかり軽々しくとらえているということになる。

この点については、ユングがフロイトと衝突しながらも妥協しなかったのは間違いではなかった。フロイトの理論のどんな概念も、この怪物に打ち勝つことはできない。だから、ユングが母親のほう、陰鬱な、包み込むような、息苦しくさせる母親のほうを探求したのは正当なことだった。息子を縛り、すくませ、後ろに抑えつけ、爬虫類のような執念で巻きつく無数の渦巻きの中に彼を拘束する母親、この危険な存在の意味を、である。そして実際に、圧迫するような、貪欲なこの雌の怪物との血みどろの戦いの結果として、その息子が雄々しいエネルギーのすべてを結集させて、その怪物を殺し、その怪物から自由になったときに初めて、彼は王女、約束された娘と結婚できるようになる。彼女は、彼の母親**ではない**。そして「雌の竜」が虜にしていたか、または近づくのを妨げていた娘である。危険を冒して怪物が棲んでいる薄暗い洞穴にまで戻って、その怪物を殺すことは、そこで一つの絆を断つ、生命の犠牲を払うということなのである。その血みどろの傷が、怪物が閉じ込めていた若い娘の夫になることを許容する。

したがって、怪物に対する勝利、神話の無数の英雄たちに特有の、普遍的な偉業には、**母親殺し**という深い意味がある。英雄、〈男というもの〉(**ウィル** *vir*)を作り上げ、結婚を許し、〈王権〉を与える最も困難な義務、中心的偉業と普遍的に見なされているのは、母親殺しであって、フロイトが考えていたような父親殺しではない。大いなる通過儀礼的試練、少年時代から抜け出て、〈男〉になるために、志願者が死の危険を冒す試練がこの戦いであり、これは暗い、洞穴の奥深くで行なわれるものであって、白昼の部族的争いによる〈父親の殺害〉ではない。

もちろん、この〈母親殺し〉において、極めて危険な状態で、きわめて曖昧に殺されるのは、母親〈そのもの〉ではない(たとえ母親という人格を想像してのことであれ)――だから、無意識の葛藤を、不当にも、個人の好みに合わせて家庭的悲劇に作り上げる傾向があったフロイトは、母親殺しの、中心的な、核となる位置を決して認めることができなかった。敵対され、滅ぼされるのは、否定的次元である（そしてこの否定的次元を把握することができるのは、常に不十分な隠喩だけなのである）。つまり、暗い、陰鬱な、貪欲な爬虫類、海の、洞穴の奥深くの怪物である。それを神話のみが〈概念化する〉ことができる――この逆説的な言葉を使うのを恐れてはいけない。ヘシオドスが、（死すべき）怪物たちの（不死身の）母親、上半身が女、下半身が蛇で、海の深い洞穴に棲んでいるエキドナについて語るとき、彼はイメージ的な概念に触れているのであって、その概念はたぶん、彼が編成する意味的な紛糾によって、フロイトの精神分析から生じた概念よりも力強い。例えば、〈男根的な母親〉と言われる。しかしこの用語は、神話が保存し、秩序立てている知よりも、貧困で、制限されたものである。

したがって、母親殺しはフロイトの学説ではまったく考えつかないものである。フロイトには理解できなかったけれども、典型的英雄の神話の中で意味されていることは、結婚という結果が、その暴力的な戦いによってのみ可能であるということである。母親の欲望は致命的な欲望である。洞穴、子宮、地獄のほうへの帰還は、英雄の命を賭けた対決を強いる。彼はその強力な絆を断ち切り、怪物＝母親に向けた血みどろの暴力によって、致命的な愛着から自分自身を解放するときに初めて、勝利者として外に出ることができる。そしてこれはまた自分の未練を犠牲にすることでもある。この母親殺しだけが**女性の解放**――つまり、暗い母親的なものと、結婚による明るい女性的なものを引き離した上での、許婚者への接近――になるのである。

ところでこのような操作の中で一目瞭然なのは、父親がまったくどこにも出現しないということである。女性的なものへの接近は、父親的な掟に従っていては達成されない。それは母親への接近を禁じ、他のところに許婚者を探すようにしむけるからである。母親殺しという勝利こそが、結婚への道を切り開き、母親的ではない女性的なものを授けるのである。もしもこの対決に父親的なタイプの人物（しかしこれは神話における英雄自身の父親というわけではない）がある役割を果たしているとしても、その人物は禁じるべきものを何も持っていない。これは、われわれが〈委託者としての国王〉という名で示したものである。この国王が、掟というよりもむしろ国王の威厳とも言うべき権威によって〈一つの試練を課す〉。彼は、危険で、ほとんど不可能と言われている試練を克服できるならやってみろと、若き英雄の名誉に対する欲望と、競争熱をかき立てる。青年がこの戦いに身を投じるのは、強制によるというよりはむしろ競争心によってなのである。

それゆえ単一神話の筋立ては、エディプス的な葛藤とは大いに異なっている。父親的な次元も、母親的な次元もそこでは同じ役割を果たさない。エディプス神話が**父親殺し→近親相姦**というつながりの周りに形成されているのに対して、単一神話は**母親殺し→婚約**という因果関係に帰着する。エディプスとともに、父親の殺害は近親相姦の悲劇に至るのであるが、典型的英雄とともに、委託者としての国王のせき立てるような命令は、母親的怪物に対する勝利に通じ、その勝利が結婚という関係への道を開く。

したがって、エディプス・コンプレックスにとりつかれ、われわれが単一神話と名づけたものを構成する構造的な価値を決して理解できなかったフロイトは、〈エディプス・コンプレックスの解体〉、エディプス的構造によって設定された葛藤の彼方を考えることに大いなる困難を覚えた、ということが分かる。彼はその彼方を、エディプスによって設定された緊張を和らげるもの、あるいは（タブーや障害を内在化する、超自我を形成することによって）エディプスの後に来るものとしか考えなかった。もう一つ**別の**構造として考えることが本当にできなかったのである。

ところで単一神話こそ、そのもう一つ別の構造である。父親殺し（これは母親との近親相姦へと通じる）ではなく、母親殺し（これは母親的ではない女性的なものへと通じる）を中心的な衝撃に据えることで、単一神話は、タブーという手段によらずに、男性的主体が根源的な欲望に近づくことを説明する。単一神話が示すような探求は、男性的欲望を組み立てる基軸にきちんと対応するだろう。それに対してエディプスの神話は、その軸からはずれた、ゆがんだ解釈を示すのである。というのも、通過儀礼を避けるよりも、〈通過儀礼〉を施され、〈課せられた義務〉を受け入れ、断絶（死や、怪物的な母親を殺し、同時に苦悩とともにそれから解放する、切断する剣の試練のこと）に立ち向かい、解き放たれて生まれ変わろうとする欲望のほうが、より深いところに位置づけられるからである。

それゆえ、執拗に、規則的に現われてくる神話でありながら、それをフロイトのように理解する過ちは、無意識について異なる意見をもつ何人かの理論家がフロイトに向けた疑念を十二分に正当化している。フロイトの理論の中では、英雄と怪物との、普遍的に認められる大いなる血みどろの戦いの中で実際には何が問題になっているのか、理解させてくれるものは何もない。エディプスの神話は、そうした戦いのカリカチュアだけしか提示しない。あるいは、すでに示したように、謎に対する答えだけを拠り所とする、例外的、部分的な解釈ぐらいしか提示しない。エディプスのような息子は、男性的欲望の類型論をことごとく網羅しているわけではないし、しかも男性的欲望の表面的な、歪んだ解釈だけを提示している可能性があると考えられたのは、至極当然のことであった。この批判が、ユングの遺産を援用する人々の側の深い検討の対象になったということは[1]、たいへん筋が通っているというほかない。しかしまた、エディプスに触れているフロイトの概念の重大な欠陥は、まさに人が最も予期していないようなところで認識されなければならなかったのである。

フロイトに対する非妥協的な、見せかけの忠実さの下で、ラカンは絶えず精神分析の手の込んだ見直しに取り組んできた。繰り返し正当性を主張することによって後ろ盾を得ながら、ラカンはフロイトの公準のいくつかをぐらつかせた。しかし最も根本的な問題が揺れ動いているのは、エディプスの概念を巡ってであるということに誰も驚きはしないだろう。かなり早くから、すぐさま、ラカンは〈エディプス・コンプレックス〉のフロイト的理論の構造の不十分さにぶつかった。そしてエディプスの批判を計画上欠かすことのできない要請であるとするに至った。〈神経症の重大な局面〉においてラカンが直面したものは、「伝統的に示されている構造——母親の近親相姦的欲望、父親による禁止、その妨害の結果、またそれらの周りに、大なり小なり繁茂するように増殖した症状——とはかなり異なる構造」を成していた。そこから真の分裂を予想させるようなきわめて重い不信が生じる。「この差異はわれわれに、現在教えられているような分析の理論から抜け出した一般人類学を検討するようにしむけるはずだ、と私は思う。一言で言えば、エディプスの図式全体が批判されなければならない[2]」。

しかしながら、さまざまな理由から、理論的であると同時に極めて戦略的であるこのエディプスに対する批判は、常に中断され、留保され、差し控えられたままである。ラカンはそれを曖昧さのない、明晰な言葉で告げた。しかし彼はそれをここかしこにただ撒き餌しただけであって、その意図や射程距離を体系化することはなかった。エディプスの根本的批判は隠された指導原理のようなものであり続けたのであって、それがおそらくラカンの最も革新的な直感と、最も肥沃な暗中模索を方向づけたのだ。だがその批判はフロイトの教義と完全に、きちんとした論争の中でつながる可能性や欲求を持つことはなかった。

とはいえ、エディプスのラカン的批判の予想された本質を復元することは可能である[3]。それは主として去勢の位置とタブーの規定にかかわっている。フロイトによれば、エディプス・コンプレックスとは、父親が振りかざす去勢の脅威によって、その父親が、母親を欲することを禁ずる者となることである。ところが、母親に対するこの欲望も、父親的なこの去勢の脅威も、欲望や去勢というものの根本的形態ではない、ということをラカンは示そうとしている。エディプスは、真の欲望（その対象は想像のできないものであって、単に禁じられているだけではない）が何であるのかを明らかにしたり、最も決定的な去勢（父親的な脅威よりもなお恐ろしい、「もの」の欠落との直面）に達したりすることはなく、動転させるような根源性を包み隠す覆いとなっている。エディプスは去勢を抑えるものとして役立っているのだ。「もの」（欲望の原初的対象、母親が位置づけるが、これは存在しない）の不在を前にして、エディプスは父親との葛藤を覆い隠すヴェールを据えつける。エディプス的主体は、父親的タブー（これは絶対的快楽に対する欲望の対象が単に彼には禁じられているのだと思わせるだけである）によって、去勢や死との根本的対決から守られている……。エディプスのやり方で欲するということは、去勢を通過することを要求する男性的主体の根源的欲望を巧みに避けるということなのである。

言い換えれば、エディプス的形態にとらえられた男性的主体は、父親殺しが母親と結びつこうとする欲望への入り口を開くであろうという幻想を維持する。そのように絶対的快楽として幻想化されるものが可能となるためには、父親は覆せば事足りる大きな障害のように、廃止すれば事足りるタブーのように現われる。エディプス的主体は、母親を禁ずるのが父親の介在だと思い込むのである。また彼は、その後に絶対的快楽を確信して、絶えず殺害の幻想を育んでいる。なるほど、エディプス的主体はエディプスそのもの（彼はそれと知らずに二つの罪を犯す）ではない。しかし、父親殺し→近親相姦という因果関係の無意識的想像を維持させるのは彼であって、それによって神話は物語の連関を支えている。当然のことながら、ラカンにとって、このエディプス的幻想は男性的欲望をその根源性において説明するものではない。

ところで、われわれの観点で決定的なことは、ラカンが撒き餌をしたけれども、最終的結果までは導くことのなかったフロイト的精神分析のこの見直しが、英雄の筋立てについての太古的な読み方と同じ方向に進んでいるということである。それは差異の神話分析が引き出すことのできる読み方と同じである。ラカンは、フロイトの規制から苦労しながら抜け出すものの、伝統が**知っていた**真実しか見つけ出していない。そしてその伝統は、例えば、国王叙任的な、すなわち通過儀礼が成功したギリシャ神話の中に堆積したのである。ラカンのようなフロイトの修正は必然的に、エディプス王の神話に、不規則な、常軌を逸した位置を返す。それは神話のメカニズムが伝統に割り当てていて、伝統が決して離れるはずのなかった位置である。歪んだ言語活動の中でラカンが発見するもの、単一神話の発掘は、すぐに次のことを予想させてくれる。男性的宿命と欲望の真実とは、この単一神話（その普遍性は十二分に証明されている）なのであって、エディプスの特異な物語なのではない、と。

国王への通過儀礼的な正規の神話と比べると、エディプスの神話は一つの変則であるのだが、その変則は規則的な筋立ての逸脱によってしか説明されない。それと同様に、エディプス・コンプレックスは、男性的主体の根源的、構築的欲望と比べると、ごまかしの幻想であって、その欲望を解明するのではなく、その欲望を混乱させ、狂わせる。神話的な知はすでに、単一神話とエディプス神話の間の弁別的関係の中で、本物の欲望と欲望ゆえの錯乱との対立を配置している。人を引きつける、強烈なものであるがゆえに、エディプスの宿命は、伝統的真実にとっては、一つの逸脱（一つの悲劇）なのであり、それは倫理的過ちと一致するのであって、男性的欲望本来の構造と一致するのではない。エディプス神話は物語的に派生してできた、副次的なものなのである。それは単一神話で繰り返され、執拗に現われる真の欲望の基盤を供給することはできないだろう。

したがって（差異の神話分析が引き出すことのできる）単一神話とエディプス神話の関係は、男性的欲望の根軸とエディプス・コンプレックスの関係と同じである。ラカンが言葉の悪い意味で〈エディプスは一つの神話だ〉と言えたのと同様に、エディプス神話は〈神話の中の神話だ〉と言うことができる。これは副次的な筋立てであって、より根源的、本質的な原型的筋立ての変形操作と逸脱の結果として生じてきたのである。

この二重の比較に取りかかることによって、対比がきわめて明らかになる。**通過儀礼からの逃避**（つまり象徴的な死からの逃避）が、単一神話と比べたときのエディプス神話を変則的な神話にしているのであって、単一神話のほうは通過儀礼に直面し、これを見事に達成する。同様に、エディプス・コンプレックスを幻想、神経症、軽蔑的な意味での〈神話〉にするのは、**去勢からの回避**なのであり、これは象徴的な去勢によって欠如と対決する男性的欲望の真実と比べられる。フロイトとフロイト主義者たちが苦心しながら去勢（これは、彼らが最終的に認めなければならなかったように、ペニスの切断ではない。ところがこの用語を最初に選択したときはそれを連想させた）という用語で考えようとしたものは、他ならぬその通過儀礼である。もっと正確に言えば、第二の誕生の条件である〈死〉や犠牲という相である。人間的存在が再度生まれて一人の人間となるために置かれているメタ生物学的必要性が、彼にその断絶に耐えるようにしむけるのである。そして精神分析は、去勢という用語で無意識のうちにその断絶を突きとめようとする。しかし、ごく普通の象徴であるこの用語（しかもこれは他の象徴以上に単純化されている）が、通過儀礼的状況により機能する他の多様な象徴システム以上のことを教えてくれるのかどうかは定かではない。ラカンが去勢（ここにはあの奇妙な〈去勢の欲望〉も含まれるが、これらの用語自体は依然として謎のままである）という用語で神話的＝儀式的な知と考えるものはすべて、この試練が命じる根源的象徴化の、あらゆる根茎《リゾーム》を伴った試練のことを表わしている。つまり、「怪物」との出会い（ここではその

「もの」の恐ろしさは「母親」を超えて、死と結びつけて示される）とか、男性的敵対関係の想像上の対象（「金羊毛」、メドゥーサの「首」）が象徴的戦利品に変わるために通過しなければならないもの（流血という犠牲）の発見などである。

フロイトのように切り離して考察するエディプスの筋立ては、父親殺しから近親相姦に至る宿命的な脈絡しか示さない。この筋立てを単一神話の筋立てと比較すると、フロイトの知に還元されることなく、フロイトと競合するような、教えに富んだはるかに深い相関関係が引き出される。

そうした相関関係は、例えば、英雄と女性的なものとの関係、次いで英雄と男性的なものとの関係を区別し、最後にこの二つの相関関係を交差させることによって、浮き彫りにすることができる。

英雄と女性的なものとの関係から見ると、エディプスに関する差異の神話分析は、次のような教えを引き出すことができる。自分自身の母親を妻とするのは、流血の戦いで女性的怪物を殺すことの**ない**英雄である。

英雄と男性的なものとの関係から見ると、自分自身の父親を殺すのは（委託者である国王によって）試練が課せられることの**なかった**英雄である。

したがって近親相姦・父親殺しは変質した、歪んだ結果として現われるが、二つの欠如、あるいは欠落のうち、一方は女性的なものとの関係にかかわり、他方は男性的なものとの関係にかかわっていて、完全に規則にかなっているのである。比較することによってのみ、エディプスの物語の中にこれらの欠如が存在することを明らかにすることができる。これらはより堅固な構造、単一神話が示している象徴的なものの襞〔形〕と比べた場合の欠如である。

この二つの欠如そのものが、交差した相関関係を結ぶ。つまり、〔自分自身の母親を妻とするのは〕国王によって試練が課せられることの**なかった**英雄、〔自分自身の父親を殺すのは〕女性的怪物を殺すことの**ない**英雄……というわけである。

こうした相関関係の総体が描き出す一つの構造は、われわれにフロイトの理論化が示していないようなエディプスの形態について、より多くのことを教えてくれる。父親殺しは物語的には国王の委託に代わるものであり、あたかも殺される国王は、困難な試練を課し、その青年の攻撃性を自分の外部の、危険な賭にそらすことのできなかった人ででもあるかのようである。しかも女性的な次元に介入するべき〈流血の殺害〉（女性的な怪物に対する危険を冒しての勝利）は、男性的な次元で生じる（年老いたライオスの殺害）。エディプスがスフィンクスに出会うとき、彼はすでにその殺害の瞬間、攻撃性を解放する瞬間を知っている。しかしそれは転換され、変質したやり方によるのであり、女性的な怪物に向かってではなく、彼自身の父親に向かってなのである。したがって国王との対決の変則性は、そこから課せられる試練（および挑戦に応じる）という結果が生じるわけでもなく、戦闘的な力が関与することのない怪物に対する勝利の変則性に――次いで近親相姦的結婚という結末に――〈転嫁〉されるのである。すでにライオスとの出会いから、通過儀礼の回避は始まっている。

父親的タイプの権威と欲望との対立は単一神話では発見できない。委託者としての国王は危険な試練を課す。そのように試練を課すことは、あえてその働きにこだわるならば、近親相姦の**牽制としての**役割を果たしている。しかしそのタブーとはまったく異なる射程と意味作用をもっている。禁止という観念は欲望を打ち砕く服従を暗示する。ところがこの英雄である青年は、ありうべき死へと送り出すその命令から逃れるどころか、挑むべき挑戦としてその任務を受け入れる。一人の男（**ウィル** *vir*、**アネール** *aner*）であるということとの彼の面目はこの上なく強い。試練によって受け入れた危険を通じて〈男〉となることは、本質的な、力強い欲望である。その欲望の中では、〔委託者としての国王の〕命令への服従と、危険な探索において、近親相姦ではない結婚の宿命の実現がはっきりとつながっている。そして後者はまさにそのような修練期間を要するのである。そんなわけで単一神話では、父親的タイプの権威（国王の委託）は男性的主体の根本的欲望と対立するのではなく、その実現を可能にする。規則的な神話が位置を定め、精神分析がとらえそこねているものは、〔神に捧げる〕犠牲という機能である。それこそが、国王の権威によって示される義務を受け入れ、同時に怪物＝母親との通過儀礼的な、流血の別離でもある殺戮の戦いのほうへ雄々しく身を投じることを可能にする。したがって、何人かのフロイトの解釈者が〈去勢の欲望〉（奇妙に変質した口調を免れない用語）を探し求めようとしているところに、規則的な神話は雄々しさ、危険、犠牲の欲望を位置づけるのであって、その欲望の創始的な響きは根源的欲望とより一致する倫理的意味合いを帯びている。〈試練を求める〉、勇敢に危険に立ち向かう（ペルセウスやベレロフォーンの空威張りにおいては、まさにこのような探求が問題になっている）ということは、タブー以上に本質を成すものである。そして挑戦によって、〈試練を求め〉ながら、若き英雄はやがて通過儀礼的な死（言葉にこだわるなら、象徴的な〈去勢〉）を見つけ出す。だからその通過儀礼的な死は、近親相姦的ではなく、〈許婚者〉を対象とするような新しい欲望に活気づけられ、彼が再生できるようにしむける。

　ところでフロイトの読み方は単一神話を過小評価しているだけでなく、エディプス神話そのものの理解をねじ曲げていて、この神話が用意している教えの傍らをすり抜けてゆくのである。次の点をはっきりと言っておかなければならない。エディプスの悲劇の中心にあるのは、若き英雄のヒロイズムと犠牲の欲望に**大義**を与えてきた権威の不在である。エディプス神話は父親的禁止の神話なのではなく、試練を課す国王が**不在**の神話である。神話的論理は驚くほど厳格である。構造的に物語的に、委託者としての国王との出会いに**代わって、**エディプスは国王のライオスと出会う。彼方へと送り出され、危険な怪物を殺すこともなく、また攻撃的・挑戦的な力を誰もが危険で、勇敢だと見なしている務めのほうに向けることもなく、エディプスは彼自身の父親との極度の敵対関係の中に**とどまっている。**したがって父親の殺害は、神話の知によれば、規則的な行為、つまり国王的人物によって投げつけられ、若き英雄によって応じられた挑戦、「金羊毛」やメドゥーサの首といった〈不可能な〉ものを征服しに行くことの**代わりに**生じる、変則的行為なのである。そのことによって苦悩にぶつかり、死と対峙することになる。そうした偉業の代わりに、また誰もが欲しがる対象の危険な探索、ただ一つ死の通過・切断だけが最終的に獲得させてくれる国王の護符の代わりに、エディプスは卑劣な、不名誉な戦い――一人の老人を棒で殴り倒すこと――をするように定められている。

この対比は別の表現で言い表わすことができる。現実の父親との極度の敵対関係は、はるかに困難で、危険な結末から守っているのだ、と。それはつまり、その敵対関係がもっているさらに根本的なものにおける去勢である。もう一度言うと、ラカンがフロイトの構築物をぐらつかせることを恐れて、苦心と自制を伴ってのみあえて押し進めたものを、神話はすでに知っているのだ。フロイトが父親を去勢の脅威の動作主としているのに対して、ラカンは、そのような（人間の顔をした）父親的な去勢は、男性的な欲望の深い真実が蠢いている、もっとはるかに根本的な去勢、すなわちその「もの」との苦悩に満ちた対決を免除してしまいかねないと気づき始めた。ところで単一神話／エディプス神話という関係は、次のことをはっきりと示している。自分自身の父親との破壊的敵対関係によって、エディプスは危険な試練が課せられるのを免れるのだ、と。にもかかわらず、彼はスフィンクスのほうへ（この「もの」との対決はそこで演じられるべきなのだ）向かってゆくが、すでに流血の試練は免れている。その敷居を越えて、怪物を消滅させるには、ただ巧みな返答だけで十分となるのである。

フロイトは、去勢の脅迫を激しい、猛り狂う父親の役として割り当て、その父親は**自分の**妻に対する息子の近親相姦的欲望を妨げたり、罰しようとするのだとして、断絶の原因を不当にも**人間的なものにしている**。フロイトはその父親から前＝人間的、超＝人間的、非＝人間的必然性を奪っている。この意味では、別の領域にいるとはいえ、フロイトはスフィンクスの謎に対して〈人間〉と答えるエディプスと同じことをしている。通過儀礼的な冒険は、苦しめられ、打開策もなく母親的な次元へと引き寄せる力からこの青年を解放するものなのである。しかしこの苦悩に満ちた、血みどろの解放（これは怪物＝母親とともに生きる絆の切断であり、その怪物＝母親は切除されることでしか生きられない）は、父親の懲罰的な怒りの結果ではない。近親相姦的欲望は**本質的に苦悩に満ちた**ものである。決して慣例的な禁止がその欲望を苦悩に満ちたものにするのではない。他ならぬこの欲望自体が、その方向づけによって、恐るべき、不安を引き起こす怪物を作り出すのである。

実際に、きわめて重大なこの妨害に雷のような声を付与し、したがって勅令が発せられるような形態を与える父親が不在であるのに、それでもやはり妨害は存続し、それは絶対的な苦悩の中で体験される。フロイトがとらわれているこの情景こそが、おそらくは彼をその無知に委ねるのである。彼は父親を、母親的偶像や近親相姦的想像への愛着を禁ずる、筋骨たくましい掟の担い手と見ている。[4] そして**まさにその点に**妨害の理由があるのだと考えている。彼は、外見上は父親的なタブーが、それとは別の、父親的ではなく、その上母親的でもなく、エジプトの神々のように人間の顔さえもっていないタブーを隠している可能性があるのだということを知らない。

例えば誘惑的な女性にして貪欲な雌犬といったような、スフィンクスの象徴体系はこの上なくはっきりとそのことを示す。この番人、スフィンクスには、父親的タイプの掟に充てられた位置などまったく存在しない。問題となるのはきわめて重大な防衛なのであって、猛り狂う父親によって定められる命令ではない。スフィンクスは、形態そのものによって人間性と動物性との結びつきを体現しているとしても、やはり動物性に根をおろしている。一般的なテーマに従えば、通過儀礼の責め苦の際に働きかけるのは、獣の形をした、あるいは人間の形をした怪物という神的存在である。常にそれらは人間を超えた存在であり、神の名において神聖な行為を実行する。スフィンクスは——自ら呼び起こした欲望によって——責め苦と息子の死の責任を負うべき存在であるが、**父親はそうではない**。ある種の解釈では、スフィンクスが青年たちと性的な関係をもとうとするがゆえに、青年たちを不安に陥れる動物と見なされているのは、意味深長なことである。(5) ここには否定的な、陰鬱な、動物的女性性に対する、また完全に消滅させられる危険を帯びた恐るべき結合に対する、青年の危険な欲望を読みとることができる。さらにこの場合、スフィンクスの挿話とは、青年が消滅する危険を冒さなければならない、性欲**および**死の謎との出会いのことなのである。彼は陰鬱な〈母親〉に対する欲望は死すべきものであるという試練を受けなければならない。この対決だけが、象徴的な死の後で、新たな自己同一性と共に、彼が再生することを可能にする。

「竜」とかメドゥーサといった恐ろしい怪獣との戦いの中で、英雄は自分の男らしさを発展させ、内的エネルギーを奮い立たせて、子どものような依存性を真剣な、攻撃的な雄々しさに変えてゆく。そんなわけで英雄の互換的神話の中で、単に策略だけではなく武器によって、雌の怪物に対する勝利は決定されるのである。ところがエディプスの場合には、明らかに、完全な雄々しさが奮い立つことはなかったし、勝利を可能にしたものは（プラトン的な区別を踏襲するならば）胸に含んだ勇気ではなく頭に含んだ知性なのだ、と結論できる。その区別を完全にするために次のように付け加えることができる。性欲という現世欲は試練にかけられることも、乗り越えられることもなかった。なんとなればエディプスは翼のある乙女の〈言葉のない歌〉に魅惑されることはなかったからである。彼は思慮深い言葉によって妖しい魅力を断ち切ってしまった。したがって、神話が注意を促すのは、偽りの力に対してである。その力は本当の戦いの結果として生まれるのではなく、怪物殺しを達成させるものでもない。魅惑を知的に回避させ、殺害を哲学的に免除させるものである。

エディプス王の神話は通過儀礼を避ける神話である。もっとフロイト的な言葉、しかしフロイトが考えつかなかった言葉で言えば、それは象徴的去勢の回避を基盤とした幻想の方向についての完全な批評的一覧表を示している。去勢を避けるということはエディプス的神経症なのである。

この神話は、通過儀礼のプロセスが熟慮的知性によって**中断される**ときにどんな危険が生じてくるのかを教えている。スフィンクスによって守られている聖域への入り口で、志願者の立場に置かれているエディプスは、本当なら彼自身の母親の息子として死ななければならなかったのだ。そうしてこそ彼は「許婚者」を見つけ出せたはずなのである。しかし残念にもエディプスは、真の母親殺しの試練を巧みに避けて、「許婚者」を解放することができなかった。しかも彼は完全に彼**自身の**母親のとりこであり続けることになる。彼は賢明な答によって、魅惑的な歌い手から永久に逃れたように見えるのに、彼の宿命は、最も現実的な、最も世俗的な形で、母親によって厳重に支配されている。エディプスの悲劇とは、**母親の欲望**による復讐のことなのである。その母親の欲望が燃え立つこともなく、試練によって深く変貌することもなく、単にその思慮深い答、一点に集中した自己意識によって遠ざけられたためである。スフィンクスは殺され**なかった**ことの復讐をする。青年たちを死の抱擁へと引きつける魅惑的な女の抗いがたい声に耳をかさずに、エディプスは、単なる冷たい観念で言い返しながら、その魅惑行為を突然打ち切ってしまったのだ。スフィンクスが自殺するのは、まさにそのためである。エディプスにつきまとうのは、達成された殺害に対する復讐ではなく、死の行為、およびそれに続く再生行為が達成されなかったことへの恨みなのである。怪物のとりこになっている（あるいはいくつかの神話がはっきり述べているように、怪物の内部に存在する）結婚のための女性的なものは、引き離され、解放され、自立的な存在に至ることはなかった。エディプスにつきまとうのは、怪物＝母親の殺害の不在、この**母親殺しの欠如**なのである。

したがって**女性的なものの解放**は、エディプスの宿命においては達成されていない。**彼は「許婚者」を解放していない男である。**スフィンクスの自殺は、敵意に満ちた怪物の愛の恨みゆえの怒りであり、それが自分自身に向けられたのである。もはやこの後は、その怪物に対して女性的なものの結婚の真実を解放する変身を実現させることはまったくないであろう。

そういうわけで、女性的なものの不完全な、いわば退行的な、萎縮した感性を維持することは、エディプス的現代世界の本質に根ざしていることなのだが、この現代世界はスフィンクスの恒久不変の自殺を、哲学的理性や自意識が開始され、継続される勝利としか見ていない。深みに、空隙にまで降りていって、そこで爬虫類のような怪物を殺し、本当の宝を発見する真の英雄とは反対に、エディプスは誘惑と帰還の恐怖を前にして疑い深く、冷静なままとどまった。彼は下降し、母親殺しをすることを避けてしまい、勝利を達成することはなかった。エディプスは、人類の展望（人間の顔）が苦悩の開口部を永遠に閉ざすことができると信じたがゆえに、スフィンクスの恨みにつきまとわれるのであって、不正を正そうとする欲望につきまとわれるのではない。とはいえその恨みは復讐のように恐ろしい。

したがって、フロイトにとっては手つかずにそっくり残されているスフィンクスの謎は、あの試練、一つの入り口の通過条件である死の危険と関連づけられてはじめて解明される。どうしてギリシャ人たちのスフィンクスは、そのような立場で承認されたのだろうか。またどうして、その機能を正確に解明することが、エディプス・コンプレックスの系譜としてこの神話に近づくわれわれの態度を覆すことになるのだろうか。

第3章　スフィンクスの儀式

近代以前の社会では、程度に差こそあれ複雑な儀式化によって、青年男女がある年齢で少年期の世界に属することをやめ、大人の共同体のまったく対等な構成員として昇格し、結婚によって今度は自分が子どもを作ることができると見なされるようになるのだが、そのような儀式化のない近代以前の社会は存在しない、ということは周知の通りである。しかしそうした思春期の通過儀礼が、機能させる観念・イメージによって、また時代に合わせた儀式や神話によってとりわけ重要であるのは、それがやはりあらゆる通過儀礼のモデルとなるからである。ただしこのとき、厳密にはもはや思春期の通過だけが問題となるのではない。駆使される根源的象徴に関して言えば、思春期の通過儀礼、英雄への、あるいは国王への通過儀礼、および秘儀伝授の通過儀礼の間に大きな違いはない、ということを一般に示すことができた。子どもの身分から共同体の大人の構成員の身分への移行であれ、（戦士たちや、シャーマンたちの）秘密団体への加入であれ、国王への叙任であれ、秘教の奥義への到達であれ、通過儀礼を受けるやり方の間にはきわめて密接な類似がある。もっとも、象徴の練り上げ段階や、儀式的な方法の細部には、はなはだ大きな差異が存在する。〈加入〉や、異なる〈神聖化〉にかかわるとしても、また人々に重んじられる宗教がきわめて多様であるとしても、通過儀礼の一般的原則が不変であり続けるということは注目すべきことである。つねに、別離、死者の世界への下降、**アド・ウテルム** *ad uterum*〔子宮への〕逆行、流血の試練、一時的な死、秘密の教えの受容、再生や復活などのテーマが、多様な形態で見うけられる。[1]

あらゆる通過儀礼の中心的な段階、最も深い核は、新参者の**死**（混沌、地獄、大地の内部、原初的子宮などへの回帰）を悲壮に象徴化する儀式によって構成される。その後ある不確定な期間をおいて、喪の悲しみ、〈第二の誕生〉としての生者たちの間への帰還が続く。通過儀礼を受けた者とは二度目に生まれた者のことである。志願者によって乗り越えられた死は、崩壊、分割、細分化という段階につながる。それがなければ、新しい基盤に立つ自己同一性の再構成は起こりようがない。初心者は怪物に飲み込まれ、断片に切られ、焼かれるなどと想定されるのである。彼は、消すことのできない痕跡を残すと見なされる責め苦を受ける。あるいはその切断の代わりとして次のような操作を受ける。割礼、抜歯、身体瘢痕、髪の毛を抜くことなどである。

しかし、死者の世界への下降はまた「祖先たち」との出会いを可能にすることでもある。一つの知が啓示されることのない復活は存在しない。（若い男に関して言えば）大人の人間たちの共同体に入る資格は、神聖な教えの受容によって可能となる（名前、服、義務、権利による）新たな自己同一性の獲得と重なる。共同体の最も敬うべき伝統、時代の起源以降の「神的存在」との神秘的な関係は、新たに通過儀礼を受けた者へと伝えられる。彼に対して少しずつ、彼が属する集団の世界観の最も秘密とされる中核、その〈部族〉の基盤となる神話、偉大な「祖先」の物語が明らかにされるが、その「祖先」の存在と太古の冒険は通過儀礼が結びつける系譜の元になっている。その伝統的な知は、さまざまなやり方（断食、薬、隔離）で、神聖と見なされるものとの情動的に強烈な出会いを設ける、儀式や試練の中で獲得される。またその出会いにおいては、(秘儀を前にしての) 畏敬の念が重要な役割を演じる。

妊娠、再生、出産の隠喩は、通過儀礼を、もはや母親の体からの分離による最初の肉体的な誕生ではなく、精神、祖先たち、父親たちを通じての第二の誕生としている。この後者の様相が通過儀礼の本質的な次元を明らかにする。つまり、〈男〉(**アネール** *aner*、**ウィル** *vir*) の身分に達するということは、ある意味で、父親の息子となるために、もはや母親の子どもではなくなるということなのである。ただし彼自身の本当の父親の息子というのではなく、死んだ父親たち、祖先たちの息子である。それは基盤となる男性的系譜の子孫、名祖《なおや》として基盤となっている英雄の後継者になるということである。父親たちの息子だけが今度は一人の父親になるのである。したがって、基本的に、思春期を越えるということは、母親たちの世界から暴力的に引き離されることであり、父親たち、祖先たちの連鎖に象徴的に加わるということである。父親たちを通じてのこの再生と彼らの系統への加入だけが、男らしさへの接近を許し、結婚と生殖を可能にすることになる。

それゆえ通過儀礼の原型、思春期の通過に関する単なる両親の、あるいは家族の描写は簡単である。母親から引き離され、父親の側に加わり、〈人間〉としての地位を獲得すると、それによって結婚と生殖が可能になるということである。通過儀礼は通過でありかつ断絶である。母親の世界との緊密な関係から、祖先たちを通して、一人の女性との近親相姦的ではない絆 (族外婚) に向かうのである。母親＝子どもという共生を断ち切り、父親は第三者のように、程度に差はあれ未分化状態のその二元的関係の中に入り込む。彼は (母親と子どものそれぞれが別れを一つの喪失と感じるようなやり方で、二人を同時に傷つけながら)、その結びつきの核心を切り、今度は象徴的な父性によって規定される新しい血族関係をもつ息子を出現させる。

通過儀礼の中心にあるこのプロセスは、さまざまなレベルで、必然的に通過儀礼を司る**暴力**、なぜこの暴力が儀式の中に、目に見える形で（抜歯、切り刻まれる身体、あらゆる種類の責め苦）、あるいはより精神的な形で（畏敬の念、魂の夜など）現われるのかを説明する。何かが断ち切られなければならない。生命の絆、へその緒が痛ましく、永久に切り落とされなければならない。新たな生活様式が出現するためには、一つの存在様式が死に絶え、消滅されなければならない。断ち切られるのは、母親の次元と融合しようとするある種のつながりである。問題となるのは、もちろん、単一の外的な、目に見える絆ではなく、もっと力づよい、もっと深い何かであって、それに比べれば、実際の母親という個人はほとんど取るに足らないものである。事実、主要な通過儀礼の試練は、志願者を犠牲者であると同時に殺害者にする。一方では何かが苦しみとともに絶たれ、切り落とされなければならない。そして同時にその責め苦（これがやがてもう一つの誕生を可能にする）は、神話的に、包み込み、かぎ爪をもち、窒息させ、すべてを包含する〈母親〉の側からすると、活気に満ちた殺害ともなる。そしてこの母親の側は、成長を妨げ、過去のほうに引きとどめ、危険な、致命的なやり方で、生命の発達を抑止する。一言で言うならば、志願者は自分をつなぎ止めるものを殺しながら、死の苦しみを受けるのである。**母親殺し**（というよりもむしろむさぼり食い、飲み込み、窒息させるこのような次元の壊滅）とは、殺害者の側のこの責め苦**なのだ**。この二つの側面の一方（受動的な苦しみか、能動的なヒロイズムか）が、通過儀礼的な挿話か、または神話的な挿話かに応じて強調されるだろう。しかしこのはっきりとした対立の中には、本質的な同一性が存在する。一方は他方の中心にしか生じないのである。

精神分析が避けて通ることのない暗礁を、避けることにしよう。〈去勢〉がすべての切断操作を説明し、すべての切断操作を性的意味合いに引き戻すと見なされているようだが、〈去勢〉という唯一無二の用語で、通過儀礼が含んでいるすべての切断操作を解釈するいわれはない。割礼、尿道切開、身体瘢痕、髪の毛や歯を抜く行為は、犠牲的切断を反映させていて、その去勢のイメージ自体は単なる可能な象徴化の一つでしかない。最終的意味が必然的に未知の要素としてあり続けて、あらゆる表現を超越していて、〈犠牲的切断〉という概念ではきわめて抽象的なやり方でしか近づけない等価物の連鎖の中で、性器切断の流血のイメージもまた、誘発性《ヴァランス》の一つでしかないのだ。他のものと同様に、それは志願者がその最も内的な存在において、生存力と享受能力の根源そのものにおいて切断されるということを意味する――しかし切られた性器自体もまた、そのことを意味するための単なる隠喩でしかない。たとえ、ある妄想状況の中でそれが最も喚起力に富むイメージ、反響が最も強烈なイメージだと考えたいのだとしても。

　最も強烈なのだろうが、しかし必ずしも最も完全なというわけではない。例えば、目を引き抜くという行為はいわゆる去勢の象徴ではない。これは、性的な意味とは別のもの――知、すなわち〈知性の光〉との関連――を際立たせながら、〈犠牲的切断〉を象徴化するもう一つ別のやり方である。ある未知の要素を肯定し、去勢は単にその可能なイメージの一つにすぎないと表明することは、（身体的、精神的、霊的などといった）意味を含むあらゆる豊かさを**先験的に**《ア・プリオリ》資格剝奪してしまうのを避けるために重要である。そうした意味の一つ一つはそれなりに、その未知の要素の隠喩化に結びつけられている。そうした等価物の戯れの中でこそ、その〈犠牲的切断〉が何を意味しているのかを直観でとらえることができるのであって、それを象徴化しているすべてのものを力ずくで説明的な意味されるもの《シニフィエ》に還元することによってそうできるのではない。この切断は単に性別された身体を切断することで要約できるような操作ではない。この切断が開始する試練は、その存在全体の実体験なのである。そうしたすべての意味、直観、イメージの亡霊を残らず展開させなければならない。

〈陰鬱な母親の殺害〉と〈息子の犠牲〉は、同じ一つの出来事の二つの象徴的な表現である。責め苛むように引き裂く行為がかかわっているのであり、そこで母親的な根が断ち切られる。そのために母親＝怪物は死ぬのだが、それまでそのつながりによってしか生きてこなかったこの母親の息子もまったく同じように死ぬ。蛇＝母親の切断は、恐ろしい竜の殺害であると同時に、母親の息子による流血の犠牲なのである。両刃の剣を手に持って――単に純然たる知性の明敏さによってではなく、攻撃力のすべてを結集して――この行為を達成する英雄は、殺害者であると同時に犠牲者でもある。彼は自らの殺害によって死ななければならない。しかしそれでもこの二重の死は、祖先たちの息子としての彼の勝利、彼の再生となる。

そんなわけで、怪物に対する英雄的な勝利か、あるいは死と分割に至る〈敗北〉かは、神話的＝儀式的変形にしたがって、紛れもなく冒険の瞬間に位置づけられ、まさしくこの意味を呈するのである。問題となる殺害は、恐怖、分断、分離のさなかに、破壊的な力で立ち向かってゆく行為と重なる。死にゆく者と殺害する者は同一人物なのだ。英雄による竜の殺害は、彼自身の一部分の殺害なのであり、これはまた彼自身の死、致命的、分割的、責め苦的な喪失を意味する。

しかしながら英雄と竜との戦いに関して、儀式と神話とを結びつけるのに、ある種の障害がないわけでもない。この戦いが型どおりに若い娘を解放し、王国を獲得させるのだから、そのモチーフの通過儀礼的な意味は明らかであるにしても、細部においては神話と儀式を結びつけるのが困難なのである。そのおもな困難は、互いに相容れないように見える二つのモチーフの存在に由来する。(A)一方では（とりわけ儀式のほうはみな一致したようにこの様相を示すのだが）竜は、新参者を飲み込み、むさぼり食い、消化すると想定されている。ところがその新参者は一時的な死をこうむるものの、最後には新しい人間として喉から口に戻され、吐き出される。(B)もう一方では（とりわけ神話のほうはこの様相を示すのだが）武器を手にして、苦しい、流血の戦いが勝利に終わったときに、竜は英雄によって殺される。

この二つの挿話は両立するのが困難であるように見える。しかしながらこの対立は、竜の殺害を内側から、竜の腹の中で達成されると叙述する多くの物語によって和らげられている。英雄は飲み込まれ、むさぼり食われる。彼は怪物の燃えるはらわたの中にとどまる。しかし竜に攻撃し勝利するのもまたそこなのである。彼は心臓をもぎ取り、自分を飲み込んだ相手の腹を寸断し、やがてそこから出てくる、などといった次第である。だからこの英雄は単に飲み込まれて死ぬだけの者ではない。彼はまた自分を飲み込んだ相手を殺す者でもある。しかもなお、神話は、プロップが凝縮した方法で言い表わしているように、「飲み込まれて初めて飲み込んだ相手を殺すことができるのだ[2]」と取り決めているように思える。英雄は野獣の腹の中に身を投じ、そこに入り込み、むさぼり食われなければならない。その後で怪物を殺し、生まれ変わることができるようにするためである。したがって、神話の儀式的、古代的な意味がよりよく保持されているのは、英雄が怪物を外側から殺す物語よりも、英雄が怪物のはらわたの中に入り込む物語のほうであると思われる。

儀式の消滅とともに、英雄を飲み込み吐き出すことの意味がぼやけてくる。怪物は破壊する〈焼き尽くす〉存在であり続ける（これがキマイラやスフィンクス、〈生肉を食らう者〉の場合なのである）。しかしむさぼり食われることのない青年たちは、より強く、より巧みに怪物を殺す青年と同じ者というわけにはいかない。英雄の神話は、勝利の側面だけしか保存しなかった。そして飲み込まれることや〈死〉といったより曖昧な要素を忘れてしまった。というよりも、儀式には認められない分離によって、それを不幸な英雄たちの役として割り当てた。戦いはもはや竜の内部、竜の腹の奥深くでは行なわれず、竜の外部で行なわれる。プロップによれば、英雄が竜の体の中に入り込む代わりに、そこに焼けた石や魔法の品を投げ込むとそれらが飲み込んだ者を内部から滅ぼすという多くの物語は、後の解釈であって、これは置き換えによって、英雄的な新参者が最初に飲み込まれる状態を喚起するのだという。ベレロフォーンの物語の中に、怪物の体の中に入ってゆくこの焼けた物のテーマが見出せる。ベレロフォーンの槍の先端の鉛が、キマイラの口から出る炎と接触して、キマイラを内部から殺すのである。

しかしながらギリシャの素材は、竜の腹の中に英雄が入ってゆくという記憶を保存している。一つの神話解釈によれば、ヘラクレスは、ヘーシオネーを救うために、海竜の口の中に飛び込んで、三日そこにとどまった。その三日間に、彼は怪物のはらわたの中に広がっている熱のために髪の毛を全部失ってしまったのだが、その野獣の腹を解体し、勝利者として外に出てきた。(3) しかしまたヘラクレスがケルベロスをつかまえるためにハデス〔冥界〕に降りてゆくこと(〔十二の〕「偉業」のうち一番後の、最も困難なもの)も、巨大な飲み込み行為の意味を持つものと見なすことができる。怪物の腹は、儀式においてはいつも別の世界、死者の世界と同一化される。**イン・イーンフェルノー**〔地獄への〕、あるいは**イン・ウテロー**〔子宮への〕(すなわち、一般に洞穴を通って、地下への)下降も同じ意味を持っている。「地獄」への下降は(アエネイアスの下降を含めて)すべて怪物によって飲み込まれることと同じ通過儀礼的な意味を持っている。

吐き出すことを伴う飲み込み行為という儀式のもう一つの証拠は、アッティカの花瓶に描かれた驚くべき形象である。そこではイアソンが、「金羊毛」を守る竜によって、アテナの前に吐き出されているのだ。この神話について知られている文学的解釈には、その形象と一致するものはまったくない。しかしその古代の儀式的な意味はほとんど疑う余地がない。

大多数の神話解釈から、怪物によって飲み込まれることと、その内なる殺害のテーマが消えてしまった

(恐らくはそこに結びついていて、このモチーフを理解できない、本当らしくないものにしている儀式を忘れたことによる——あるいは、「地獄」への下降というようなより練り上げた解釈を置き換えたことによる) 理由がいかなるものであれ、それらは活力に満ちた怪物殺害と関係づけなければならない。**受動的な**、第一の段階では、通過儀礼を受ける者が、死者の世界、大地゠母親のはらわた、宇宙的な母胎の中に飲み込まれるが、これらの意味はみな〈竜の腹〉と同じである。しかしこの棲みかの最も奥深くで、彼は死の後も生き残り、能動的な戦いに身を委ねる。彼は力で化け物のような動物の生命源を壊滅させ、それ(すなわちその動物が保持していた宝)を我がものとする。だからこの勝利は新たな誕生という意味を帯びる。たとえギリシャの英雄神話が、能動的なこの偉業を際立たせ、怪物によってむさぼり食われる段階を包み隠したり、後方に押しやったりして、この段階を英雄がまさに自らの力と神々の援助によって免れる危機と見なす傾向があるにしても、それでもやはり通過儀礼の神話的゠儀式的イメージが及ぶ範囲全体を理解するためには、受動的・能動的なこの二つの段階が重視されなければならないことに変わりはないのである。

しかしいずれにせよ、竜の殺害は英雄的、通過儀礼的な仕事の決定的な段階であり、これが若い娘の解放を可能にする。この場合にもやはり、異文がいかなるものであれ(怪物によって獄につながれている娘、あるいは怪物の中に閉じ込められている娘、怪物にむさぼり食われる定めの娘、戦いの賭けとしての娘、など)、常に規則的な神話では、怪物に対する勝利の結果として、つまり通過儀礼的な再生の結果として、若い娘は解放され、結婚によって獲得される。

民族学的な証拠に照らし合わせれば、スフィンクスが人間の形をした怪物的存在の範疇に入るのはほとんど疑いなく、そうした存在は絶えず儀式が開始する状況で——試練への入り口で——出現する。こうした怪物たちの教育的機能がしばしば強調されてきた。順応主義的、世俗的見解を打ち砕く、日々の月並みさから解放する、さらにまた恐れさせ、途方に暮れさせて、神聖なものの責めさいなむ力をあらわにするといったものである。(4) 通過儀礼の師たる、このような神性が、初心者を切断し、殺し、むさぼり食うのである。青年の体をばらばらにするということは、ティタンによってばらばらにされた若きディオニュソスの死にならって生のまま食われること(生肉食い《オモファジー》)と見なされるのであって、これはディオニュソス祭の一部を成している。こうした殺害が時として実際に行なわれていたかのように理解されたのは、具体的なものに縛られ、逐語訳する誤った解釈によるのは言うまでもない。他の文明に属する通過儀礼的儀式の記述が、古代ギリシャ文明の儀式についてのさらなる認識を可能にしてくれる。(5)

〈生肉を食らう者〉(6)、スフィンクスは、疑いもなく、通過儀礼の師である怪物の神話的＝儀式的な姿の一つである。彼女は謎を守ると同時に謎の中に導く。この両義性が、通過儀礼を施す人間の形をした怪物を前にして通過儀礼を受ける者の運命を反映している。彼はその犠牲者であり、かつその殺害者なのである。この初心者は原初的な動物によって殺され、むさぼり食われるが、同時に彼はそれを英雄的に殺し、ついにはその皮を身にまとい、その力とそれが象徴しているすべての長所をわがものとする。還元できないこの複雑さは神話的＝儀式的に最も古い状態の中に見出すことができるのだが、英雄神話の中では消されてしまっている(そこで英雄は怪物を殺して生き残っているように見えるのだが、しかし死を通過してはいない)。そしてこの複雑さは通過に固有の二重の動きを反映している。神話はこの明らかな矛盾を時間の中の対立によってつじつまが合うようにする。つまり、スフィンクス(あるいはキマイラ)は旅人たちを殺すが、最後には英雄が彼女を殺し、彼女が守っているものを獲得する。

通過してゆくとき、女たちは、多くの場合、自分たちの息子が敵対する神によって殺され、むさぼり食われるのだと確信している。彼女たちはしばしばその神の本当の名前を知らないが、しかしその神の雷のようにとどろく、こもった声を聞いたのである。[7] 母親たちは、死者を嘆き悲しむように、初心者を嘆き悲しむ。この慣習を、スフィンクスから受けた損害に関して、エウリピデスの『フェニキアの女たち』の合唱隊《コロス》が叫んでいることと比較するならば、ただその類似に驚かされるしかない。〈山の怪物〉、スフィンクスは血に飢えた神の代わりとして、「ミューズとは無関係の、竪琴なき歌で」（八〇〇行）、若い男たちを奪いにやって来た。女たち（母親や乙女たち）は若い男たちが消えてゆくことを嘆き悲しんでいた。ところで以下に挙げるのは、エウリピデスが何か切分法を用いたような文章で、そうした女たちの嘆きを表現している箇所である。「お前はやって来た、お前はやって来た、ああ翼のある女、『大地』からまた地下に住むエキドナから生まれた者、カドモスの民を奪い取り、おびただしい破壊、おびただしい嘆きを撒き散らしに。半分は人間の乙女、猛き翼、生肉を味わい尽くした爪を持つ恐るべき怪物。ディルケーの地から、かつてお前は、竪琴なき歌で若者たちを奪い取った。また不吉なエリニュス〔復讐の女神〕、お前はもたらした、お前は彼らの祖国に血まみれの苦悩をもたらした。血に飢えた、あの恐怖をもたらす神々の一人！　母親たちの嘆き、乙女たちの嘆きが家々に響き渡る。悲痛だったのは彼女たちの叫び、彼女たちの叫び、悲痛だったのは彼女たちの歌、彼女たちの歌、それらがうめき声の中で、交互に、町の中に響き合っていた。翼のある乙女が町から男を一人一人と消し去るごとに、彼女たちのむせび泣きと叫びは、雷のとどろきのようになった」（一〇二〇行以降）。

エウリピデスのこの叙述には、喪に服す女たちの嘆きを伴って、初心者が怪物的存在によって儀式的に奪い去られることを喚起するためのものが何もかもそろっている。「母親たちの嘆き、乙女たちの嘆きが家々に響き渡る」。孤立した嘆きはほとんど問題となりえない。母親と乙女たちの集団全体が関与する真の慣習が問題となりうるのである。「悲痛だったのは彼女たちの叫び、彼女たちの叫び、悲痛だったのは彼女たちの歌、彼女たちの歌、それらがうめき声の中で、交互に、町の中に響き合っていた」。父親たちの嘆きは問題になっていないということが指摘できる。若い男たちは母親たちから奪い去られる。そして「血に飢えた神」のために、悲嘆にくれる母親たちの目の前で若者たちが消えてゆくのだが、この神は若者たちが戦士、つまり男になることを要求する者でもあるのだ。

さらに、猛き翼を持つ恐るべき怪物、スフィンクスは「ディルケーの地から」若者たちを奪い取り続けたとも言われているのだが、それはすなわちディルケー河の泉、一つの洞窟であって、そこにはまた泉の番人、〈アレースの血を好む竜〉がいたのだった。カドモスがこの竜を殺し、その歯を播くと、そこから完全な一つの軍隊が生まれてきた。しかしディルケー河の泉はまた、ディオニュソスの誕生の地、というよりもこの神の〈第二の誕生〉の地でもある。父親のゼウスは彼を、まだ妊娠六か月にしかなっていなかったのに、雷を打ちつけて、母親のセメレーの胎内から引き出した。そして自分の太腿の中に縫い込み、月満ちて成長し活発になってきたときに、彼をそこから外に出した。「美しき乙女ディルケーよ、お前はかつてお前の泉にゼウスの御子を迎え入れた。父親のゼウスは、神の炎から彼を引き離した後に、彼を太腿の中に隠した。ゼウスは彼にこう叫んだ。『さあ来い、ディテュランボス〔ディオニュソス自身の呼び名、「二度生まれたもの」の意もある〕、この男の胎内に』」(8)。ところでこの二度目の誕生の通過儀礼的な意味は疑いないであろう。初心者の青年は母親の息子として死ななければならない。そして再び父親たちによって生み出されなければならない。この再＝生という産科の象徴体系は、通過儀礼に関する隠喩の中では最もよく立証されている普遍的特徴の一つである。

驚くべき詳細な記述。母親や乙女たちのむせび泣きと叫びは、「翼のある乙女が町から男を一人一人と消し去るごとに、雷のとどろきのようになった」という。ところで古代ギリシャにおいて、通過儀礼のときに用いられる道具、**ロンボス** *rhombos* は、民族学者によって記述されている〈うなり板 bull-roarer〉とまったく同様に、まさに雷、〈ザグレウスの雷〉の音と同一化される、重々しい、うなるような音を発していた。古代の儀式では、**ロンボス**を聞いている女たちは、祖先たちが、若い男たちをつかまえ彼らを死者の世界へ連れてゆくのだと考えていた。ただ一つの変則は次の点にある。通過儀礼においてはうなり声が死者や祖先たちの声と見なされているのに対して、エウリピデスはその雷のようなうなり声を女たち自身の叫びやむせび泣きに帰しているように思えることである（しかもこの対比は自明のものではない）。しかしそれでも、スフィンクスによって若い男たちが奪い去られること、母親たちの悲嘆の叫び、雷のとどろきという結びつきが必ず、思春期を通過する古代の儀式の思い出を予測させることにかわりはない。

ギリシャ人たちは、しばしば誤って、古風な、謎めいて見えるものをエジプト起源であると見なす傾向があった。したがって伝説はこうした通過儀礼の起源を、しばしば、墓とスフィンクスの大地、古いエジプトのものだと見なしている。そんな伝説の一つによれば、カドモスが、通過儀礼の実践をエジプトから持ち込んだようであり、同時に彼は神話の上ではアルファベットの創造者とも見なされている。[9] だから、ギリシャのスフィンクス Sphinge grecque（しかしながらこれは翼の存在と女性の性によって、エジプトのスフィンクス Sphinx égyptiens とは区別される）[10] がエジプト起源であるという伝説は、いずれにしても、カドモスによってテーベにもたらされた通過儀礼がエジプト起源であるという伝説に結びついている、と考えることは許されるだろう。ところでカドモスはエディプスの高祖父なのである。ソフォクレスが、『エディプス王』の最初の行から、テーベを築いたこの創始者に固執するのは（「いにしえのカドモスの若き子孫である子どもたちよ」)、そこに遠回しの重要性を含めているからであろう。遠くからエディプスに話しかける神官の言葉もまったく同様である。「あなたにとって、あの恐るべき『歌い手』に払っていた貢ぎ物からこのカドモスの町を開放するには、この町に入るだけで十分だったのだ」。もしもエディプスの高祖父、カドモス自身が、通過儀礼の実践を制定したと見なされるなら、それゆえスフィンクスへの犠牲的試練を導入したと見なされるなら、〈カドモスの町〉と〈恐るべき『歌い手』に貢ぎ物を払うこと〉の意味上のつながりはたぶん、たくまざる読書がほのめかす以上に緊密なものとなる。

しかしもう一つ別のアプローチが、通過儀礼におけるスフィンクスの位置を解明する。一般に認められているように、悲劇は、後にディオニュソス的ではない多くの要素、ディオニュソスとは直接のつながりのない叙事詩、英雄崇拝、儀式に由来するものを含むようになるとしても、ディオニュソス的な儀式にその起源を持っている。しかしながら悲劇の形式そのものは、原初的なディオニュソス劇の明らかな痕跡と、ディオニュソス劇の筋書、つまり死と再生の筋書を踏襲した通過儀礼を保持している。

初期の頃に、芝居が三つの悲劇と一つのサテュロス劇を含む四部作で成り立っていたことを、われわれは知っている。この配置によって、ディオニュソス的通過儀礼の神話的＝儀式的筋書の展開が忠実に繰り返された。三つの悲劇が次々と、(1)神の闘いと苦悩、(2)神の粉砕、(3)神の死に伴う喪の悲しみにかかわるのに対して、サテュロス劇は神の復活を賞賛する喜びと哄笑のほとばしりにつながっていた。

このはじけるような、慎みのない最後の相は、通過儀礼の最後の段階、結婚とも対応するものであった。まさしくここに、サテュロスたちの熱狂的集団の介入と、若い娘の侵入、つまりコレー〔若い娘〕の浮上(**アノドス** *anodos*)との間に保証される結びつきが生じてくる。この若い娘は地獄のような領域を離れ、地面から外に出る。そしてその時自らの春の生命と肥沃さを取り戻す。

しかしわれわれはまた、悲劇の歴史的発展の中で重要な一つの区別が生じたことも知っている。つまりサテュロス劇は次第に、その前に行なわれる三つの悲劇とは異なるものになってきたのである。サテュロス劇は、ディオニュソス的通過儀礼劇の最終段階における古代の意味を失ってしまった。悲劇自体も独立したものになっている。悲劇はそれ自体で一つのジャンルとして区別され、時として最後に存在するテオファニアの挿話（神の出現）を切り離し、劇という範疇の神髄となっている。[11]

それでもアイスキュロスの悲劇は、三部作の構造、さらには四部作の構造をも保存したようである。ところでアイスキュロスは、『ライオス』、『エディプス』、『テーバイ攻めの七将』から成るテーベ三部作の作者であるのだが、今われわれに残されているのはこの最後の悲劇だけである。一つのサテュロス劇がこの作品群を完成させていて、その題名は『スフィンクス』であった。この一揃いが、たぶん決定的な光でエディプス神話に対するわれわれのアプローチを解明してくれたはずなのだ。G・マリーが強調するように、「ディオニュソスとその取り巻きたちが、どのようにスフィンクスやエディプスと関連しているのか、また、新しい命をもたらす者としての神の出現があるのかどうか、知ることができたら面白かったであろうに[12]」。

しかしながら、ディオニュソスとスフィンクスの関連について、大いなる教えを授けてくれそうな図像学的資料がいくつか存在する。ヴァニョンヴィルのクラテル〔取っ手が二つある広口の壺〕はこの点に関して注目に値する。そのクラテルは、〈謎を持つ雌犬〉と復活のための陶酔にかかわる若き神との、儀式的、神話的な絆を確立するために、われわれに欠けている一つのつながりを示してくれるのである。スフィンクスは、二匹のサテュロスがつるはしで打っている墓の塚のてっぺんにすわっている。この塚に墓場を思わせるような性格があることはまったく疑いない。そのような場合と同じに、穴を開けられた石の土台が見られ、その上に土が積み上げられている。[13] ジェーン・ハリソンによって言及されているこのクラテルだけが、このタイプとして唯一のものというわけではない。ミゾンの赤絵の付いた黒いクラテルは、同じように二匹のサテュロスを表現しているが、彼らはつるはしで打撃を加えながら、墓を壊している。墓の塚のてっぺんにすわっているのは、スフィンクスである。[14] ところで馬の尻尾を持つサテュロスたちが、荒々しく墓を壊すことに精を出して、これと同じように介入している場面は、多くの表現で見られる。ただしスフィンクスはおらず、その場面の意味の手掛かりを与えてくれそうな一つの要素があるだけである。つまり、地面から、墓を通って、一人の若い娘の頭と胸が立ち上がっているのである。ほとんど型通りと言ってよいこうしたイメージの中では、コレー〔若い娘〕の浮上（**アノドス**）がかかわっている。数多くの壺がこの**アノドス**を描いている。この神話的瞬間に、一人の若い娘が、墳丘の丸い輪郭の中にまだ閉ざされながらも、体半分を地面の上に出し、両手あるいは両腕を上にあげ、高みのほうへと身を乗り出している。彼女の出現は、山羊の脚を持つパンや馬の尻尾を持つサテュロスの恍惚とした踊りで迎えられ、ディオニュソス自身はテュルソス〔杖〕を携え、この侵入を待っている。時には翼のあるエロスが描かれていることもある。ある場合には、墓の塚にコレーが浮上することと、収容されていた壺からパンドラが出現することが混じり合ってしまっているように思えるのだが、そのことで、サテュロスやパンが、ある時にはつるはしを、ある時にはヘファイストス〔火と鍛冶の神〕が持つようなハンマーを使っているということの説明がつくだろう。しかしこのように混じり合っても、若い娘のイメージに付随する意味が支えられるだけである。パンドラは生まれてくる乙女であるが、それ以上の意味があり、壺からの出現というのは、最初の女が誕生するということなのである。[15]

次のように推論せざるをえない。ヴァニョンヴィルのクラテルやミゾンのクラテルのスフィンクスは、

原註（13）を参照。

原註（14）を参照。

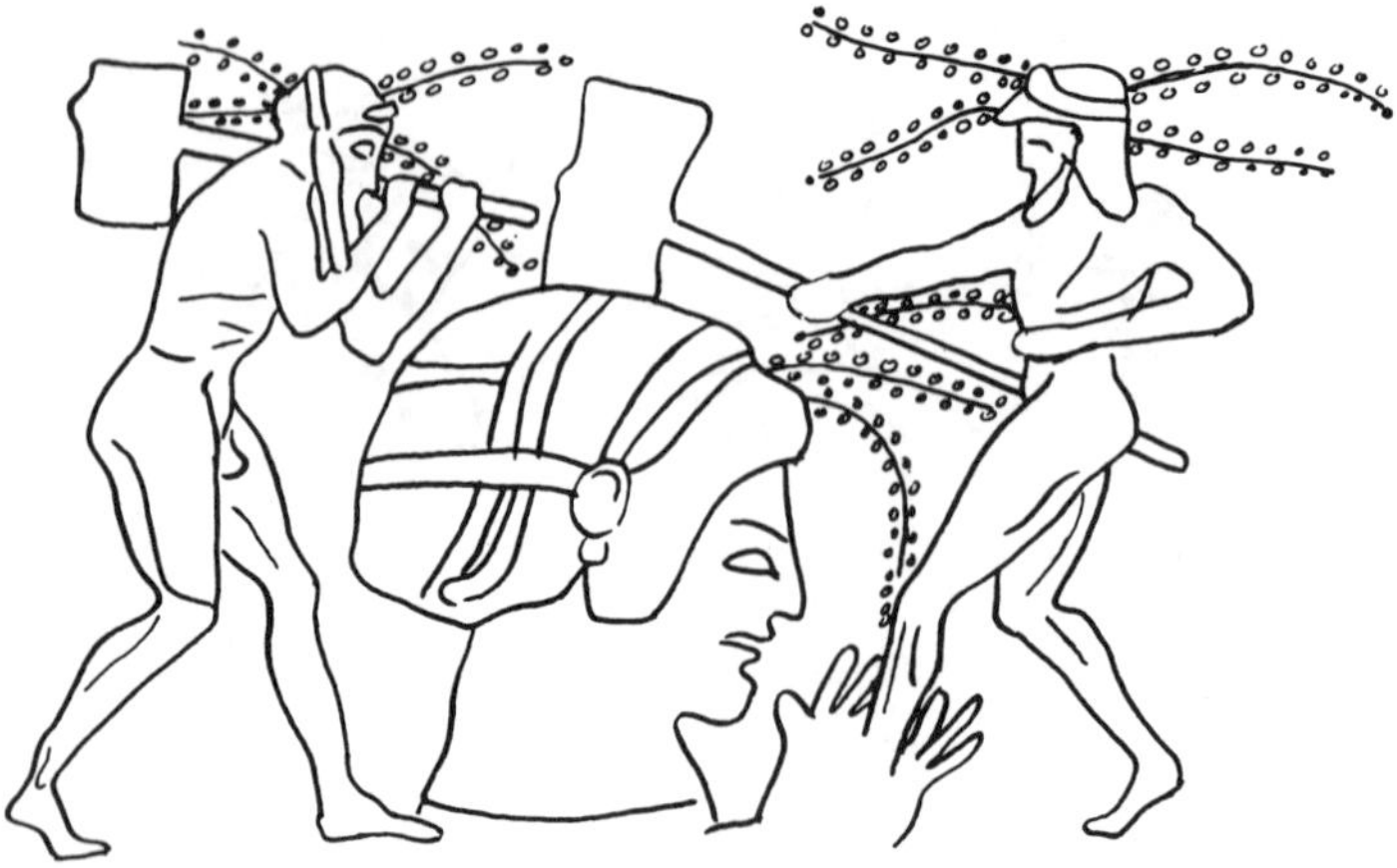

原註（15）を参照。

単に不気味な怪物、墓に出没する〈ケール〉なのではない。一人のコレー〔若い娘〕が出現する塚を壊しているサテュロスと同じ姿勢で、同じ特性を備えている二匹のサテュロスの行動は、もっとはっきりした機能の証拠となるものなのだ。これらのイメージを比較することで、エディプスの物語を、現在まで一度も解き明かされることのなかったもっと巨大な総体の中に置き直す、儀式・神話劇の主要な断片を再編成することができるようになる。われわれが予測したように、スフィンクスと若い娘の間には緊密なつながりがある。スフィンクスは、若い娘を虜にしている（内包している）墓の塚を守っている。新参者はその通過儀礼の行程でこの番人と対決させられる。しかし、つるはしやハンマーでその塚を壊すディオニュソス的なサテュロスたちが最終的に介入することによってのみ、コレーの**アノドス**〔浮上〕、飲み込まれていた冥界の深みから若い娘が出現することが可能となるのである。それはディオニュソス劇のサテュロス的な段階であると同時に、若い男の通過儀礼の最終的な段階、つまり許婚者となる娘の解放でもある。しかしこの目的のためには、スフィンクスとの単なる知的な対決だけでは不十分なのだ。新参者はたぶんスフィンクスによって〈殺され〉、死にも等しい、困難な苦しい試練、地獄下りを耐え忍ばなければならない。たとえこの翼のある番人の爪で鷲づかみにされ、まず高みへと連れ去られることから始まるとしても。

エディプスの物語の中で、エディプスは、異例のやり方で（神々の助けを借りず、熟慮的な知性だけで）スフィンクスに勝利するものの、彼は〈通過儀礼の〉行程の最終段階にまでは達していない。彼は、怪物が墓の中に閉じ込めている若い娘を解放していないのである。スフィンクスを本当に〈打ち負かす〉ためには、当然ディオニュソス的介入が必要なのであって、アポロンのような自立的思考の〈**ヒュブリス** *hubris*〔慢心〕〉だけではだめなのだということ、このことが、あらゆる予想を越えて、エディプス神話を通過儀礼失敗の悲劇とするわれわれの解釈を裏付けてくれる。

円柱のようなものの上にとまっているスフィンクスの前に、エディプスがすわっている有名な円形の表象が、盃の内側から生じているのを思い出す必要はないだろうか[16]。その盃の外側は馬の尻尾を持つ（男根が勃起していない）サテュロスたちの連なりを描いている。解釈するのが難しいこの情景の中では、サテュロスたちのうちの一匹が、一人の青年を殴ろうとしているように見える。その一方でもう一匹がアンフォラ〔取っ手が二つある壺〕を持っている。ここでもやはり、同じ一つの盃の上に、スフィンクス（中心的な、内側の位置を占めている）と、盃の外壁を取り巻くようにサテュロスたちの一族がいるこの結びつき（われわれが知る限りこれまで無視されてきた）を、単なる偶然と見なすのは困難であろう。この結びつきはすでにお目にかかった状況、つまり、上にスフィンクスがとまり、周りにサテュロスたちの陽気な集団が動き回っているモニュメントに驚くほどの確証を与える。スフィンクスに代わり、台座の上で、エディプスを前にして、一匹のサテュロスがすわっている興味深い壺絵さえ存在する[17]。まるでサテュロス的段階の開始が、あの咎の瞬間と一致しなければならないかのようである。したがってスフィンクスとディオニュソス的なサテュロスたちの間には、通過儀礼の最終段階を示しているかのような緊密なつながりがある。

もともとはスフィンクスが墓の塚（ハデスの力から解放されるべきコレーの墓）のてっぺんに位置していたのだと考えられていたら、〈スフィンクスの前のエディプス〉の表象はみな、岩の上ではなく、人為的な支え、台座のような、円柱のようなものの上にいつもすわっているスフィンクスを描いている、と理解できるのである。表現によっては、円柱がきわめて幅広く、墓のような建物を喚起するものもある。スフィンクスは一般に墓の番人であって、この意味においては墓を装飾する形象として用いられているのかもしれない。しかしサテュロスたちがまさに壊そうとしている墓がかかわってくるときには、問題となりうるのはただ再生のモチーフだけである。そしてコレーの浮上との類似がたいへん際立っているので、ほとんどためらうことなく、そこに日の光の中に若い娘が突然出現するのを見ることができる。彼女は死者の国から解放され、春の訪れと性的躍動の回帰を陽気に告げる者たちによって、多産な結婚を約束されている。恐らくはまさにこの再生という意味が、墓の装飾にスフィンクスが使われていることを説明するのだ。猛禽の爪を持ち、翼のある乙女は、略奪者たちの冒瀆的な不法侵入から宝を守っているグリュプスや蛇のような、単なる墓の番人であるだけではなく、死後に魂が蘇生する象徴（これもまた翼のある乙女である）なのであろう。もしも実際の死が、これまた一つの通過、最終的な通過というのであれば、実際の死と通過儀礼的な死、この二つの死に区別はない。

古代ギリシャの墓の図像にスフィンクスがかなり頻繁に現われているのは[18]、この点では意義深い。スフィンクスの役割はこの場合には、より新しいテクストや多くのモニュメントが信じ込ませていることとはまったく異なるのだが、それらの中ではこの怪物はことさらにエディプス伝説と結びつけられているのである。彫像や墓の浅浮き彫りでしばしば見られる、死者の切られた頭の上に足をのせたスフィンクスは、その死者の魂を奪い、それをハデスのほうへ運んでゆく動物である。スフィンクスは、そんな風に首を切り、かぎ爪の脚をかざすことで、その死者がやがて享受する不死を約束している。彼女は来世における彼の死後の生を保証しているのである。スフィンクスがここでは人を殺す怪物であると同時に、来世での再生を請け合う怪物でもあるということは、これ以上ないほど確かなことである。というのも再生するためには死ななければならないからである。この象徴が反映させる一つの概念の力と恒常性を、人は誰でも知っている。つまり、死とは再生であり、ゆえに最後の通過の儀式なのである。ギリシャの格言によるならば、〈**死ぬということは通過儀礼を受けることである**[19]〉。死亡することを通過儀礼の敷居を越えること、すなわち俗界からの暴力的な離別を乗り越え、次いで存在論的なもう一つ別の次元に再生することと理解することは、魂が生き残ることへの信頼を表現することである。このテーマは回帰的である。あまりにも回帰的なので、ここでは紛れもなく人類学の不変的要素にかかわっているのだと思えるほどである。通過儀礼とは象徴的な死であり、実際の死とは通過儀礼なのであって、それは通過の儀式の中で最も厳粛なもの、越えるべき敷居の中で最も重要なものである。

魂の導き手としてスフィンクスが携えている意味を考慮しないとしたら、エディプスの物語は何も理解することができない。これは、スフィンクスが固執するように墓の上に存在していることで十二分に証明されることなのだが、また通常の解釈が無視している象徴の両価性を明らかにする。ところで驚くべきことに、エディプス伝説によって後世は目を眩まされたのだが、その目眩ましそのものに最初のこの墓の役割（しかしこれは完全に消え去っているわけではない）を覆い隠す傾向があるのである。一方で、この役割、これだけが、エディプス的試練の意味を解く手掛かりを保持しているというのに。

スフィンクスは〈頭を断ち切る者〉である。それが次のように考えさせる。頭を切断することで、彼女は殺し、魂を来世のほうへ運んでゆく。彼女は頭《かしら》〔首長〕を強奪するのだが、彼の中には人間的な理性が存在している。神のようなスフィンクスを前にして、人間は自分の傲慢さを作り上げているものを捨てなければならない。彼女は、人間的な知性では理解することのできない他所への移行を保証する。彼女は生と死を分かつ大いなる敷居を越えさせる。するとそのことで理性が乗り越えられるのである。そこから頭の試練であるあの謎、犠牲を要求するあの謎が生じる。しかし頭を犠牲に捧げるということは、まさしくエディプスが望んでいないことなのだ。彼は理性を働かせ、熟考し、自分の思考が奪われること、推論する理性を放棄することを拒む。エディプスは哲学するのだ。エディプスは頭を失うことを望まない。足は弱いけれども、エディプスは頭が強く、油断のならない質問にうろたえない。というのも彼にとっては謎めいた深み、意味の奥深い襞、通過儀礼的秘儀によって隠された啓示でいっぱいの暗がり（要するに隠し持つ象徴）は、迷信なのである。いかなる意味の次元も明確化に逆らうことはできないし、いかなる謎も、神的であったり、人間の頭がなしうる考察を超越したりすることはできないだろう。頭をそっくりそのまま保持し、自分自身の知性を信じて、抵抗し、未知のものを否定しながら、エディプスは、自分の人間的理性の自律性と思い上がりをはっきりと示す。スフィンクスによって切られた頭とは、死によって、また再生の後に、より高い自己同一性に到達するため、世俗的な自我を神に捧げる犠牲のことである。

目下のところ、次の点を疑うのは困難である。〈翼のある乙女〉との恐ろしい対決は、通過儀礼的試練の神話的＝儀式的な象徴である。われわれが提示したばかりの要素や検証に加えて、いくつもの図像的な証拠が、この解読を豊かなものに、強固なものにしている。そうした図像は、この仮説がなかったために理解できず今日まであまり活用されてこなかったのだが、この仮説によって決定的な意味を帯びてくるのである。紀元前五世紀のアッティカの壺[20]は、円柱の上に立って、翼を広げたスフィンクスを表わしている。この円柱の両方の側の、椅子の上には、ひげの生えていない青年がすわっている。驚くべきことは、この二人の青年がそれぞれ頭の上までマントに包まれているということである。彼らの一人は節くれ立った長い一本の棒を持っているようである。この壺のもう一方の側には、二匹のサテュロス（彼らが終始一貫してスフィンクスとつながりを持っていることは、前で示し、説明した）を見ることができる。

ところで（紀元前六世紀の）もう一つの壺を、この壺と比較することができる。[21] それは円柱の上にすわっているスフィンクスを表わしている。彼女を前にしてひげの生えた一人の男が椅子の上にすわってい

原註（20）を参照。

原註（21）を参照。

る。彼の周りの地面には何人かの人物がしゃがんでいるのだが、彼らは頭の上までマントで完全に覆われている。前の表現の場合と同じである。彼らの目と鼻だけがマントからはみ出している。これらの人物が、二つの壺で、この姿勢とこの衣類は何を意味しているのだろうか。これらの人物が、頭の上まで覆うようなマントに包まれてすわっているのはなぜなのだろうか。

これらの表現は、大いに洗練されたやり方ではあるが、スフィンクスがその中心となる、通過儀礼的試練にふさわしい儀式の状況を忠実に呼び起こす。まず第一にすわっている姿勢は、喪の儀式、通過儀礼的儀式に属するものである[22]。この姿勢は新参者の儀式的な死を意味する証拠となる。それに反して、新たなる誕生は、再び立ち上がる、立った状態に戻るという観念と結びついていて、これはまた再生（**アナスタシス** *anastasis*）をも意味する。しかし一方で、青年たちを頭の上まで完全に包んでいるマントもまた、喪の場面で、とりわけ女性たちに関して、頻繁に描かれている。また、例えば、新参者がヘルメスに導かれてハデスの世界〔冥界〕へ到着するのを描いている場面[23]でも、これと同じ覆い（たぶんこの場合、屍《し》衣《い》と関係があるのだろう）を見出すことができる。ところで、アッティカの思春期通過の祭り、アパトゥリアのときに、参加者は髪を短く切り、黒いマントを身につけるのだが、それはまるで喪のしるしのようである、[24]ということを指摘しなければならない。彼らは儀式のための隔離的衣装を身につけて、〈死者のほう〉にいる。われわれが話題にしている二つの壺の中で、柱の上にしゃがんでいるスフィンクスを前にして、新参者たちが身につけているのは、おそらくは通過儀礼的な死のための黒いクラミュス〔肩で留める青年のマント〕であろう。この青年たちは〈死者〉であって、彼らは試練を経た後、ディオニュソスの後押しで、再生する瞬間を待っているのである。

そういうわけでこれらの絵は、たいへん正確に、スフィンクスの儀式的な意味を喚起しているようである。注目に値するのは、ここにはもはや山での単なる偶然のような出会いはなくて、確かにはっきりとした配置、儀式化した演出があるということである。つまり、円柱の上のスフィンクスと、彼女の両側、あるいは彼女の周りで、恐れおののきながら、マントに包まれてすわっている青年たちという配置である。この状況と比べると、エディプスの存在は、逆に例外的な要素を示す。まるで、黒いクラミュスの襞から目だけを出しておびえている八人の新参者の集団の真ん中で、エディプスは、ひげを生やし、怪物との儀式的な対決にけりをつける人物であるかのごとき様相を呈している。すでにわれわれは昔ながらの〈生肉を食らう者〉からは遠ざかっている。エディプスは、ギリシャ人の宿命を予示し、その象徴となって、恐るべき、苦悶の出会いを合理化し、ついには言葉の試練、あの謎を、通過のための唯一、十分な瞬間とした人ではないのだろうか。

第4章　三重の試練

典型的英雄は、一連の試練に立ち向かい勝利しない限り、最終的に結婚に到達することができないし、最高権力に辿り着くこともできない。そうした試練を、それらが展開される神話的側面で考察しようと、それらと緊密に結びついているはずの儀式的側面で考察しようと、英雄的試練に結婚や国王の資格付与の意味があることは、ほとんど疑いない。ところでエディプスの結婚と権力への到達が変則であるということは、試練に欠陥があると示唆するしかない。(神話や儀式は絶えずその中を貫いている因果関係の例を提示しているのだが、そうした因果関係のタイプを考慮に入れるならば) 国王叙任のための試練の規則的な展開と比べて、回避、逸脱が、エディプスの運命の異常さに厳密にはね返ってくるかのように、すべてが行なわれる。転換、回避、歪みの厳密さを信頼するならば、その運命を悲劇にする二つの犯罪的逸脱はそれぞれ、回避、特殊な欠陥と完全に対応するのではないかと疑うことさえできる。というのも試練との対決は一つの規則に従い、神聖な伝統の中に含まれているからである。どんな歪みも、任意のものではなく、象徴的因果関係によって、歪みの本質と厳密につながった重大な結果を伴うほかないのである。通過儀礼的儀式としての (またおそらくは、思春期を通過して男としての存在に到達させる通過儀礼全体の例としての）国王の資格付与は、神聖な要求をきちんと尊重しなければ、有効なものとはならないだろう。

しかし、対照的に、エディプスの場合に欠けている試練をより一層正確に際立たせるために、規則にかなった神話的、儀式的試練をはっきりと示すことができるだろうか。エディプスの大手柄、彼を結婚や王権に値するものにした手柄は、謎を解くことによって、テーベから狡猾な乙女、〈生肉を食らうもの〉を取り除いたということである。まず最初にこの試練のひたすら知的な性格が、すぐにわれわれの目を引きつけた。とにかくいつでも流血の挿話を描いている、典型的試練の際立った特徴の一つに反していたからである。しかしこうした違いの中を、さらに先に進んでゆく必要はないのだろうか。

すでに神話学者レストナーは、スフィンクスをも同列に加えた〈押し砕く悪魔たち〉に関する著作で、これらの悪魔たちが神話やおとぎ話の中では、犠牲者に三つのタイプの試練を課している、ということを示していた。愛撫、打撃、質問である(1)。そしてスフィンクスに関して驚くべきことは、彼女が単に難しい、解けない謎を提示する者としてばかりでなく、残忍な人殺し（頭を断ち切る者、生肉を食らう者）として、さらにはマリー・デルクールの業績が見事に浮き上がらせたように、官能的な死の誘惑で青年たちを奪い去ろうとする、恐るべき性的誘惑者としても知られているということである。

ところでもしも、誤って定着した神話像のちぐはぐな解釈のようにこれらの試練を切り離そうとせず、これら全体の中で考察するならば、明らかに、これらの試練は、デュメジルが決定的な研究の中でずっと区別し続けてきた、三つの機能領域と完全に一致する。彼はその三つの機能領域がインド＝ヨーロッパ文化圏に回帰し、その文化圏における根源的構造化機能となっていることを示している(2)。つまり、**愛撫**、**打撃**、**質問**である。第一の試練は性的欲望にかかわり、第二は戦士の力、第三は知性にかかわる。われわれはデュメジルによって述べられた三つの機能領域と再会するのである。試練の意味は明白なものになる。

試練は段階的に、体系的に、三つの機能に特有の三つの美徳を呼び覚ます。魅了するような愛撫に逆らって、英雄は自らの節制の美徳を示し、情欲の性癖を克服しなければならない。打撃に立ち向かって、英雄は自らの勇気と肉体の力を見せなければならない。最後に、質問に答えて、彼は自らの知性と知識のすべての能力を発揮しなければならない。

何の苦労もせずにここでは、きわめて頑丈な構造を見つけることができるだろう。この構造は、デュメジルによって分析された文化圏における通過儀礼の、神話的＝儀式的規定に属しているはずなのである。インド＝ヨーロッパ語族の国王は、ある意味で三つに分かれた機能性の上に身を置いている、ということがデュメジルによって示され、次いで彼の後継者たちによってより詳細に証明された。この国王は自らの人格の中で〈三つの機能の統合〉を実現する。彼は一人の神官でも、戦士でも、農夫でもなく、これらの集団のそれぞれに同時に所属し、しかもそれぞれの上に君臨している(3)。

インド＝ヨーロッパ語圏のほとんどすべての神話における武勲の際立った特徴の一つは、敵対者の三重性である、とデュメジルは指摘した。それは、インドラ神が殺すインド＝イラン語派の伝説の**三つの頭を持つ**悪魔であり、トール神〔北欧神話〕が打ち倒す、**三本角**の心臓を持つ石の巨人である。それは、アイルランドにおける神話の、メック Mech の**三つの心臓**を持つ**三匹の蛇**であり、ヘラクレスが殺す**三つの頭を持つ**ゲリュオンである。最後にそれは、たぶん後世のものと思われる言い回しによれば、ケルト族の英雄、クーフリンが次々に殺す、超人的な**三人の兄弟**であって、ローマ神話ではホラティウス兄弟のうちの一人が殺すクリアケス三兄弟に当たる。デュメジルはそこにさらに、ガリアの象徴である**タルヴォス・トリガラノス** *tarvos trigaranos*、〈三羽の鶴がいる雄牛〉を加える。

しかしながらデュメジルは、一九四二年に刊行した、『ホラティウスとクリアケス一族』の中では、英雄の武勲における敵対者の三重性というモティーフの恒常性を示しているが、研究のこの段階においては、まだそれを機能の三分割と結びつけてはいない[4]。とはいえ、通過儀礼は三つの機能につながる特性や危機にかかわっているはずだという観念は、少しずつ明確になってきた。

国王には伝統的にいくつもの恩恵や特性が、あるいは逆に欠点や災難が割り当てられており、それらははっきりと三つの機能枠に分けられている。彼にはこの三つの機能に対応する魔よけ、それらの効力、能力を兼ね備えた魔よけが与えられている。それゆえにまた**三重の通過儀礼的試練によって**、そうした効力の獲得作用が儀式化されることになろう。三つのレベルの通過儀礼が、三つのタイプの機能的な試練（神聖化、戦い、生殖能力）と対応しているようであり、国王に、あるいはもっと幅広く完成された男となるために、志願者はそれらの試練を通過しなければならない。というのも、国王叙任ばかりではなく、おそらくもっと広い意味で、青年たちが大人の生活に入ってゆく通過の儀式は、最初、三つの機能の観点から考えられたということを証明するしるしがいくつも集められたからである[5]。例えばクレタ島の通過儀礼の方式では、青年は、大人社会に入ってゆくときに、儀式的に三つの品物——牛、戦闘服、盃——を受け取るのだが、これらは機能的に秩序立てられている。三つの機能、神聖化、戦い、農地の生産性につながる特性を象徴的に一つにまとめて、完成された男を作り上げること、これが思春期の、あるいは国王の通過儀礼的移行の目的であったと思われる。

ところでこの仮説は、ギリシャ神話がスフィンクスやキマイラといった怪物に与えている外観を考察する（われわれの知る限り、これは今まで実施されたことがなかった）と、驚くほど確固たるものになる。

神話がわれわれに語るところによれば、スフィンクスは三つの部分で成り立っている。**女性の頭**、**ライオンの体**、**鷲の翼**である。ところでことさらに神話的資料に頼らなくても、この三つの部分のそれぞれを、デュメジルによって分析された三つの機能の一つ一つと結びつけることができるのは明らかである。女性〔の頭〕は、第三の機能に特有の性的な試練に対応する、誘惑的な部分である。ライオンの体は、第二の機能にふさわしい戦士の力という資質にかかわっている。鷲の翼は、空やゼウスの動物に通じるところから、やはりはっきりとした第一の機能の象徴になっている。

したがってスフィンクスは、三つの頭を持つゲリュオンよりもはるかに明快に、〈三重の敵対者〉の歴然たる意味を備えているのである。ゲリュオンは、たぶん単なる力の誇張でしかない数の増加という意味で、総体的に三重であるにすぎない。それというのも、神話は頭の一つ一つを区別していないからである。ところがスフィンクスの、架空のその形態の中には、証明すべき武勲に応じた機能的な分化がある。スフィンクスの試練を受けること、実際にこの怪物を〈打ち負かす〉ことは、三分割に対応する三つの大きな特性を証明することである。まず**節制**、これは女性の官能的挑発に屈することがないようにする。[6]続いて戦士としての情熱を結集する能力、**勇気**は、ライオンに対してライオンのように戦う力である。最後に、気高い、至高のものの**知性**、これは謎がより的確にかかわっている神聖なものの知である。一つであると同時に三つであるこの敵対者に勝利することだけが、新参者を通過儀礼を受けた、完全な男（**テレイオス・アントローポス** *teléios anthrōpos*）にするのである。

注目すべきことは、怪物のこの三つに分かれた形態が、キマイラの場合にもまた見られるということである。たいていの神話解釈では、ベレロフォーンの敵対者の寄せ集められたような体には、一致して三つの部分が与えられている。**山羊の体**、**ライオンの頭**、**蛇の後半身**である。そんなわけで、ヘシオドスが示すキマイラは「三つの頭を有している、一つは燃える目を持つライオンの頭、もう一つは山羊の頭、もう一つは蛇の、強い竜の頭である」（『神統記』、三二〇行）。この場合にもやはり、身体の各部分がそれぞれの機能的レベルに割り当てられているということを、大した苦労も曖昧さもなく、見てとることができるだろう。農業の豊かさ、山羊は、乳を与える動物であって、ギリシャ神話ではこの上ない乳母となる。山羊のアマルテイアは、幼子のゼウスに乳を与えた。彼女の角は豊穣の角 corne d'abondance となって、土地の豊かさにかかわる他のいくつかの象徴の神話的呼び名となった[7]。その上、山羊と羊飼いの交尾がサテュロスを生むと見なされている。養うものと性的なものというこの二つの様相は、それぞれ第三の機能を反映させている。ライオンは、スフィンクスの場合と同じように、やはり戦士の機能とはっきり一致している。蛇に関しては、その意味は多種多様で、両義的かもしれない。だからいずれにしても唯一の、同じ表現形式にまとめることは困難であろう。にもかかわらず、差異的に、また他の二つの部分の属性が疑いないという点で、蛇はここでは、とりわけ魔法じみた、謎めいた側面で、第一の機能にかかわっているということを認めることができる。テイレシアス、カッサンドラ、メラムプースの神話では、蛇との接触は身を清め、第一の機能の特性である予言能力を授ける。

怪物の体のこの三重性は、キマイラのいくつかの造形表現では、驚くようなやり方で現われてくる。そうした表現では、三つの頭、ライオンの頭、山羊の頭、蛇の頭が、かなり未分化のたった一つの体の上に、まるで互いに**整列している**かのように立っているのである。キマイラがヒッタイトで確認され、インド＝ヨーロッパ語族の伝統を堅持しているのが証明されたという事実を別にしても、三つの機能の解釈は、キマイラの構成が明らかに一種の恣意性によって人の心を捉える以上、是認することができよう。なぜライオン、山羊、蛇なのだろうか。山羊は大いに脅威を与える動物であるので、三部から成る怪物の一要素でなければならないというのだろうか。

そうしてみるとキマイラは、スフィンクスと同じように、英雄が、機能レベルの各段階に特有の三種類の効力を発揮して、打ち負かさなければならない三重の敵対者であろう。とはいえキマイラにおいては、女性の誘惑的役割はスフィンクスほど明白であるようには見えない。その頭は魂を奪う乙女の頭ではなくて、燃えるような息をしたライオンの頭である。ベレロフォーンの物語では、女性的な誘惑に抵抗する英雄に関して、二つの挿話がかかわっている。そのためにキマイラとの対決において、このモチーフが目立たなくなっていると思われる。ベレロフォーンは、自分を客として迎えてくれた国王の妻に誘惑されるが、その王妃の誘いを断る。後に、リュキア王との戦争で、彼は海の波につきまとわれる戦闘に出てゆく。そのとき、男たちが彼に懇願しても無駄なのに、女たちは衣類を脱ぎ捨てて、彼を退却させることに成功する。彼は反発力に屈したのではなく、羞恥心によって屈したのだ、とプルタルコスは述べている。デュメジルは、この挿話を他のいくつかの神話の物語《レシ》と比較して、〈羞恥心のない女たち〉のモチーフの通過儀礼的な意味を際立たせている(8)。

一方で、スフィンクスの歴史的起源に関して相変わらず決着のついていない論争は、雑多な要素から成る神話的怪物の三部分から成る解釈によってそんな風に解き明かされることはないが、輪郭を浮かび上がらせることができる。翼のあるスフィンクスはギリシャの、あるいはインド゠ヨーロッパの創造物である(ヒッタイトにおいては、スフィンクスもキマイラと同じように描かれているが)と主張しなくても、次のように考えられなくはない。スフィンクスが、その一番初めの出所や、未だにいかなる確信も得られていないその不確実な仮の境遇がどうであろうとも、三部分から成る解釈を受け入れられたことで、その解釈は象徴的形状を思考構造の条件に適合させ、従わせた。するとその思考構造によって、周知の通り、スフィンクスはさまざまな置換や転換を通り抜けて、驚くべき耐久性を備えたのだ、と。このような適合をあばいてみせるのは、何も初めてのことではないだろう。これは、もともとインド゠ヨーロッパ語族が作り上げたものではない神々——パリスの審判における、ヘラ、アテナ、アフロディテ——についての、三部分から成る神学的観点の再分類と比較することができる(9)。

「金羊毛」の用心深い番人である竜は、スフィンクスやキマイラのように、三重の怪物という外見を呈していない。だからといってイアソンの試練の中に、英雄の試練の三重性に関する何らかの痕跡、さらには名残のようなものを見つけることをあきらめなければならないだろうか。その逆であって、最後の勝利(「羊毛」の獲得、と同時にメディアとの出発。イアソンは彼女に助けられ、やがて彼女と結婚することになる)に到達する前に、イアソンが次々に受け入れてゆく試練を注意深く分析すると、そこには思いがけない驚きが待ち受けている。

それを確信するために、『アルゴナウティカ』(アルゴー船に乗ってイアソンとともに「金羊毛」を求めにゆく英雄たちの物語)の見事な一節を読み直してほしい。そこでは、イアソンがコルキス王に自分の旅の崇高な目的を説明し、「金羊毛」を引き渡すよう説得を試みている(10)。自分を遣わしたのは神であり、ヘラスの国王の恐るべき命令である、とイアソンは説明する。すると、アイエーテースは激怒し、ののしり、その見知らぬ異邦人の腕の中に「金羊毛」を委ねることを拒否する。しかしすぐに彼は、自分はあなたに仕える覚悟があるのだと言うイアソンの言葉によって、気持ちがほぐされる。とうとう彼は「金羊毛」を与えることに同意する。ただし試練の後でである。ところで、青年の燃えるような力(**メノス** *menos*)と雄々しさ(**アルケー** *alkē*)を証明するための義務(**アエトロス** *aetlos*)とは何だろうか。並はずれた、紛れもなく国王のものといえる義務のことである。というのも国王自身が、その能力があるのは自分だけだと言っているからである。アレスの平原には青銅の足を持ち、鼻から火を吐く二頭の雄牛がいる。その二頭をくびきにつながないで、誘導し、四アルパンの休耕地を耕さなければならない。その畝に播かなければならないのは、小麦の種ではなく、アレスの竜の歯であるが、それらの歯は成長すると、やがて戦士たち、〈地面から生まれた男たち〉の集団に変わる。その時に彼らを相手に戦い、剣で彼らをなぎ倒し、その場で彼らを殺さなければならない。これが、イアソンが「金羊毛」を受けるに値するために、たった一日で、朝から夕暮れまでに果たさなければならない義務である。

彼は挑戦を受け入れる……。彼は雄牛をくびきにつなぎ、耕し、歯を播き、休息する。次いで、〈地面から生まれた男たち〉が畝から現われると、畑に戻って、夜のとばりが降りる前に（彼らの中に石を投げ入れるという策略を使って）彼らを殺す。イアソンは試練を達成したのだ。それも与えられた時間の中で。しかしアイエーテースは約束を守らない。そこで夜の間に、薬で竜を眠らせるというメデイアの助けを借りて、若き英雄は、自分の望む羊毛が釘づけにされているカシの木に近づき、それを奪い取り、許婚者となる若い娘を連れて船のほうへ逃げる。

ところでこの一連の行為を辿ってゆく際に注目すべきことは、イアソンが次々に直面した三つの試練が、三つともタイプが異なるということである。

1　彼は雄牛を堅固なくびきにつなぎ、広い畑を耕し、種を播いた。

2　彼は、剣を手にして、〈地面から生まれた男たち〉と戦い、彼らを殺した。

3　彼は竜（アポロニオスがこれをいつも〈蛇〉**オフィス** *ophis* と呼んでいることに注意しよう）の警戒の裏をかき、「金羊毛」を奪い取ることに成功した。

まさにさらけだされた完璧な論理によって、この結論が困惑に近いものを引き起こすとしても、ここでは、三つの部分から成る序列の順序が逆になって、それぞれが機能的レベルに属している段階的な一連の試練を認めるほかかしようがない。

くびき、耕作、種まきの試練は、異論の余地なく、第三の機能である農業の義務の領域に属している。[11] 剣による戦いは、間違いなく戦士としての機能に属するものである。最後に、蛇から盗んだ「金羊毛」は、今やはっきりと、神聖化（しっかり守られた魔法の品）にじかにかかわる試練のようなものに、したがって第一の機能に属するようなものに見えてくる。

一日を分割してこれらの試練に割りふったのは、たぶん偶然なのだろう。朝、イアソンは牛をつなぎ、耕す。午後、夕方まで彼は戦士たちと戦う。そして彼が羊毛をかすめ取るのは、夜である。したがって、キマイラのように、唯一の存在の中に三つの通過儀礼的な出会いを凝縮している混成の怪物が省略されている場合には、試練の三重性は見られない。しかしその三重性は、見事に区別された三つの試練の語りの継続の中で次々と展開される。

イアソンが不死と見なされている蛇と剣で戦うのではなくて、（メデイアによって与えられた）薬と呪文によって戦うのは意義深い。そこにはまさしく戦いによらない勝利があり、それは〈死の収穫〉に向かって、剣で行なう、荒々しい戦いの試練とは対照的である。魔法の薬（もちろんこれは呪縛にかかわるすべてのものを指す）は、他のところでは第一の機能の力として保証される。[12]

「金羊毛」が〈国王の魔よけ〉であるという意味は容易に分かる。[13] したがってまた、征服へと導いてゆく試練が国王叙任の意味作用を持つということも分かる。しかしもしもこの「金羊毛」が、語りの構成においてはっきりと、第一の機能の魔よけとしての位置を占めているのなら、羊毛の本質そのものから、その位置をより一層特徴的に立証できる何らかの比較（その素材、金と、この「金羊毛」がゼウスに捧げられた不思議な空飛ぶ雄羊に由来するという事実は別として）が可能となるだろうか。明らかに羊毛は、すべての毛皮と同様に、衣類と類似性がある。羊毛を支えているカシの木のあった森からイアソンがその羊毛を持ち帰るとき、「彼はそれで左の肩を覆い、それをうなじの上から足首まで垂らしていた」。したがって、イアソンはマントで身をくるむように、かすめ取ったばかりのその羊毛（これは〈ゼウスの稲妻のように〉光る、とわれわれに伝えられている）で身をくるみ、〈その羊毛の上に新しいマントを羽織って〉、他人がそれに視線を投げかけたり、触れたりすることがないようにする。ところでマントは、いくつかの一致した事例では、国王叙任の際の儀式的装備に属する三つの機能的道具の一つとして、まさしく第一の機能のための道具として示されている[14]。

切望される貴重品、国王の魔よけ、「金羊毛」は、**アガルマ** *agalma* という翻訳できない概念を反映している。価値、富、奉納、栄光、喜び、名誉、しるし。切り離して取り上げたこれらの単語のどれ一つをとってみてもふさわしいとは言えない。しかしながら「**アガルマ**という観念が『金羊毛』の想像力の最先端にある[15]」。問題となるのは、もちろん、経済的な意味での豊かさではなく、神聖な力、権力である。切望するものの取得が、資格付与劇、あるいはイアソンが耐える修練劇におけるクライマックスの（さもなくば、語りの上で、最終の）段階を示すということは、注目に値する。ペリアスに命じられた危険な試練を達成することによって、この**アガルマ**を獲得するその瞬間に、彼はまたメデイアの心をも奪い取るのである。彼は若い娘をその父親から奪い、連れ去り、彼女を自分の妻とする。すべての通過儀礼の場合と同様に、試練を勝利で終えることが、結婚を可能にする。「金羊毛」は婚礼の床における毛布として役立つ、ということなのである。

ペルセウスの場合には、これほど明白な構造を見つけ出すのは、かなり困難であろう。しかしながら、ペルセウスが段階的に配置された試練に直面し、神々の援助を得ることによってはじめて勝利をおさめるということは疑いがない。そこにも全体的に同じ動きが見られる。国王の命令で試練に立ち向かうように駆り立てる通過儀礼的衝動、それから試練の最終段階のほうで、もう一人別の国王との対決、やがて彼はその国王の娘を妻にするのだが、その結婚にはもちろんさまざまな障害が設定される。迫害者としての国王、委託者としての国王、贈与者としての国王の違いは、ひじょうに明白である。愛の欲望が最後の試練を達成するために決定的な役割を演じる、ということは注目に値する。ペルセウスは、アンドロメダが裸で岩につながれていて、雌の海の怪物にむさぼり食われそうだったのを見て、彼女に恋をする。だからその愛が、彼を戦いに引きずり込むのである。イアソンの物語では、メデイアのほうがこの若き英雄に恋をし、決定的な手助けをして彼が切望する羊毛を獲得させる。そんなわけで、英雄たちを助けるのはアテナだけではないのであって、戦いの最終段階ではアフロディテもまた（しかも最終段階ではアフロディテだけが）そうするのであり、彼女がメデイアにその感情を吹き込んだのだと言われている。望み、望まれる許婚者は試練の勝利の結末に必要不可欠な一要素である。英雄の冒険における三部から成る興味深い年譜とは、次のようなものである。ヘラが怪物たちを送り込む。アテナがそれらと対決する勇気と手段を与える。アフロディテが欲望と勝利の機会を与える。厳密に三分割された秩序の中に、機能的なこの三人の女神を見出すことができる。

　ところでこの最終的な愛の牽引力（たぶんこれをわれわれの典型的な伝説の一要素として取り入れることができるだろう）が、エディプス神話の中にまったく見つけられないということは意義深い。エディプスは対決に際してアテナに助けられることはないし、また、スフィンクスに勝利するときもすでに出会った許婚者への愛の欲望に助けられたり、駆り立てられたりすることもない。たった一人で、自分だけで、彼はやり遂げるのである。（初めに）試練を課す国王が、（最後に）望み、望まれる許婚者が、対決に根拠や活力をもたらすということがない。これは単なる勝利でしかなく、資格付与の伝統的な想像世界、すなわち通過儀礼的状況の規則的な拘束の中には含まれない。しかしその点ではやはり、変則的なものとして示されているのである。なるほど、エウリピデスの解釈では、狡猾な乙女の謎を解明できる男にクレオンが王妃の褥《しとね》を約束する。しかしエディプスは、ペルセウスのように、獲得すべき王女への愛に駆り立てられることは決してないし、イアソンのように、恋する王女によって助けられることも決してない。アフロディテが不在なのである。彼女はまったく保証することがなく、勝利に何の手助けもしない。このことが問題点の変則性を警告するのである。単なる権力的な意志がエディプスをスフィンクスとの対決に導いているかのように、すべてが行なわれる。この点でもやはり、対比分析だけがそうした様相を浮き彫りにしてくれる。

規則的な英雄神話、典型的な構造を引き出すためにわれわれが比較した英雄神話は、国王への通過儀礼がうまく達成された神話である。もしもエディプス神話の中に、国王への通過儀礼が失敗し、回避された神話を認めるなら、このエディプス神話の構造上の変則は、細部に至るまで説明される。

完全な国王叙任が達成されるために、三つで一揃いの試練が課せられる。それらの試練の各々は、機能的に三分割された段階的レベルの一つ一つに対応している。つまり、神聖化、戦い、多産性である。ところがこの英雄には、それらの相次ぐ段階の順序が逆転して試練が生じるのではないか、と推測することさえできる。というのもその逆の順序は、困難さが増大する順序ともなっているからである。まず第一に性欲とか土地の多産性と結びついた効力にかかわる試練、次に戦士としての効力にかかわる試練、そしてやっと最後になって、神聖なものの知恵によって事態にかかわるより高いレベルの試練である。

国王の機能を引き受けるよう運命づけられて(16)いない青年たちにとっても、この三重の通過儀礼が思春期通過の儀式を構造化しなければならなかったのだが、国王となる資格を持つ英雄の人格に関しては、特別に必要なこととして、試練のこの三重性が課せられている。事実、国王はその人格の中にこの三つの機能を統合しなければならない。完全な人間として、国王は自らの中に各々の機能レベルに特有の効力を兼ね備え、それらをその人格の中で調和させていると想定されている。後にプラトンがそのことを思い出すことになる。

エディプスと規則通りに資格を付与される国王との差異は、今やきわめて明快に現われており、足を腫らした英雄をくっきりと浮き彫りにし、その憂慮すべき特異性を丸ごと伝えてくる。エディプスもまた国王になる。というよりも僭主になる。それはつまり、正確には、他の君主よりも威圧的で横暴な君主というわけではなく、その正当性に異論の余地がある国王ということである。この差異がエディプスの身分詐称を要約している。典型的な国王とは違って、彼は伝統的な叙任を受けなかった。彼は、合法的な手段に従って神聖化されていない。完全な、三部から成る通過儀礼的試練を受けたわけではなく、彼は単に謎の試練を受けただけなのである。したがって彼は三つの機能の統合と調和を十分に実現することができていない。それが国王として妥当であるということのしるしと要因なのに。彼の効力は釣り合いがとれていない。何かがちぐはぐなのである。

ところで三つの機能の妥当性に照らしてちぐはぐなものを探すなら、まさにエディプスが通過儀礼的に直面していない残り二つの機能のほうに、そのちぐはぐなものを見つけ出すことができるのではないだろうか。性的タブーの違反としてのイオカステとの近親相姦、それにこの重大な性的タブーさえもが、明らかに、第三の機能にかかわる倒錯ではないのだろうか。そして父親殺しの暴力、道の交差点で老人を棒で殴りつけること、傲慢な怒りもまた、明らかに第二の機能にかかわる違反、健全な怒りと自分の力の正当な行使を前提とする、戦うための勇気の倒錯的転換ではないのだろうか。すでに年老いている父親をより頑強な息子が殺害するということは、肉体的な力の最も冒瀆的な乱用とは言えないだろうか。

そういうわけで、厳密な神話の論理によって、エディプスの二つの歴然たる罪、父親殺しと近親相姦は、彼が通り抜けていない通過儀礼の試練の二つの領域に属している。エディプスの国王叙任は、謎に答えたことだけを拠り所としていて、規則的なものではない。エディプスは完全な国王ではない。彼は熟考という極端な力だけで、怪物を打ち負かした。しかしこの知性の力は、並外れたもので、彼の精神の安定を失わせた。もっぱら第一の機能の途方もない効力を拠り所にして、彼は自分の権力を、他の二つの機能にかかわる二つの罪だけで支えている。そしてその二つの機能を彼は絶対的なものとしたのである。

それゆえ近親相姦と父親殺しは、完全に物語的なつながり全体の彼方にあるものの、しかし横断し、統合する象徴的因果関係によって、修練期における欠陥の射影、悲惨な陰画となっているのである。エディプスは第二・第三の機能の効力に関する試練を証明していない。彼はスフィンクスの謎に答えたことで自分の知性を証明してみせた(それでもその外見的な勝利そのものは疑ってみる必要があるだろう)が、彼は神聖化の試練によって自分自身の攻撃的な、戦士としての力に直面していないし、性欲の危険な支配力にも直面していない。彼が後に自分の知らない間に犯してしまったことに気づく二つの罪は、相関関係にあって、通過儀礼が不完全だったために生じたものなのである。それはすなわち母親殺しを回避したために生じたことでもある。

しかしながら一つの疑惑がわれわれを引き止めるに違いない。エディプスは、他の二つの機能を免れながら(その重大な影響を巧みにかわすことで)、紛れもなく第一の機能的試練を、それだけを達成した者なのか。それとも、スフィンクスの前での外見的な知的な勝利の場面をも含め、神話的に言って、何か疑わしい、規則的ではない、冒瀆的なものがあるのではないか。もしそうであるならば、前の解釈は、全体的な構造のメカニズムにおいては有効であるにしても、いくぶん磨き上げなければならないだろう。エディプスは、外見的には（みんなの目の前では）うまくやり遂げる者、**ただ**謎の試練**だけ**を達成する者なのであろうが、根底的にはその試練を卑劣な、いわば神聖さを汚すような手管を用いてしか達成していない。エディプスの答は、この上ない試練の真の達成というよりも、知性の思い上がりによるスフィンクスの忌避、通過儀礼の否認ではないのだろうか。

このような疑惑を引き起こすものは、不規則性の細部にまで踏み込んでみた場合の、他ならぬこの神話自体である。結局のところ、規則的な神話では、試練は**段階的**ではないか。最後の試練に取り組むためには、まず最初の二つの試練、節制の試練と勇気の試練を達成しなければいけないのか。そしてとりわけ、首尾よく達成するためには神々や賢者の助けを常に必要としなければならないのだろうか。典型的な神話＝儀式の規定ではきわめて明確に、新参者はより賢明な指導者の答を**学ぶ**ことになっている。そして試練の中でその答が必要になるときのために、それを心に留めておくことになっている。新参者はその答を自分自身で決して創り出さない。細かい点ではあるが、これは通過儀礼が作り上げる**伝達**状況をはっきりと示している。伝統的精神にとって、知るということは知を受け継ぐ、敬意をこめて神である師から知を受け取るということであり、自分自身でそれを生み出すということではない。エディプスが、神々からも、人間たちからも教えられることなく、謎の答を**たった一人で**見つけ出したということは、現代のわれわれにとっては、高い知性のすぐれた証拠のように見えるかもしれない。伝統的精神にとっては、それは通過儀礼的伝達における冒瀆的決裂の最も由々しきしるし、通過違反の証拠そのもの、エディプスの慢心と知的自負心を示す破廉恥な行為でしかありえない。

したがってこの冒瀆的な態度は、その本質においては、スフィンクスが守っている高尚な謎の忌避にしかならないだろう。エディプスはスフィンクスが提示する謎を実際に解くというよりもむしろ、スフィンクスの**気分を害し**、スフィンクスを罷免する。彼はスフィンクスを殺さない。一言で言うなら、スフィンクスが意味しているすべてのもの、すなわち通過儀礼的な移行そのものを排除するのである。そしてわれわれはその答――人間――の意味を忘れることができない。人間なのであって、天上のものであろうが、怪物じみたものであろうが、神ではないのだ。そんなわけで、エディプスが否認するのは、神聖化そのもののようである。それは何にもまして第一の機能に属するが、全部の機能にかかわるのであって、それがなければ通過儀礼自体がその意味を失うのである。

ニーチェは、テーベの英雄の人物像を規定している行為を分離すべきではなく、三**つで一つのまとまり**として眺めるべきだ、と理解した。「父親の殺害者、母親の夫たるエディプス、スフィンクスの謎を解読するエディプス！　これらの宿命的な行為の謎めいた三つ組は、われわれに何を告げているのか」(17)。その通り、確かに謎めいた三つ組であって、われわれはそのまとまりを理解し始めている。ニーチェが疑うのは間違ってはおらず、再び「エディプスの宿命の恐るべき三つ組」と名づけるものの中に、彼は「自然の最も神聖な法則を打ち砕く」三つの態度を書き記している(18)。父親殺しと近親相姦に関しては、明白である。しかしニーチェは、〈謎を解くこと〉も同様に重大な違反であるということを理解することができた。エディプスの答の中に、彼は〈自然に反する知恵〉を見抜く。ところで神話の弁別的論理もまた、エディプスの勝利に変則があることをわれわれに教えてくれた。それは神々の助けを借りずに、たった一語で勝利することで、スフィンクスの血みどろの殺害はない。そしてその結果としてスフィンクスは自殺する。神聖さを汚すこと、冒瀆、これこそが、通過儀礼の導き手であるこの動物を前にして、エディプスの態度が真に意味していることなのである。ソフォクレスは別の角度からそのような罪を示唆しているようにわれわれには思える。つまり第二の挿話の末尾で、〈暴君を生み出す極端な傲慢さ――**ヒュブリス** *hubris*〉を非難している合唱隊《コロス》の歌は、(何によってエディプスに罪があるのかを知る前に) 次のように強調している。「その腕で、あるいはその舌であまりにも高い野望を持ち、聖域を敬わない者は誰でも、常軌を逸した傲慢さによって、最も苛酷な運命の打撃を与えられんことを」(八八二行)。スフィンクスに対する勝利はこうした不敬ということになるだろう。

したがって、エディプスの宿命の〈恐るべき三つ組〉は、三つの機能的レベルに完全に属している三つの罪を示しているようである。スフィンクスの挿話は、見かけの上では正当な勝利となっているが、第一の機能の効力が倒錯したものだと思われる。エディプスは「若い『乙女』のわけの分からない謎を解いたときに、勝ち誇ったような、神の学問にまで上りつめる」(19)。しかし、われわれが引き出した神話の差異的体系全体は、この勝利の直接的な結果と同様、それが偽りの、変質した勝利だということを証明している。他の二つの宿命、父親を殺害する暴力と母親との近親相姦は、明確に他の二つの機能的効力の倒錯と対応している。

確かに、神話の深遠なモチーフを、三つの単純な**形式**の**作用**に還元してしまうべきではない。そんなことをすれば、神話の重要性を不当に弱めることになるだろう。しかしながら、三つの機能という図式は、偉大な神話が成功させている多様な意味のシンフォニーにおいて、疑うことのできないような一つの役割を演じることができたのである。なにしろ、三分割そのものは単なる形式的な拘束とはまったく違う。その三分割が典型的な意味を磁化させ、組織化する。エディプス神話が意味するのは、損なわれた通過儀礼ということである。そのように調子が狂ったために、志願期にかかわる能力の各々、つまり知識、力、性衝動が打撃をこうむるのである。

もしも通過儀礼が、三つの機能に対応する三つの効力の序列化された均衡によって、個人の中に調和を、国王的な魂の中に正義を打ち立てることを目的とするならば、通過儀礼の回避は精神的不均衡、転落に行き着くだろう。巧みに回避された通過儀礼——たとえ見た目には達成されていようとも——が一連の破局をもたらす神話を、悲劇が独占することができたというのも、理にかなっている。エディプスは古代の正当な国王の歪んだ姿である。彼は罪人という形で三つの力を合わせ持っている。この欺瞞を発見することが、悲劇的逆転のばねとなる。

機能的に災いをこうむった〈恐るべき三つ組〉として、エディプスの宿命を読み解かなければならない。というのも、冒険の結末においてエディプスの人生を貫くのは、実際に三つの災禍であり、その各々は通過儀礼を回避した三つの領域のうちの一つ一つに対応しているからである。すでにわれわれがその意味を明らかにした父親殺しと近親相姦だけでなく、**失明**もまたそうなのであって、これは第一の機能にかかわる罪に対しては、明らかに最もうまく当てはまる罰である。とりわけその罪が、神聖さそのものに、すべての光をもたらすという傲慢さであるからには。

周知のようにデュメジルは、じつに多くの例に関して（ヘラクレスの数々の冒険からパリスの審判に至るまで）、神話的物語や叙事詩の論理の配置は、機能的に異なるレベルに属する行為の継起として完全に説明することができる、ということを証明することができた。

〈ヘラクレス神話の構造の大部分は、〈英雄の三つの罪〉という一般的な枠組みで完全に説明がつく。ヘラクレスは、相次いで三つの過ち（場合によっては罪滅ぼしを伴うこともある）を犯すのだが、それは彼の人生の三つの時期をくっきりと浮かび上がらせる。第一の過ちは、ゼウスの命令を前にしての躊躇につながるものであり、報いとして狂気を有することになる。第二の過ちは一人の敵を卑劣に殺害することによって示され、報いとして身体的な病を伴う。最後に第三の過ちは破廉恥な姦通に通じるもので、結果として癒しがたい焼けつく痛みと自ら選んだ死に至る[20]。

より重要ではない他の英雄たちにおいても、同じような罪の三重性の所在を突きとめることができる。例えばラーオメドーン王の**ヒュブリス**〔慢心〕がそうである[21]。

ところでエディプスの物語と比較すると、罪の三重性について、決定的な光が当てられ、この神話が構造の上で機能的三分割のイデオロギーに属していることがますます明らかになる。しかもそれ以上のことが明らかになる。エディプスの三つの罪は、厳密に機能上の三つの罪に対応しているだけではなく、それらは極限にまで押しやられた罪なのである。だから、機能的なレベルでは逆の順序でそれらを繰り返しながらも、エディプスは、ヘラクレスのように破廉恥な姦通を犯すことだけにとどまらず、自分自身の母親と床を共有する。それはまさしく第三の機能にかかわっているのだが、いわば絶対的なものにまで押しやられた罪なのである。同様に、エディプスは卑劣な状況で敵を殺すことだけにとどまらず、自分自身の父親を殺す。それもまた一人の他者としての殺害などではなく、殺人の中で最も恐ろしい殺人となるのである。最後に、これこそがエディプスの三つの罪のうちで最も目につかないものであり、きわめて強い歴史的理由によって、彼に重くのしかかる抗いがたい運命の論理をわれわれが見抜くことを今まで妨げてきたものなのであるが、エディプスはラーオメドーンのように先駆者たちの神聖な規定を破ることだけにとどまっていないし、またヘラクレスのようにゼウスの命令の前で躊躇することだけにとどまっていない。彼は神々や賢者たちの援助なしに、単なる言葉だけでスフィンクスを打ち負かすのである。より正確に言えば、彼はスフィンクスと戦うというよりも、スフィンクスの気分を害する。その点がエディプスの罪の最も謎めいた一面なのだが、それも当然なのである――しかし疑いもなく、問題になっているのは第一の機能にかかわる罪、ここでもまた、すべての罪の中で最も重大なもの、エディプスの無神論のような何か、あるいは通過儀礼的な伝統に対する彼の冒瀆である。

そんなわけで、厳密な、しかし特異な、誇張された形で、エディプスの物語の中には、この物語を貫いて構造化している〈英雄の三つの罪〉が見出される。そしてそれらはデュメジルが、他のいくつかの神話の中で探し出したものであった。

エディプスの歴然たる罪（父親殺しと近親相姦）の、この度外れな、極限的な、誇張された傾向には、固有の論理があって、その論理は彼の別の罪を巡って進行する。だがその罪はむしろ目立たないもので、最も大きな成功を目にして、彼を国王と見なした人々の目には見えない。エディプスにおいて第一の機能にかかわる罪の特異性は、彼が通過儀礼の瞬間そのもの、つまりスフィンクスとの関係に触れているということである。その点で、彼は必然的に極端な結果をもたらす。ヘラクレスの物語では、怪物たちとの戦いが完全に避けられるということが決してない。その反対である。ケルベロスを連れ帰るためのハデス〔冥界〕への下降、レルネーのヒュドラやネメアのライオンとの戦い、アウゲイアスの家畜小屋の掃除など、エウリュステウス王によって命じられた十二の試練で回避されたものは何一つない。最大限の努力を払って、すべての試練がうまく成し遂げられる。したがって神聖なものに反する過失は、最も深遠にして、最も決定的な形成の瞬間に及ぶことはないのである。

ところが反対に、エディプスにおいては、通過儀礼的試練そのものが歪められている。近親相姦の結末であるかのごとき父親殺しという行為は、通過儀礼のこの変調の必然的な結果として、行き過ぎということで理解されなければならない。エディプスの明らかな二つの罪が、第二・第三の機能の極限的な罪であるのは、俗人の目では見えない罪、テイレシアスのような玄人だけが完全に理解することのできる同じように極限的な罪が、テーベのこの英雄の運命全体を方向づけるからである。たとえ彼が、びっくり仰天した民衆の目の前に輝かしい勝利のように出現するとしても、スフィンクスをやっつけたというこの成功は、われわれが少しずつ明確にしてきた理由から、やはり神聖を汚す変則性という意味合いを帯びているのであり、その変則性は罪と倒錯に引きずり込み、神々の、というよりもディオニュソスとともに通過儀礼を司る**特定の**神、アポロンの怒りをかき立てることしかできない。

したがってこの点に、エディプス神話の特異性が位置づけられる。最終的にそこで〈英雄の三つの罪〉が見出されるにしても、それでもその発見がこの神話を規則的な図式に畳み込むことはない。それどころか逆に、その発見はこの神話の特異性の厳密なメカニズムを明らかにする。それはわれわれが冒頭で規則的な逸脱と名づけたものである。たとえエディプスの罪の三つの機能的意味を、曖昧なところがまったくなく探り出すことができるとしても、それらの状況、それら固有の特徴が決定される真実の、巧妙な、重々しい流儀が、この神話に独特の重要性を与え、この神話に固有の教訓を授けていることに変わりはない。ずっと、そして今なお、エディプス神話は、回避された通過儀礼の神話として、英雄の、大部分は無意志的な、極端な罪を配置しているのである。

その上、根本的な必要性が、エディプス神話と〈英雄の三つの罪〉を結びつけている。通過儀礼は神聖な試練であって、これは新参者を、三つの機能領域に対応するそれぞれの過失の危険の前に投げ出さなければならない。そうして不当な側面をはねのけながら、新参者にそれぞれの効力を獲得させなければならない。したがって失敗した、あるいは回避された通過儀礼は、倫理的に悲惨な結末にしか行き着くことができない。そのような通過儀礼には機能上の三つの罪が、それも最も極端な形で定められているのである。というのも、こうした欲望の核一つ一つの危険な、否定的要素を犠牲にすることは実現されていないからである。だから、主要方向が通過儀礼の失敗ではない神話（なにしろ、一連のこうした不当な行為につながるような道は、他にもいくつかあるから）の曲がり角では、英雄の三つの罪のテーマがひじょうに見事に現われてくるのに、逆に、通過儀礼失敗の神話――エディプス神話はこの典型である――は、三つのパラディグマティックな罪を、とりわけ目につく、束縛的な、極端なやり方で浮き上がらせることしかできないのである。

しかしながら、エディプス神話が三重の違反行為を巧みに、まさしく極限的な、誇張した形で提示しているということには、重大な特異性が加えられる。つまり、エディプスはそのことを知らないのである。だからこの神話は、それを悲劇の力のすべてとするようなやり方で、違反の極端さを完全な無知、とはいえ極端な認識（スフィンクスを前にしてのエディプスの〈知〉）につながる無知と連携させる。したがってエディプス神話に固有のこの性格は、この神話に対しては個別的な規定を与える特殊な解釈を必要とする。この神話は、例えば、ヘラクレス神話にはないような、倫理学と知との関係にかかわる教訓を含んでいる。この特異性によって、哲学が誕生するある瞬間に、この神話が演じることのできた役割が説明される。比類のない豊かさを持ったさまざまな問題と展望の結び目が、この神話の中に典型化されたのであり、それは今日でもなお、われわれに問いかけることをやめていない。

実際に、エディプス神話の意味は、英雄の行為を、彼の知らない間に、規則的な英雄の筋立てから三つの違反行為の図式のほうへ引き寄せる脱線の中に含まれている。まさしくこの文化的な記憶の中には、正反対のとは言わないまでも、異なる物語の図式が少なくとも二つ、少し引っ込んだところに、かいま見ることができる。エディプス神話で語られていないもの、その特異な表情が消え去っている背景のようなものがある。この神話の意味、この神話が考えさせるものは、その二つの物語のシステムと、この神話の奇妙な差異や、奇妙な類似から出現する。たとえその関係が暗黙的、潜在的でありつづけるとしても。この神話は、その二つを組み合わせる以上のことをする。つまり、この神話の力と策略は、一種の歪曲によって人をだますのである。表面的には、これは国王叙任の規則的な神話を連想させる。しかし根底的には、これは機能的な三つの罪の神話である。この効果から、これは悲劇のあらゆる潜在性を引き出す。二つの大きな物語的な連続の間で、同時にその二つに作用する、この両義的状況から、これは教訓のあらゆる手段を引き出す。この神話はその二つの連続の交差によって存在する、と言うだけでは言い足りない。というのもその二つの連続は互いに矛盾をはらんでいて、両立することがないからである。この神話は、物語的なだまし絵によって、一方の側の外見を呈していながら、根底においては、もう一方の側によって構造化されているのである。(22)

エディプスの筋立ての以上のような解釈は、現在まで気づかれることがなかったほど、きわめて厳密な、また原則においてはきわめて古い、神話的＝儀式的メカニズムの中に刻み込まれているのであって、現代まで行なわれてきた読み方は、根本的に新しい照明の下に置かれることによって覆されるほかないのである。

この解読をもとにした、最初の哲学者としてのエディプスというヘーゲル的解釈は、どのような重要性を帯びているのだろうか。同時にその解釈は、人々が考えた以上に根源的に証明されていて、しかもまだこれから解明しなければならない歴史的結果と背景を豊富に含んでいはしないだろうか。そしてフロイトの全体系の基盤となっているあの有名な〈エディプス・コンプレックス〉は？　もしもエディプスの筋立てが失敗した、というよりも巧みに避けられた男性的通過儀礼の神話であるならば、あの〈エディプス・コンプレックス〉はどうなるのだろうか。エディプス神話の逸脱した意味の発見と、この神話の筋立てを生み出したメカニズム（これは子どもの二つの幻想の作用よりもはるかに複雑である）によって、少なくとも再検討されなければならないのは、精神分析そのもの、そして無意識のすべての理論と実践ではないのだろうか。

また、この神話の現代的な繰り返しを可能にするような連結に関して、今何を語ることができるだろうか。もしもエディプスの筋立てが通過儀礼を巧みにかわす筋立てであるとしたら、そのとき、同じ、一つの照明によって、エディプスは、哲学者の顔、中核的なコンプレックスの名祖《なおや》である英雄、さらにまた**ファルマコス** *pharmacos*、つまり他人の罪を背負わされた犠牲者といったもののパラディグムとなるように仕向けられたのかもしれないということが、よりいっそう理解できるようにならないだろうか。またそのような理解の仕方は、西洋の歴史における主体の形成に関して、新しい思考への道を開かないだろうか。

しかしもし通過儀礼失敗によるエディプスの解釈が、この神話の現代的繰り返しに関するわれわれの観点を根底的に変えるしかなく、またほかの何よりも見事に、西洋人の想像世界への固執を説明できるのだとしたら、この解釈はまた別の光の下で、細部においても全体においても、ギリシャ文化の中に刻み込まれているものを知覚することを可能にするだろう。それは突然われわれの視線の前に広がる、ソフォクレスの悲劇の（また悲劇一般の）神聖な、政治的背景ではないのだろうか。

またそれは、ギリシャ的理性の両義的で、崇高な紋章としての、〈スフィンクスを前にしたエディプス〉の比類なき特権ではないのだろうか。そしてそのギリシャ的理性は、われわれの知の侵害によって、その最も奥深くに打ち込まれている謎を少しずつあらわにしてゆくのではないだろうか。

第5章　ギリシャ的破壊

通過儀礼の回避はまた一つの解放でもある。それは新しい地平を開く。それは、変調と極端さの中で、ほかの可能性を実践する主体を規定する。エディプスの冒険は、自己同一性が伝統と伝達によって規定されることのない英雄の時代を示しているのであり、その英雄とともに新たな主体性の様式が浮かび上がる。

これは現代的なテーマ、エディプスの態度によって初めて明確にされた標的を、プロタゴラスからデカルトやニーチェへと、少しずつ広げてきたテーマなのだ。近親相姦の欲望や父親の殺害といったメタ神話的な転換は、最も現代的な形で哲学的衝動を働かせる次のような二つの補完的傾向につながるのはっきりしている。つまり、自分自身を自然、物質、大地を所有する主体であると自任すること。またそれはいかなる権威の指示にも何の負うところもない力の自立的意志によるのだとすること。通過儀礼の重大局面で打ち砕かなければならなかった僭主〔暴君〕のようなこの二つの傾向、父親殺しの夢と近親相姦の夢は、その強烈さ、辛辣さに包まれて秘かに維持される。焼かれたり、動きを止められたりしないで、これらの傾向は、先送りされ、転換されて、生き残る。そこから飽くことのない好奇心、最も深い謎を目にし、暴き、冒瀆したいとか、覆いを取り除き、真実を丸裸にしたいとか、自然や物質の秘密を見抜き、その支配者・所有者になりたいとかいった欲求が生じる。しかも独力で、伝統や天啓をことごとく排除した独学的考察によってそうしたいと思うのである。したがって哲学することの根本的な、とどまることのない傾向は、エディプスの情念によって、初めから目につかないように確立されている。そして注目に値するのは、「近代」の哲学、デカルトやニーチェの哲学がこの二重の傾向を極端に、極限にまで押し進め、そのようにして事後にとめどもなく、エディプスの核心をあらわにすることを可能ならしめたということである。一方で「古代」の側は、プラトンやアリストテレスとともに、依然としてエディプスの態度が予定しているものの手前にとどまっていた。

プラトンが、僭主とは母親と結びつくことを夢見て、父親を殺害する錯乱者であると叙述するとき、彼はその姿を真の国王＝哲学者の姿と対照させている。後者は、適切な教育によって形成されたもので、自分自身の父親を尊敬し、理性に従っている。彼の中では、魂の三つの部分に対応する機能的な三つの力が、正義と名づけられる調和と均衡の中で序列化している。彼は、権力の正当性が認められない僭主とは対照的に、国王叙任の資格を与える試練の数々を確かに受けている。国王の地位への通過儀礼を受けた者というこうしたプラトンのイメージは、その古代の起源、その儀式的、神話的出所を容易に透かして見えるようにする。プラトンはこの場合、通過儀礼的試練の三部から成る体系と、三つの機能を統合した者としての君主の規定を入れ換えている。というのもプラトンは、哲学者＝国王という姿を創造しながら、哲学的衝動を回復し、その衝動をすぐに伝統的図式の中に再備給したからである。

しかしソフォクレスによって理解されたエディプスは、同じ三分割の体系によれば、まさしく哲学者＝僭主、通過儀礼を受けていない者であって、彼は国王の機能を横領し、序列的な力が変調を来した厳密なメカニズムによって、父親殺しと近親相姦の深淵に落ちるほかない。この真実の司祭的見解に忠実であり続けるソフォクレスにとって（悲劇の中で最終的に正しいのは、テイレシアスである）、哲学者はその変調を来した僭主でしかありえない。というのも、知性の思い上がりによって、彼は真の通過儀礼を巧みに避けるからである。哲学者は、プラトンが望むように、機能の三分割の枠組みの中に含まれるわけにはいかないだろう。哲学者は危険と背中合わせにその三分割を覆す者であって、悲劇で終わるほかない。エディプス、〈ソフォス（知恵ある者）〉は、長いこと国王の地位を占めているわけにはいかないはずだ。彼は三重の通過儀礼の試練を受けなかった。それを受ければ彼は三つの機能の生きた統合者となれたのに。冒瀆的な答によってその試練を貶め、洞察力を過大評価し、野獣的な力による挑戦と性的な誘惑による挑戦を巧みに避けることで、彼は自分が無視した力に屈するほかない。ソフォクレスは、悲劇の上演によって、三つの序列を少しでも疑うことを危険と見なす、伝統主義的、儀式偏重主義的見解を示しているのである。神話の筋立てを取りながら、もしかするといくつかの点ではその筋立てを研ぎすませながら、彼はその内的構造の中に刻み込まれている教訓を採用している。つまり、エディプスは償いようのない二つの罪を犯した偽の国王、僭主であり、その二つの罪そのものは、第三の罪につながっている。しかもそれらの罪の各々は、機能的な三つのレベルの一つ一つと組織的に対応しているということなのだ。

それでもやはり、エディプスの態度がこうした古代の体制から抜け出す象徴的条件を示していることに変わりはない。そこからエディプス神話の歴史的な力が生じる。彼によって新たな主体性、すなわち序列を成す諸条件から身を振りほどき、新たな存在・思考形態を創り出す主体性が現われてくる。それゆえにこの神話は、ギリシャにおいてひじょうに決定的な役割を演じた。それゆえにエディプスは、ギリシャ的理性のパラディグマティックな英雄なのである。ギリシャは、三部分から成るイデオロギー（これはつまり軍事的＝司祭的権力のタイプに対応する）によって支配される伝統的な象徴化様式から、新たな様式への移行を示しているのであり、その新たな様式は古代の枠組みを歪め、哲学、政治、個人、法律上の主体、自由で平等な市民どうしの民主的な論争を創り出す。この歴史的移行は容易なものではない。危険にさらされている。そして多くの人々には、いつか神々が罰を下す冒瀆として体験されるのである。悲劇はその転換点に存在する。エディプスはその新たな主体、三分割を破壊し、伝統的な叙任とは別の源から自分の力を得る主体を典型化している。ソフォクレスが、〈反動的なもの〉への不安の中で、神話に則り、そうした思い上がりの不幸と破滅しか予言しないのに対して、エディプスは、西洋文明に歴史的な特異性を示しながら、今日まで持ちこたえてきた哲学的態度の象徴的な先駆者なのである。ソフォクレス自身は、その長い人生の晩年に、おそらくエディプスの立場の偉大さを認めたのだ。だから最後に、『コロノスのエディプス』によって、悲劇と死にもかかわらず、彼を未来の顔としたのである。

　ギリシャは、インド＝ヨーロッパ語圏に特有の三つのイデオロギーから成る原則を見つけることが最も困難なヨーロッパ社会である。〈ギリシャの奇跡〉は、その厳格な枠組みを放棄する。そして独特の偏流によってそのイデオロギーから外に出るような発展をさせた。しかしまたその偏流は本来の内的な進化に対応しているのであって、それらの枠組みが完全にばらばらになってしまったような外的な要素の大量侵入には対応していないとも考えられた[1]。われわれが示しているようなエディプスの筋立ては、この観点に驚くべき確証をもたらすであろう。この断絶の中で転換的な位置を占めながら、それはインド＝ヨーロッパ語族の古代のこの三分割の枠組みと、その枠組みから外へ脱出する**ギリシャの**方向を同時に啓示している。**エディプス神話は、機能的三分割のイデオロギーの外へ向かうギリシャ的脱出の神話なのである。**それはいかなる態度によって、いかなる危機を伴い、いかなる緊張と矛盾をはらんで、序列的なこのシステムの破壊が行なわれうるのかを啓示している。そしてその脱出が象徴的に書き込まれたということ、その脱出がイメージ的な形状で表現され、一つの筋立ての正確で、厳密な歯車装置の中で提示されることができたということは、もちろんこの神話が最も高度な知的水準に達しているということを示すものである。

この変化を生み出すことのできたすべての**歴史的**条件を、ここで復元しようとすることは問題外であろう。決定的な役割を果たした要因の中では、司祭階級の消滅がおそらくきわめて重要である。[2] そのときこの消滅は、第二の機能の多機能性を、次いで第三の機能の多機能性をもたらしたようである。そうして統治権の伝統的な概念が非宗教化という方向に変えられたのである。ギリシャ人たちは三つの分割を維持し、理想と美徳を序列化した（これはプラトンが、さらにはプルタルコスが証言しているとおりである）。しかし最も高い理想（知恵）は、司祭的統治権との先祖代々のしがらみから解き放たれた。哲学が生まれることができたのは、まさにこのときである。それは一方では、知恵の獲得がもはや、神聖なものの専門家たちによって忠実に伝えられてきた伝統の長い鎖に依存していないということを前提としている。しかしまた逆に、それが、ギリシャ人たちが理性を最も高いところに位置づけるようにしむけたのである。というのも哲学的考察には高い位置が確保され、その位置は司祭たる先人たちによって浮き彫りにされていたからである。

この二重の動き（これは三分割の**内面化**をいくらか含んでいるのだが、それについては後で説明することにしよう）の中には、〈ギリシャの奇跡〉が宿っている。ところで驚くべきことに、エディプス神話についてわれわれが試みた解釈は（しかもこれはソフォクレスが引き出した悲劇の中では確かになお一層明瞭なのだが）、その神話、**司祭的権力排斥**の神話のようなものを、きわめてはっきりと浮かび上がらせるのである。エディプスは〈ただの人〉であって、ただ知性だけで、通過儀礼も受けずに、したがって司祭制度によって伝達されるすべての知の外部で、叙任とはまったく無関係に、統治者となる。エディプスは

聖別されていない、聖別式の試練を通過しなかった国王である。彼はテイレシアスに逆らって統治するのであり、テイレシアスとともに、その宗教的権限の下で統治するのではない。テイレシアスはこの場合、紛れもなく司祭的機能の神話的代弁者なのだが、その機能は実際にはすでにずっと以前に消滅してしまっている。そこからエディプス王神話の比類なき歴史的、イデオロギー的特性が生じてきて、ギリシャ的変化の意味を根本的に洞察したり、あるいはそれ以上に、受け継いだインド＝ヨーロッパ語族の三分割を修正するギリシャ的解決法の独創性を捉え直したりするようしむけるのである。神話が、次いで悲劇が、次のような言葉で問いかけを表現できるような、不安な問題提起をする。「君主がもはや通過儀礼を受けた、神聖な国王ではないとき、何が起こるのだろうか」。あるいは、違った言い方だが、しかし相関的に言うならば、「哲学者、この新参者がアポロンの祭司の地位を奪うと主張するとき、何が起こるのだろうか」。エディプスの物語の中で実行され、展開され、問題提起されているのは、まさしくこの疑念なのである。しかしエディプス神話が捉えている深刻な現代性の中で認められるのは、単に司祭階級や君主の通過儀礼的叙任の消失だけではない。古代の生活様式の解体と並行して、**ゲノス** *genos*〔部族〕の制度の解体が起こっている。同じ先祖を崇拝し続ける人々全部を含んでいるこの**ゲノス**は、それ自体の族長、世襲財産、儀式、正義を有していた。ところが、ドラコンの法律以降、国家が**ゲノス**に取って代わり、個人の責任を判断するようになった。そしてこれは異なる世代に属する個人の平等をもたらすのである。父親からの息子たちの解放は、ギリシャの変化の根本的要因と見なされてもよい(3)。

本質的にギリシャ哲学の特徴となっている、独学的、個人主義的傾向は、父親および父祖たちの権威から息子たちがこのように解放されることの中に刻み込まれている。端緒としてはプロタゴラスやソクラテスによって、さらにそれを次いだ後の時代（デカルト、ニーチェ）に、哲学は**息子の思考**となるのだと思われる。しかも、**息子としての**思考の宿命は、計画の初めから書き込まれているのだが、その務めの文字通り悲劇的な重大さによって和らげられているので、歴史の中で、少しずつ明らかになるしかないだろう。その歴史においては、デカルトがこれまで以上に哲学するということのエディプス的戦略をむき出しにし、またニーチェがこの点で悲劇的結末と出会いながら、極限にまでその戦略を導いてゆくことになる。

この解釈はテイレシアスとエディプスの対決に決定的な光をもたらすものであるが、それがソフォクレスの作品の最初の挿話に生命を吹き込んでいるのである。この二人の人物の対立には、他のどんな読み方も比肩できないような奥行きがある。

年老いたアポロンの祭司、テイレシアスは、この上なく通過儀礼を極めた人である。(4) 彼は祖先の知恵、超自然的洞察力の才能を託された人であり、人間ではなく、神々が彼にそれを授けた。彼は予言、前触れ、そしておそらくは夢の意味を解読することができる。一言で言えば、彼は神々から送られたしるしを解釈する指導者なのである。テイレシアスは第一の機能の効力と権力を最も高く体現している者であり、彼の領域は真理の領域であり、彼の権威はきわめて霊的なものである。ところで、盲目であるが、透視能力を備え、高い聖職者の知恵、特別な地位を彼に与えている知恵で満ち溢れたこの老人は、規則的な儀式を踏まずに、異常な、うさんくさい手段で君主となった未知の男、若きエディプスの思い上がりとぶつかる。伝統によって確立され、神々によってのみ認められた手続きに従うなら、エディプスは聖別された国王ではなかった。彼を三つの機能の生きた統合者とするはずだった資格付与の試練、彼の中に美徳と知性、力、多産性の能力を集めるはずだった資格付与の試練は、行なわれなかった。エディプスはスフィンクスを打ち負かしたというよりも、スフィンクスを押しのけてしまったのだ。彼は国王への通過儀礼の高尚な謎を覆い隠してしまい、その秘密の光を受け取らなかったのだ。一人の国王を得て、スフィンクスを厄介払いしたいと思うテーベの国民は、その見せかけに屈しているけれども、エディプスによって、神聖な受け渡しは破綻したのである。神と聖職者の要求によるならば、エディプスは王位の簒奪者である。スフィンクスが彼の前に立ちはだかるという憂慮すべき障害を相手に彼が成功したのは、冒瀆的な洞察力、自分自身の理性という手段への並外れた自信を示すような、若い独学者の洞察力によってであって、神々との特別な親交によってではない。神聖な教えも神の助けも求めず、彼は一人きりで勝利を収めた。そしてただ通過儀礼的な伝達のみが彼に授けてくれるとされているものを、自分自身で獲得すると主張した通りになった。その点で、エディプスは国王（**アナックス** *anax*）ではなく、ギリシャ的な意味で、僭主（**テュランノス** *tyrannos*）なのである。

伝統的な資格付与の試練は、他のすべての儀式的実践と同様に、もはや神聖な力を結集せず、熟慮的理性だけに従うようになるとたちまち変化する能力を失う。テイレシアスにとっては、間違いなくエディプスは、不可逆的にそのことを**刻み込んでいる**はずの恐るべき試練に、神の否認にも等しい不信心者の無関心を伴って手を染めたのである。テイレシアスの視覚を失わせた決定的な出会いと比較すると、エディプスの**言葉**は欺瞞である。テイレシアスは、その秘かなる王位簒奪を理解し、それに不安を感じる最良の位置にいる。彼とエディプスの間には、二つの知、二つの理性、二つの相いれない統治権様式の間の隔たりがある。一方は**年老いた賢者**、アポロンの祭司、太古の知恵の継承者である。もう一方は**若き哲学者**であり、彼は自分自身の考察だけを信じ、人間だけを信じ、入念な調査が自分にもたらしてくれる事実だけを確かなものと見なす。これら二人の相いれない人物たちの嵐を呼びそうな出会いの中で、ソフォクレスがわれわれにかいま見せるのが、この深い対立なのである。一方は通過儀礼を極めた者であり、もう一方は知の通過儀礼的な様式を、自己の考察によって乗り越えようと主張する者である。

ソフォクレスのテクストの中では、すべてがそのことを示すために配置されている。テイレシアスが自分のほうに進み出てくるときに、エディプス王が発するまさに最初の言葉は、何の皮肉もなしに発せられるわけではない。その言葉はまさしく、合唱隊《コロス》の長が、その神の代弁者、「人間たちの中でただ一人洞察力の才能を備えている」者の功績として挙げた知のタイプにかかわっている。「おおテイレシアス、教えられること（**ディダクタ** *didaktá*）も、口から漏らしてはいけないこと（**アルレータ** *arretá*）も、天のことも地のことも、すべてを知っているお前、お前の目は見えないが、この国がどんな災禍の餌食になっているかお前は知っている」（三〇〇行）。一言で言えば、エディプスがテイレシアスを、すべての人に暴露し、伝えることのできる**公教的な** *exotériques* 知識に通じた学者とし、しかもまた、それについては沈黙を守らなければならない、**秘伝的な** *ésotériques* 真理の保有者とするのである。それは神聖な、謎に満ちた真理であって、通過儀礼的伝達によってしか対象となりえない。だから、テイレシアスがそのすぐ後で、自分が知っていることをエディプスにあばかれるのを拒否することには意味がある。この上ないほどのいらだちを示しながら、エディプスは激怒し、こう叫ぶ。「何だって！ 真理を知りながら、お前はそれを秘かに保持しようとするのか！」（三三〇行）。知っていることがあばかれるのをテイレシアスが拒否すること、その**沈黙**が、エディプスを猛り狂う脅迫的な存在にする。高まってゆくこの怒りの中には、彼の心の底にこもる、テイレシアスへの軽蔑が透けて見え、それが浮かび上がってくる。そして入ってきたときに彼に向けて言ったお世辞の言葉に反するものとなっている。エディプスは今や、この年老いた占い師が犯罪をたくらんだと言って非難するだけではない。さらに彼は、テイレシアスが盲目であることに対して、自分こそが生きた真理の担い手だと述べる崇高な抗議に対して、侮辱的な様子を示す。「真理だって？ で、誰がそれをお前に教えたのか。それはもちろんお前の技術なんかじゃない！」（三五七行）。ここでは、エディプスは本心を漏らしているのである。彼は、テイレシアスの予言の力を信じないと白状しているのである。一般的な予言（**マンテイア** *manteia*）も同様である。したがって彼は、この老人に鳥たちが飛翔する謎を解読するように頼んだとき、彼をばかにしていたのである。今や、彼は神のしるしの解釈に対して不信感しか持っていない、と白状する。その上、彼はその不信感を、スフィンクスを前にしての勝利によって強化していないだろうか。彼はそのスフィンクスをいくつかの言葉で思い出させ、次のように強調している。「鳥たちも、神々も」（三九五行）この最も偉大な占い師を助けることができなかったのに、自分は、知性（**グノーメー** *gnômei*）だけで、あの怪物に決着をつけることができたのだ。

エディプスがこの対話の中で表現しているのは、占い術の知とすべての謎めいた真理の拒絶であり、それは、そうした知を体現しているテイレシアスに対抗してのことなのである。エディプスは自分の手柄と、通過儀礼を受けていない自分の身分を鼻にかける。それはいかなる指導者もなしえなかったことであり、いかなる神もそうするように示唆してくれなかったことだ。そこで彼は盲目の占い師をばかにするが、占い師のほうは、肉眼の彼方に、透視能力を獲得できるのだと主張する。これら二つの知の姿の衝突はきわめて激しいもので、認識態度の二つの契機を要約している。つまり、一つは哲学以前の、知恵によるもの、もう一つは哲学するものである。

この対決において驚くべきことは、ここに聖職者の権威と国王の権力との対立に関する的確な表現が見てとれるということである。機能上の分割という観点に立った解釈は、それを、この上なく明快なものにしている。テイレシアスは文句なしに第一の機能、すなわち祭司という職の効力と権力を体現しており、絶えず自分が卓越していること、あるいは、少なくとも国王と対等であることを誇りにしている。自分の機能の崇高さを確信している彼は、常にエディプスに向かって精神的優位性を保持し、彼をすべての圧力から守り、いわば、束縛をすべて取り除いたところに彼を導いてやる人として話しかける。エディプスがいくつかの言葉を無礼だと判断して、彼を罰すると脅したとき、彼は崇高な答の中に、横柄さをまじえて、次のように宣言する。「私はお前の脅しにも超然としていられる〔お前の脅しの上にいる〕のだ。なぜなら私は自分の中に生きた真理を抱えているからだ」（三五六行）。さらに、もう少し先では、エディプスが彼に、処罰をまったく受けることなく、もう一度自分を咎めることができると思っているのかと尋ねると、彼は次のように答える。「そうだ、真理の力で（**アレーテイアース・ステノス** *aletheias stenos*）」（三六九行）。そんなわけでテイレシアスは、国王の強制的、懲罰的権力よりも上に位置づけられる。彼が真理**なのである**。彼は精神的な権威を与えられており、その権威に対しては、国王も政治的権力を行使できるような合法的な資格はまったく持たない。テイレシアスは、聖職者の機能の特権を際立たせる、この優位性（これは〔インドの〕バラモン〔司祭階級〕、〔古代ケルトの〕ドルイド僧、〔古代ローマの〕祭司についてわれわれが知っていることと完全に一致する）の正当化を図る。エディプスに向かって、彼はこう説明する。「確かに、お前は国を治めている。しかしお前は私に、対等の者に対するのと同じように、お前に反対する許可を与えなければならない。私にはその権利がある。私はお前に仕えているのではなく、ロクシアス〔アポロン〕に仕えているのだ」（四〇八行）。したがって、テイレシアスは自分の合法性を直接にアポロンと結びつけるのだが、彼はそのアポロンの祭司なのである。そしてそのことによって彼は君主の権力への完全な隷属から免れている。神に仕える者として、彼はテーベの暴君の世俗的権限には属していない。こうした指示の中で耳に入ってくるのは、疑いもなく、はなはだ古めかしい分割統治権の、正確で、しかもよく聞き取れる反響、つまり時代錯誤に陥らずに、精神的な権威として示すことのできるものと、世俗権力との間の階級的な差異である。統治権をめぐるこの対立は、エディプスとテイレシアスの対決では重大な意味を帯びている。エディプスは、盲目の予言者を迎えるときに、祈るようなお世辞の言葉をいくつか口にするけれども、この占い師の伝統的な優位性を尊重してはいない。すぐに無理やり彼を黙らせようとして、怒り出し、脅し、彼を罰しようとする。テイレシアスは終始エディプスに対して、自分が体現している高い権力を思い出すようにしむけている。

エディプスは、知性の強烈な思い上がりや、自分自身と人間への信頼感に駆り立てられてはじめてスフィンクスを打ち負かすことができたが、その信頼感は、占い師が継承しているような神聖な伝統への従属を完全に排除した。テイレシアスとその象徴するすべてのもの**に逆らって**、彼はスフィンクスを打ち負かした――そして実際に、神々の意思に従い、祖先たちに忠実であろうとする通過儀礼の契機を押しのけてしまった。だからこの二人の人間を切り離す敵意はそれぞれ、これ以上激しいものにはなりえない。ソフォクレスが、エディプスとテイレシアスの対立に関する最初の挿話（これは前口上の後に続く）を、完全に組み立てることに決めたのは、そこにこの惨劇の最も深い核がさらされているからである。通過儀礼の回避ということによるこの神話の解釈は、単なる口論以上のものであるこの対立にずっしりとした重みを与える。テイレシアスはエディプスを、規則的な通過儀礼を経て資格が与えられたわけではないのに、国を統治している冒瀆者・簒奪者と見なしている。それはすなわち神々の承認もないし、彼を聖別することを特権としていた祭司という先導者に対して、儀式的忠誠を示してもいないということである。そのためにテイレシアスの怒りが生じる――彼は、エディプスが自分の中にいかなる運命を発見するのかということ、またアポロン自身が彼を罰するだろう、ということを知っている。エディプスはどこにでもいるような僭主というわけではない。彼は腕力で権力を獲得した者たちとは違う。知性によって、彼は勝利したのだ。だから彼は、第一の機能の効力を歪めたことで、テイレシアスと直接に対立する。彼は単に、間違って通過儀礼を受けなかった者、戦士に特有の罪を負った者というだけではなく、隠された意味を知る者、占い師自身の領域で彼と張り合い、彼をしのぐことを望む者である。彼は単に国王の機能を奪うだけではなく、聖職者の知恵を失墜させるのである。

したがってテイレシアスとの討論は、対照的に、あるいはアンチテーゼとして、エディプスの顔の中にある最も重要なものを浮かび上がらせる。一方はアポロンに仕えていて、もう一方はアポロンと力を競う。一方は盲目だが、彼の透視力が彼の力を生み出す。もう一方は生身の目で物が見えるが、彼の力は政治的権力による力である。一方は自らの統治権を、第一の機能の確かな効力によって手にしている。もう一方が手にしている統治権は、秘かに悪しきやり方で獲得した、脆いもので、（おそらくは）第一の機能の侵犯によっている。一方はさまざまな試練を通過して、その道に通じた者となっている――だから彼には、耐えた犠牲の痕跡がある、つまり失明している――が、もう一方はスフィンクスの試練を無視して、通過儀礼を受けていないという自分の身分を公然と自慢する。

僭主を生み出す行き過ぎた傲慢さ（**ヒュブリス** *hubris*）を、合唱隊《コロス》が攻撃している歌に、人はしばしば驚かされた。行き過ぎと規定するような特徴は、エディプスとは何の関連もないと思える、と言われてきたのだ。ところが、通過儀礼の解釈によって明らかにされた読み方は、事情がそうではないことを示している。エディプス（彼の意図と彼の責任についての問題は、ここでは妥当性を欠くので、脇に除けておくことにしよう）は、**神話の構造**によって、最も重大ないくつもの過失を犯す英雄である。それも、これは紛れもなく機能的三分割の**それぞれ**の領域で可能な限り最も重大だ**とされた**過失を犯す英雄なのである。というのも、繰り返しになるが、通過儀礼の秘密を冒瀆すること以上に大きな、いかなる**瀆聖**の罪（第一の機能）がありうるだろうか。自分の父親を殺害すること以上に大きな、いかなる**暴力**の罪（第二の機能）がありうるだろうか。そして母親との近親相姦以上に大きな、いかなる**性的な**罪（第三の機能）がありうるだろうか。ところでたいへん驚いたことに、われわれはソフォクレスのテクストの中に、罪のこの三重性と正確に一致する僭主に関する言及を見出したのである。

その一節を読み返してみよう。合唱隊《コロス》は、「正義」を前にしての無鉄砲さと、聖域に対する敬意の欠如について強調しながら、まず総括的に呪いの言葉を吐く。

その腕あるいはその舌で、あまりにも高いところに狙いをつけ、「正義」を少しも恐れず、聖域を少しも崇めぬものは誰であれ、その常軌を逸した尊大さによって、最も残酷な運命の打撃にさらされるべし。

しかしすぐに、三つの行が浮かび上がるのだが、その各行は、注意深い読み方（これは今までのところ行なわれていなかったような気がする）をすると、三つの機能の切り分け方と一致しているように見える。

もしも不法行為によって金持ちになるならば
もしも冒瀆的に（**アレプトス** *areptos*）振る舞う（**エルゼタイ** *erzetai*）ならば
もしもうぬぼれた心で侵すべからざるもの（**アティクトン** *athikton*）を侵害するならば……

三つの機能的な罪のリストは、ここでは完全に順序立てられており、三番目から始めて一番目で終わる。金持ちにする不法行為は、享楽家の罪であり、瀆聖行為は、戦士の罪であり、侵すべからざるものに対する冒瀆は、祭司の罪である！　ここで言及されているのは、三分割の視点から見たパラディグマティックな僭主である。

そしてエディプスこそまさしくその僭主なのである。

第6章　アポロンの怒り

エディプスが、若い娘を妻とする代わりに（通過儀礼の失敗によって）自分自身の母親と結婚するからには、この劇のジャンルが発展したある確かな時期には、彼がこの上ない悲劇の主人公になっているだろう、ということが理解できる。エディプスにとっては、真のサテュロス的な瞬間が存在するというのは不可能である。若い娘の出現に対応する、陽気な、ディオニュソス的な最終段階が欠如しているのだ――あるいは、もしもそのような結婚の段階に相当するものがあるとしたら、それは破局的な誤解ということになる……。しかしそれ以降、悲劇とサテュロス劇の古くさい儀式的な結びつきが徐々に消滅してゆくことと、ソフォクレスがエディプスという人物を悲劇そのものの化身のように昇格させることの間に、相関関係はないのだろうか。

この役割は次第に増してゆく哲学的思考の重要性と対応しているのだが、その哲学的思考は、ディオニュソス的狂気の時期（死の時期や、再生の時期）があまりにも病的なので、その価値を下げ、締め出し、その最初の意味を忘れさせたり、無視したり、誤って理解したりする傾向がある。

ところで、哲学に話を戻さなければならないだろう。哲学は純粋なもの、超然としたものを前提とするので、アポロンの保護の下に置かれた。そしてソフォクレスの悲劇では、エディプスを罰するのが他ならぬアポロンなのである。そこで問題が生じてくる。エディプスの筋立てを通過儀礼の脱線とする解釈は、アポロンとディオニュソスの間の神話的、儀式的関係について、またエディプスの宿命における彼らの役割について、どの程度まで新たな照明をもたらすことができるのか。神々を混乱させるこの関係の中で、われわれは、エディプスの存在に重くのしかかってくる不幸の核心に触れることはできないだろうか。

初めから決定的な指摘をしておこう。アポロンとディオニュソス、この二人の対照的な神々について、ニーチェはギリシャの想像世界を構造化する役割を示したのだが、彼らは、青年の通過儀礼のしきたりの中で、特別な機能を持っている。彼らは、通過儀礼の儀式の**クーロトロフォス** *courotrophos*〔青年を養う〕二人の中心的な神、通過儀礼の二人の〈主宰者〉として結びついているのである[1]。

教育の神としての、もっと正確に言えば、大人の年齢に達した青年たちの擁護者としてのアポロンの役割は、はっきりと証明されている。「彼は青年たちを大人の男の状態にまで移行させるのだ」、とヘシオドスは『神統記』(三四七行)で述べている。またプルタルコスは、テセウスの時代には、「デルフォイに行って、神〔アポロン〕に自分たちの初穂の髪の毛を捧げるのは、少年時代から青年に移行する者たち(**メタバイノンタス** *metabainontas*)にとってのしきたりだった」、と指摘している。ジェーン・ハリソンは、**メタバイネイン** *metabainein* という動詞が、通過の儀式を示すということを強調している[2]。思春期通過の際の擁護者という役割において、アポロンはディオニュソスと結びついているのだが、ただしその結びつき方はあまりよく知られていない。

今まで気づかれなかったこと(ニーチェ自身によってもそうだったが、彼は、周知の洞察力で、二人の神の対立と補完性を描いた)、しかし通過儀礼による解読によって明らかになるはずのこと、それはアポロンとディオニュソスが、すべての通過儀礼の二つの側面、能動的な側面と受動的な側面を典型化しているということである。ディオニュソスは、分割をこうむり、（スフィンクスのように〈地から生まれた〉存在によって）ばらばらにされ、切り刻まれ、そしてゼウスのおかげで、息を吹き返し、蘇った神である。したがって彼は、いかなる通過儀礼的筋書においても中心となる**否定的な**試練を受けた。すなわち、分割の責め苦の後で、蘇生、第二の誕生が来るような死をこうむったのである。アポロンは逆に、自分の完全さを保持しながら、雌の竜を殺した神であるが、しかしその殺害の後では、一人の国王に長い間奉仕するために、身を清めなければならなくなる。したがってアポロンは、試練の能動的な、**肯定的な**側面である。彼は、遠くまで届く銀の弓の矢でその怪物を殺し、自己同一性、隔たりをそっくりそのまま保持している。アポロンは治癒と形成の神なのである。試練によって彼は自分の頭や四肢を失うことはないのであり、彼には中心や自己自身、つまりデルフォイのへそ〔中心〕に達する道が開かれる。

　したがってアポロンとディオニュソスは、対立的、補完的な二つの顔で、あらゆる通過儀礼の試練がほどけないように撞着語法の中に組み合わせている二つの側面、**殺すこと、殺されること**——勝利するような敗北、敗北するような勝利——を典型化している。新参者は怪物の爪によって死ななければならない。また彼はその怪物を殺さなければならない。両者とも男性の通過儀礼の擁護者である、アポロンとディオニュソスという二つの顔の区別がなされるのは、まさしくこの矛盾を考えることができるようにするためなのである。

　別の言葉で繰り返すことにしよう。通過儀礼の試練の最も強烈な瞬間とは、絆が断ち切れるとき、すなわち息子の命を母親的、否定的、怪物的な薄暗い次元（雌の竜）につないでいるものが切られる犠牲的な一撃のときだとすれば、このとき、夢や儀式の想像世界では、また神話の想像世界ではなおのこと、外見的には矛盾する二つの方法によって、その行為が屈折することがあるのだ、と理解することができる。その切られた絆、血を流す切断は、一つの殺害ではあるが、同時に殺害者自身を殺害することでもある。これは息子**による**殺害であり、しかも息子**を**殺害することである。能動的な観点からすると、殺害し、解放されるのは、息子である。受動的な観点からすると、その解放はまた、極度の苦悩、完全な意気消沈、全生命力の完全なる破棄、内なる力の衰弱、一言で言えば死のように耐え忍ばなければならないものである。これはちょうど、新参者を責め苛まれて精気をなくした人のように放り捨てて、欲望や衝動の活発な源を枯渇させるようなものである。

かくして、スフィンクスとは、また同時に頭を切る女とは、新参者を死の抱擁の中で魅了する女、死後の生を保証する女、殺されなければならない女なのである。

だから怪物＝母親は、殺されるものであると同時に殺すものでもある。観点、属性、機能のこうした複合性は、厳密さが欠如した結果ではないし、一貫性もなしに万能の一つの象徴の中に凝縮してしまったちぐはぐな意味やさまざまな抽出が歴史的に続いた結果でもない。その象徴はむしろ、一緒に機能しているがゆえに一緒に捉えなければならないいくつもの付帯的な意味が、完全に不可避的にもつれ合って、たった一つの顔だけにつながってしまった襞なのである。

となると、エディプスの過ちはどのように説明されるのだろうか。その過ちは、スフィンクスとディオニュソスの眷族であるサテュロスたちの群れとのつながり（図像学は絶えずこのつながりを明らかなものにしようとし続けているが、その手掛かりは与えられていない）の中に、どのように刻み込まれているのだろうか。

エディプスは、ディオニュソスを無視し、アポロンを越えるという意味で、試練を破壊する。スフィンクスを侮辱するのに十分なたった一語に還元された答が想定しているのは、情動の除去、神聖なものに対する隔たりであって、それはディオニュソス的な関与（これによって新参者は動かされ、動転させられ、つかまえられ、所有され、奪い去られるのだが、その上この神自身のように、ばらばらにされる）をすべて排除する。またそれは、解明においてアポロンと競い、この神を越えようとする、アポロン型の思い上がりを拠り所としている。ただ一つ明晰さと隔たりによって、**犠牲を伴わずに**、エディプスは試練を越えようとする。エディプスは殺されないし、殺しもしない。彼は傷も負わず、責め苦も受けず、切断もされず、情動やスフィンクスが入り口を守っている謎を取り除いた純然たる知性だけで、限界にまで来ようとする。したがってエディプスは、自分の領域で、隔たりと解明のための光によって、アポロンと張り合いながら、ディオニュソス的な責め苦、分割を回避しようとする。

このようにして侵害されているのは、神話の深い合理性、その倫理的、神学的な教えなのである。

構造主義者の選別手段が一つしかないのは、神話の内的な堅固さを真に受けてしまうためである。神話は、ちぐはぐな、うわべだけの影響によって仕上げられた産物ででもあるかのように、多様で、異質なテーマのほとんど偶発的な寄せ集めのように出現するのではない。それは頑丈な構成、驚くべき厳密さを備えたメカニズムを提示する。その点で、エディプス神話を説明する非構造主義者の企ては、興味を示すに値する素材を集めていても、神話の奥深くに潜む一貫性、その固有の論理、また広い意味でのその合理性を過小評価しているので、満足のゆくものではない。神話の中で出会うさまざまなテーマを一覧表にし、それを拡張しても、神話の配置や、神話が操作している変換の驚くべき厳密さを把握することにはまったくならない。ただ、単一神話の規範的形式の中で、その規則正しさとエディプス神話を体系的に比較することによってのみ、弁別的な隔たりを強いるような系列が、エディプス神話に固有の意味を与えているということを明らかにすることができるのだ。

しかしかなり先にまで押し進められたこの操作は、レヴィ＝ストロースが主張するような〈位置的な〉、弁別的な意味だけを有し、内在的な意味がまったくない神話要素を、ひたすら論理的に活用させることにはまったくこだわらないという点で、構造主義者の手法を越えている。エディプスの筋立てが通過儀礼の失敗として厳密に構成されており、規則にかなった変則として、三つの機能の象徴学の中に書き込まれていると気づくことは、構造主義者の展開を越え、神話を真に受けるという方向のさらに彼方、神話が保有する倫理的な教えにまで達するということである。

この有名な障害者〔エディプス〕に関して、そうした古代の教えを明るみに出すことが重要なのは、彼が神話を悲劇に連結させているからである。エディプス神話の内的な論理を捉えたか、捉えなかったかによって、エディプスの悲劇の、また何よりもまずソフォクレスが示す表現の中の合理性を、発見できるかできないかが決まる。芝居化される前に想定されていたはずの構成の中では、エディプスの筋立ては、今引き出したばかりの弁別的な意味を提示しているが、一方、ソフォクレスの悲劇は、まさしくその意味を暗黙のうちに展開させている。そしてその中でのエディプスの宿命は、少なくとも、神話の筋立てが示すことのできた合理性と同じくらい強力な、倫理的、神学的な合理性を備えている。

そうすると、大いに議論を呼んだ〈悲劇的過ち〉の問題は、まったく別のやり方で提起され、印象主義的な、いくぶんかはモラリスト的な、いくぶんかは人間主義的な読書がもたらしえたと思っている答よりも、はるかに厳密な答を受け取ることができる。その論争の最大の特徴は周知の通りで、細部にまで入り込むのは無益である。ギリシャ人たちの悲劇的英雄の典型であるエディプスは、一度たりとも**故意に**過ちを犯してはいない。ところが、彼は罪の中で最も重大な罪を犯す。責任がないのに、彼には罪があるのだろうか。その過ちはいかなる次元に位置づけたらよいのだろうか。罪を犯していることを知らずに罪を犯した者を打ちのめすのは、神々の側の残酷な仕打ちではないのか。その決定に関与するとはどういうことなのか。また人生において盲目の宿命に関与するとはどういうことなのか。人間は、行動するときに本当に自分の行為の主体者なのだろうか。彼を超えた、薄暗い、不可避的な次元は存在しないのだろうか。人間と神々に関するさまざまな問題が押し寄せてくる。その結果、人は悲劇の中に、論理的に矛盾する光景を見たいという気持ちになるのだが、その光景は正確に言えば、こうした問題を一斉に提起し、われわれの心を揺さぶり、われわれの確信を脅かし、われわれを突き動かす——しかしとりわけ、いかなる問題にも決定的な答を出さない——ようにするために作り上げられるのである。

ところで、疑いもなく、神話の語りが経験していないような、いくつもの新しい問いかけ（行為の源としての個人、人間とその行為との関係、など）を、悲劇が開始するとしても、また悲劇が、政治的、法律的、哲学的な、新たな**主体**の形成と同時代のものであって、その主体は個人の責任という前代未聞の概念を前提としている[3]としても、それでもやはり悲劇が、先行している語りの論理、伝統から借りた筋立ての構造に依存していることに変わりはない。一言で言えば、悲劇はアリストテレスが**ミュトス** *mythos*〔神話、伝説〕と名づけるものに属しているのであって、それが悲劇に力強い必然性を与えるのである。まさに神話の論理こそが、悲劇にその合理性を保証するのである。芝居化の、現代的な、より新しい合理化の努力とは矛盾するがゆえに、神話の核はある人たちにとっては、悲劇の非合理的な、不吉な、理解不可能な部分のように見えたかもしれない。しかしそれは、倫理的、神学的な教えをすでに自らの中に保有している神話本来の合理性を無視したり、過小評価したりすることである。したがってエディプスの筋立ての図式的、差異的分析は、何によってその脱線の複雑な論理が成り立っているのかを見事に解き明かす。この分析は、エディプスの筋立てが形成している、規則にかなった、組織的な変則性を明確に示す。現代的な意味での〈過失〉と言うことはできなくても、ある規範や、ある尺度に対する一連のずれが存在するのであって、それがエディプス的ヒロイズムの**欠陥**、**彷徨**《エランス》を形成する。この規則にかなった変則性の中に、神話の教えは位置づけられる。ただしそれは、言葉にしうる戒律の道徳様式によってではなく、間接的（遠近法的にではなく、**平面法的**に、とわれわれは、後のほうのページで言い表わしている）とはいえ、もっとはるかに力強い倫理形態、それらの行程全体が射程距離と領域を示すような倫理形態によってである。

したがって、現代の道徳的な意味で、エディプスと名づけられた個人（これは、神話の物語とは無関係な、この〈人物〉の主体的概念を想定している）の何らかの責任を問題にすることができなくとも、神話には根拠のないものや曖昧なものは何もない、神話は人間的な宿命の論理について的確なことを教えてくれる、神話には人間たちと神々との関係について傾聴すべき教えが含まれているのだ、と言うことはできる。ギリシャ悲劇の中では最も知性を偏重するエウリピデス自身が、『バッコスの信女』の中で、ライオスとイオカステの不幸な息子に関して、テイレシアスに次のように宣言させている。「彼が自分の両眼を血まみれにしたのは――ギリシャにとっての教訓となるからだ」。なるほど、語っているのはテイレシアスである。そして彼の立場からすると、人間の宿命が教訓に満ち溢れているように見えるのは、まさしくそれが年老いた賢者の立場だからである。しかしこの教訓とは何なのか。もしも予見できない宿命の絶望的な不条理や、神々の計り知れない残酷さを知るということだけが問題なのだとすれば、この教訓は無価値なものでしかないだろう。教訓があるとすれば、それはある種の超越的な因果関係がさまざまな行為をそれらの結果とつなぎ合わせているということ、また神の怒りは、気まぐれで恣意的なものであるどころか、まったく逆で、厳密な合理性の中に、厳格で、身をかわすこともできない裁きの中に刻み込まれているということである。

近代派の作家たちの大多数が、歪んだ、評価の下がった影響の下で考えたかもしれないこととは反対に、ヘーゲルが予感した通り、神話には厳格な合理性が存在していて、その合理性は、神の裁きのように思えるものの作用によって絶えず回復される均衡——無慈悲なバランス——として示される。この意味では、神話の合理性は（決して恣意的ではない）精密なメカニズムの中に存するのであって、そのメカニズムにより神話は弁神論の意味を有する結末で締めくくられる。つまり、**英雄の不幸は神々が存在するあかしである**。この視点から見ると、構造人類学によって神話の論理の復権のほうへ進んでゆく歩みは、結局それが単なる論理の戯れ、代数的なタイプの純然たる組み合わせ理論しか見出さないとしたら、満足のゆくものとはならないであろう。明らかに、少なくともわれわれが問題にしている文化的領域では、それらの形態的変化の彼方に、それらの基盤になっているより強力な理性（きわめて総合的なもので、常に心理学的であると同時に、倫理学的、神学的でもある）が存在しているのであって、その理性がなければ、それらの形態的変化もこの上なく根拠のないものになってしまうだろう。ところで、象徴的、想像的な再現や、現実の生産活動において神話が占める中心的な位置を考慮に入れるなら、神話がそうした外面的な根拠のなさを表わすなどということはまさに論外である。まったく逆に、神話はある**教訓**の最も密度の高い、最も力強い形態であって、それを伝達するということが、世代から世代へと連なる社会的絆の再現を保証するのだということを、すべてが示している。

ところで根本的な過失、悲劇的な結末に通じる過失とは、常に神々に対する侮辱である。この過失は、あれやこれやの国の、ある時期に、ある言語で人間によって規定された、単なる市民の法律に背くことではなくて、どこででも、またいかなる時にも変わらない永遠の掟——書かれていない神の掟——に対する侵犯である。裁判所や人間の刑罰は、書かれた法律に照らして罪人を追求し、判決を下し、有罪にすることができるが、書かれていない掟に違反した者を有罪にするのは、人間ではなくて神々である(4)。つまり、その違反者は刑が執行されるのを免れることはないのである。長かろうと短かかろうとある期間を経た後で、いつか必ず、神の裁きが鉄槌を下すことになる(5)。神の裁きは無慈悲で、避けることができないのである。

以上のようなものが、悲劇の原動力となっている。つまり、神の裁きの執行の仕方である。悲劇のメカニズムは、次のような二重の条件の中に存する。(a)過失の超越的な(非人間的、かつ世俗的な)性格。(b)神の裁きの猶予(これは知ることができない)。

この過失の超越性とは、逆説的に言えば、その過失を取るに足りないもの、あるいはまさに存在しないもの、人間の目では見えないものにしうるもののことである。神の裁きの猶予とは、文字通り悲劇の結末、予期してもいないのに英雄に襲いかかる不幸をしつらえるもののことである。

そんなわけでこの悲劇は、人間の宿命の**外見的な非合理性**を利用しつつ(運命の一撃が無実の人を、表向きは打ちのめしているように思える)、この宿命に秘められた完璧な**神学的合理性**を示唆する。俗人の目から見ると、また人間の裁きによれば、英雄(クレオン、ペンテウス、アイアース)は必ずしも罪があるというわけではない。しかしその英雄が、天の裁きによれば、より深い罪を帯びているのである。英雄の侵犯は、人間の法律上の単なる取り決めよりもはるかに根源的な何かを侵犯している。したがって、英雄の転落は予想もつかないものであり、恐ろしいものに見えるのだが、その転落は神による**矯正**という点でそれなりの理由を持っているということになろう。

悲劇の最も強烈なメッセージの一つは、神の掟と人間の法律の間の、完全ではないが部分的な、ある種の異種混交を認めるということである。人間の法律の分野で非難されるべきことが、神の掟の分野で非難されるべきことにぴたりと重なるわけではない。害のない、取るに足りない選択、人間的に受け入れられる人生方針と思えるものが、もう一つの、神々の場面においては、重大な過失として受け取られることもある。そしてまたその逆もありうる。そんなわけで悲劇の上演は、感動した観客の目を、隠れた、超越的な因果関係、厳かな因果関係の上に開くためになされるのであり、その因果関係は、非合理性を帯びた反宗教的な外見の後ろで宿命を厳格に動かしているのである。

しかしながら、〈神々に対する侮辱〉を問題にすると、あまりにも曖昧でありすぎて、神話や悲劇の最も微妙な、最も深い教訓となっているものから離れてしまう。英雄によってなされる冒瀆は、普遍性を持たない。いつでも紛うかたなき一人の神が、英雄の行為や態度によって侮辱を受けたのである。そしていつでもまさしくその神が、裁きを行なうのである。ギリシャ的なものには、唯一の神の掟を前にしたときでも、神々の未分化の集まりを前にしたときでも、一般的な過失は存在しない。ある違反する行為が、ある神を傷つける。したがって、罪は複数のこともありうるのであって、そのたびごとに冒瀆がかかわる神の領域によって特定化される。アテナがアイアースを罰するのは、彼が自分の援助なしに戦いに勝つことができるだろうと信じたためである。ディオニュソスがペンテウスを罰するのは、酒に酔うことの神聖さを無視するからである。アフロディテは、愛の力を認めないヒッポリュトスの態度に傷つけられる。毎回ある誤った、一方的な態度が几帳面な神を傷つけると、神は、人間の観点からすれば〈復讐〉のように見えるものによってその力を回復する。それは均衡を回復することであり、時としては暴力的、破壊的に、無視されてしまった情念の釣り合いを取り戻すことである。

この**傷つけられた神の報復**の中に、悲劇の合理性、および最も目につかない教訓とするものがある。どんな神がどんな妄想を、またなぜ反映させるのか。神話の——次いで悲劇の——筋立ての中に堆積している知恵が答えるのは、この疑問に対してである。そしてその筋立てはこの疑問を一つの知——おそらくは超えることのできない知——としている。

どんな神がどんな罰を、またなぜ差し向けるのか。ほんの少しでもこの疑問に対する答のほうに突き進むことなくしては、誰もエディプスの筋立てが分かると公言することはできない。できることといえばただ、この根源的なメカニズムについて何も気づかずに、ギリシャ悲劇と現代の最もすぐれた何人かの分析家を見つけて驚くことだけである。そうしながら、彼らは表面的な観念のところでとどまるのであるが、それはまた多くの「近代人」の観念でもあった。ところが問題は神の怒りの完全な恣意性なのであって、これがギリシャ神話を常軌を逸したものに、ギリシャ悲劇を不条理なものにしているのである。エディプスの不幸が生じる原因は、**アポロンの怒り**である——アテナや、アフロディテや、ディオニュソスの怒りではない——ということが理解できなければ、この筋立てが最も奥深くに、最も厳密に保存しているものの脇をすり抜けてしまうことになる。最終的にエディプスを打ちのめすのは、アポロンであり、他のどんな神でもないということ(6)、これは英雄の宿命の構成において正確な意味を持っている。つまり、彼の過失、彼の根源的な冒瀆、彼の脱線の残り全体を背負い込み、引きずってゆく冒瀆が、アポロンのタイプに属するということを意味するのだ。この有名な障害者〔エディプス〕の振るまい、生き方の方針が怒らせてしまったのは、まさしくこの神なのである。神の怒りについて厳密な合理性の原則を認めることができるならば、このような指示によってエディプスという人物像に関するきわめて深い教訓を得ることになる。またそのときには、おそらく、不思議な気持ちにとらわれつつ、こう思うことだろう。父親殺しと近親相姦は、途方もない、恐るべき罪であるが、アポロン的なものは何も持っていないのだから、これら自体は単に、この光の神の神聖な権限に属する、もっと秘かな、もっと気づかれない領域における、さらにもっと根源的な侮辱から**派生した**ひどい不幸ではないのか、と。

この場合、精神分析的な解釈が、いわば外部から、その概念をもたらし、神話の意味を決定することができるのではないかと考えても無駄であろう。その反対なのであって、フロイト的な無意識の情景は、もっと深く穿たれた仕組みによって規定され、位置づけられ、その仕組みから無意識の系譜を考えることが可能になる、とわれわれは推察している。

神はどのように傷つけられるのだろうか。昔ながらのこの疑問によって、病理学の位置をずらし、これを掘り下げていかなければならない。対照的な二つの態度が、神の怒りを人間に引き寄せる。**無視すること**、それに**張り合うこと**である。神の本来の力を無視しようとする者、神の神聖な権限に属する実存的要求を満たそうとしない者が、神の怒りを引き起こすことになる。逆に神の本来の力を知りながら、大きな思い上がりによって、神と肩を並べようとする、さらには神を超えようとする者もやはり、神のすさまじい怒りの犠牲者となる。諸例はこうした神の〈復讐〉に事欠かない。その一つ一つが、報復的なメカニズムの二つの側面の**どちらか一方**を例証するのである。ヒッポリュトスは、すでに指摘したように、愛の女神の力を無視することができると思っていたが、自分自身の馬に踏みつけられる。ペンテウスは、ブドウの神〔ディオニュソス〕の神聖な力について何も知ろうとしなかったので、自分自身の母親によって解体されてしまう。逆に、アテナは哀れなアラクネーを蜘蛛に変えるが、それは彼女が技術的な巧みさでこの女神自身をしのごうとしたからである。また音楽の神、アポロンがマルシュアスを罰するのは、彼の笛がアポロンの竪琴と美しい響きを競うことを欲するからである。このような神々の怒りには、恣意的なところはまったくない。一人の人間が、生活（愛、酩酊）の根源的側面を**無視する**ことができると考え、彼に

（すなわちその権限を持つ神に）身を捧げることを拒んだり、あるいはたいへんな思い上がりから、冒瀆的な**競争**で神自身と競い、人間としての境遇に与えられている限界を越えることができると考えたりすると、常に均衡が切れ、常に（過失や行き過ぎによって）節度がなくなり、神の激怒による報復が引き起こされるのである。絶対的な過失が存在するのは、唯一の掟の前ではなく、ある種の一方的な人生方針の前である。そうした人生方針は、情念の釣り合いを壊しかねないし、また実際に、神の〈怒り〉という恐ろしい、破局的な形で、後戻りできない破裂点にまで到達するのだ。したがってギリシャ人たちにとって、人間はみな神々の残酷な、全能の手の中の操り人形にすぎない、と言うのは間違っている。ソフォクレスのような人の宗教的観念はもちろんそこにはない。[7]「**ディケー**」*Dikê*〔正義〕は、**矯正**のためのすぐれた原則であって、一人の神（「**ネメシス**」*Némêsis*〔復讐〕）の処罰行為という手段のみで実現される。[8]それはつまり、ゼウスによって保証された超越的な統括の結果として生じる一般的な釣り合いの回復なのである。そして処罰そのものの内容に固執しても無益である。というのも処罰は、唯一の価値的尺度（普遍的等価性）によって量られる刑のような、量的未分化状態を呈しているのではなくて、常に犯された過ちと意味ある関係を保持しているからである。この意味ある関係自体の中に、当然、一つの教訓が保存されている。一つ一つの背反、一つ一つの侵犯に、その固有の危険があるのだ。

エディプスがアポロンによって罰せられるのは、彼がアポロンを侮辱したからである。したがって、彼の根源的な侵犯を探し求めるべきところは、この神の権限に属する存在領域以外の場所ではない。ところで、筋立ての差異による解読が、この推測に確証を与える。もしもエディプスが、神話の構造によって、知性だけを行使して英雄の通過儀礼の試練を達成することができたと思っているのだとすると、そのときアポロンに対する特権的な議論は明白になる。エディプスの罪（ただし彼の数ある行為をこの一つと限定してしまうことはできないけれどもこれが彼の最も本質的な**エトス** *ethos*〔習慣、性格〕を形成している)は、アポロン的な自負心である。

だがアポロンとは何者なのか。光明、純理論的学問、理論的知識の神である。事物に対する隔たり、知に必要な純粋な視覚を授けるのが、彼である。正当な行為と同様に、学問は純化することを要求する。下卑た情念は黙らせなければならない、あるいは昇華されなければならない。明晰さと隔たりの中の静かな観想によって、純粋な認識が可能になるようにするためである。この超然たる視覚は、世界の調和、その美、その至高の秩序を認識させてくれるけれども、その一方で、この視覚には必ず情動的なものを排除する必要性がついてまわる。それは一つの分離、おそらくは見ている人と見える物との間の、まなざしと見られている物との間の区別を可能にするような分離である。それゆえにアポロンは、冷静な、常に遠く離れている神、地平線の神、遠くまで届く視線(あるいは矢)の神と見なされるのである[9]。

エディプスは、〈アポロン〉のそうした輝かしい形態が典型として示しているような存在に向かうことを、自分の方針としている。しかしエディプスは、冒瀆となるほど一徹な傾向によって、あまりにも遠くまで、極端なまでに、その方針の中に入り込んでしまう。文字通りエディプス的な行き過ぎが形成するものは、アポロン的な情念の偏った性格である。**すべての光をもたらす**、これが若いエディプスを導く唯一のスローガンである。この行動方針が、純粋な、超然とした認識にとっては正当な望みを越えてしまって、勝ち誇ったような思い上がりと化すのだ。**すべての光をもたらす**というのは、単に与えられる光を、純化された視覚に到達できた者に神が差し出す明るい空間を、自分のほうに迎え入れるということだけではない。それは、神に代わって、自分自身でその光を輝かせ、無遠慮な糾問をするかの如く、あらゆる影の部分に乱暴に光を投げかけ、もはや謎のための余地も、神聖な闇のための保護領域も全然残さないようにしてしまうことである。

とにかく光また光が存在する。崇高な源から人が受け取るような、朝の太陽光線のようにきらめく光がある。それはアポロンによって与えられる賜物であり、この世界と魂を真理と美の輝きで一杯にする純粋な視覚の賜物である。しかしまた、暴力的な簒奪行為には、人が知性の冷淡な思い上がりとともに、**作り出し**、**投げかけ**、**もたらす**ことを望む光もある。そういう知性は、明証性と透明性しか受け入れず、まなざしが受け取ることのないものはすべて否定し、還元しようとする。そしてそれがエディプス的情念なのである。このエディプス的情念はそれ自体の神聖な資源をアポロンから**取り入れている**。そして、単なる一人の人間のために人間以上の力を要求している。

このように理解すると、エディプスは、ペンテウスと対照的で、しかも同時に、似通った人物ということになる――互いに交差的な位置に置かれている。ペンテウスがディオニュソスを**無視しよう**とするのに[10]対して、エディプスはアポロンと**張り合おう**とする。それぞれが対照的なやり方で（一方は無視することで、もう一方は張り合うことで）、神に挑戦し、神を傷つける。しかしかかわっている二人の神は彼ら自体が対照的なので、悲劇の結末は同じ意味を帯びる。知的な自負心の限界を示すということである。ペンテウスはディオニュソス的熱狂にかかわることなく、確固とした理性だけを信用しようとする。そこでこの冒瀆的な節制のために、怒ったブドウの神の罰をこうむる。エディプスも同じように、自分の勝利と権力の基盤を、合理的、熟慮的知性の光にしか置こうとしない。そこで彼はアポロンの罰を受けるのだが、人は罰を受けることなしにアポロンと張り合おうなどとは望まないものだ。いずれにしても、それぞれが、暗闇、危機、狂気を前提とする**通過儀礼**と、神の計り知れない力に魂を委ねることを拒むのである。[11]

そのうぬぼれがはっきりと認められるのは、もちろん、スフィンクスとの対決であって、この中心的な挿話は、見事な省略の中に通過儀礼の瞬間を凝縮している。エディプスは怪物との対決を短くし、最初の瞬間に縮めることで、通過儀礼的試練を不完全にしか通過していない、その一方で肉体的な戦いの試練と性的誘惑に抵抗する試練は巧みに回避された、と言うだけでは十分ではない。それよりもむしろ彼は、冒瀆的な知性で、通過儀礼そのものの合法性を解体する者なのである。彼は輝く知性、強靭な精神を持つ人、自由な思索家であり、すべてのものにもたらしたいと思う光によって、厳粛で苦しい試練の儀式の神聖さを失わせ、そのようにして通過儀礼**における**というよりも、通過儀礼**に反する**勝利を勝ち取る。彼はその敷居を汚し、スフィンクスが守る秘密のほうへ入るよりもスフィンクスを侮辱するほうを選ぶ。すべての光をもたらす、しかも**自分自身**で光をもたらすという征服欲は、試練の中で謎めいた状態でしか残りえないもの、また必然的に伝達を前提とするもの——すなわち、新参者の英雄自身にはもともとありえない知恵の受け渡し——との正真正銘の対決を巧みに回避するのである。

　したがって、エディプスの中に、**ヒュブリス** *hubris*〔慢心〕を示しているようないかなる特徴も見つけようとせず、ソフォクレスの作品の中で、合唱隊《コロス》が**ヒュブリス**を非難している有名な一節に驚く現代の解釈者たち[12]は、エディプスの筋立ての中心を成すものを捉え損ねているのだ。それはつまり一人の英雄のアポロン的な行き過ぎた自負心である。この英雄はただ知性の光だけで、スフィンクスの謎を解き、次いで、やはりその方針に従い、理路整然とした合理的な調査によって、国王殺害にすべての光をもたらそうとする。ところがその光によって彼がなしえたことはただ、自己認識によって自分自身を発見することだけであって、結局それが彼を破壊することになる。この場合にもやはり、アポロン的な教え、あの〈汝自身を知れ〉が、英雄にはね返ってくる。エディプス的な脱線のすべての特徴は、認識の新しい形を切り開く思考の勝利をも含めて、アポロン的性格を備えているのである。

この行き過ぎた自負心が、現代の読み方で見過ごされてしまうのは、ごく簡単に言って、この知性の自負心がわれわれの獲得物になったからである。この自負心はもはやわれわれには、神を傷つけることのできる行き過ぎた危険のようには見えない。これはわれわれには合法的なものと思われるのである。しかしながら、差異を見つける読み方は、怒っている特殊な神を考慮することと同様に、エディプスの過失がアポロン的方針の破壊的な**ヒュペルボレー** *hyperbole*〔行き過ぎ〕にある、ということをおそらく証明してくれるだろう。エディプスは、自分の野心の**張り合う**という偏った性格によってアポロンを怒らせるのである。

アポロンがエディプスを罰する神であるということは、先行するすべての分析がすでに示したことを立証する。つまり、エディプスの罪が、何よりもまず、認識にかかわっているということである。その他の罪は、これよりも明白であるとはいえ、この第一の罪に比べれば、二次的なものにすぎないであろう。それらは、筋のつながりの中でではないにしても、少なくとも横断的な、あるいは母胎のように包み込んでいる因果関係によるならば、この第一の罪の結果にすぎないであろう。われわれはすでにその因果関係のメカニズムを際立たせる補完的な二つの方法を浮き彫りにした。通過儀礼は、その原則において、父親的なタイプの人物像との敵対関係と、祖先たち（死んだ父親たち）への象徴的な接近によって母親の世界への執着を断ち切り、それを乗り越えるという目的を持つ。ただ一つ、（ある権威によって命じられて）雌の怪物を英雄的に殺害することだけが、その結果を可能にする。そのようにしてはじめて、許婚者を妻とすることができる。単なる考察、純理論的な認識の思い上がり（スフィンクスに対する答）によってこの劇的な流血の通過過程を回避することは、その歩みのこちら側にとどまることであり、父親殺しと近親相姦という二つの罪を犯しかねないということである。通過儀礼の失敗は必然的に、どちらか一方の形であるにしても、この二つの罪を伴っている。これらは厳密に言えば、委託者である国王に従う、雌の怪物を殺すという規則的な二つの行為の**否定的裏面**である。他方、われわれは、通過儀礼の三つの部分の象徴的解釈が、構造的メカニズムの次元で、スフィンクスの挿話の意味とその含意をことのほか明らかにするということを示した。試練の偏った性格（働かせるのは知性だけである）、戦いの試練と性の試練が差異的に欠如しているということが、構造的に、一つは暴力、もう一つは情欲による行き過ぎた二つの罪——そしてこれこそが、明らかに（棍棒による）年老いたライオスの殺害、イオカステとの結婚が意味しているものである——の位置を描き出し、要求している。

ペンテウスとエディプスは、それぞれが自分のやり方で、一方は目に見える形で、もう一方は、神話の差異的な論理を再構築しない限り気づかれることのないようなやり方で、〈通過儀礼的錯乱〉に捉えられることを拒む。彼らは神に取り憑かれることや、我を忘れさせ、自分を分裂させ、自分の自制心、自己同一性、自律性を揺すぶるような動揺から免れようとする。

通過儀礼の回避がこの二つの典型的な悲劇の中心にあるということは、もちろんそれが悲劇という様式の深い意味と合致しているということである。もしも起源からして悲劇がディオニュソスに敬意を表する儀式であり続けるとしたら、悲劇は、弁神論や、神の顕現の価値のために、試練に入って、拷問のような苦しみや、儀式的な死を避けられると思ったのに、実際には、避けがたいその要求を破棄せずに、その苦しみの瞬間を延期することしかできなかった人々の惨劇を上演することだろう。

通過儀礼の回避とは、それを延期された人の惨劇なのだ。規則的な形に従って行なわれなかったのは、神の力が無視され、伝統が愚弄されたからなのであって、これはある予期せぬ瞬間に、世俗的生活の現実の中に暴力的に舞い戻ってくる。これは神聖なものの復讐なのである。新たな誕生や聖別された結婚の結びつきを保証する死亡ではなくて、身体障害や現実の死に至る破壊なのである。エディプスは**自分自身で**己の両眼をつぶす。ペンテウスは、**彼自身の母親によって**首を切られる。これらの行為は通過儀礼の断絶によって延期され、乱された代償行為である。二つとも、他者性、超越性への到達が行なわれなかったということを示している。

したがってペンテウスとエディプスの惨劇は、観客に英雄の痛ましい不幸な境遇を共有させるとしても、それでも通過儀礼的犠牲そのものの上演ではなくて、逆にそうした犠牲を避けるという行為によって、その結果が先延ばしにされたことでもたらされた破局の上演なのである。そこから、悲劇が呈する二重の、巧妙な能力が生じてくる。つまり、犠牲的な響き（英雄の苦しみ）を持つと同時に、教訓的価値を持つということである。イアソンとペルセウスが悲劇的な資質をほんのわずかしか示していないのに、ペンテウスとエディプスは、彼らの不幸そのものを通して、神の正義、試練を避けることの危険を明示しているのである。

アポロン的過失、熟慮的自負心は、エディプスの宿命全体を支配する。それが理由で、エディプスは文明上のある時点で、哲学者の、というよりもむしろ哲学的危機の典型的なイメージとなりうる。

アポロンとギリシャ的知恵の間には緊密な黙契がある。高みからの光で完全に見えるようにする欲望、近い世界の有為転変の彼方にある、普遍的次元に到達しようとする熱望、これらはすべて賢者を活気づかせ、賢者が聖職者の**アウラ** *aura*〔光輝、威光〕を失った後では、哲学者の崇高な情熱の遺産となり続けるだろう。

次のことを忘れてはならない。アポロンは哲学者たちの擁護者として称えられてきた。ミューズたちとともに、哲学者の集団を支配しているのは、彼である。[13] 伝統の精神においては、**哲学する**ということは、**アポロンを崇拝する**ということである。周知のように、長い間、一人の哲学者が天のしるしを刻まれたものとして出現すると（ピタゴラス、プラトン）、伝説によっては、くどいほどに、彼はこの神の息子であるということにされた。

もしも哲学者がこの光の神の神聖な保護の下に置かれているのだとしたら、確かにその場合、哲学的な行き過ぎは、まさしくこの神が統治する崇高な処罰領域で、破局的な破壊点に突き当たると見なされるだろう。哲学的な目標において節度を超えるということは、必然的にアポロンを侮辱すること、そして彼の報復をこうむることであろう。

したがってソフォクレスにとって、エディプス神話の持つ意味はもっと明らかなものとなる。神話の形態で、エディプスの筋立てはたぶん、ソフォクレスの作品がやがて持つようになる一般的な意味を、すでに持っているのだ。それはつまり、アポロンによって罰せられる、**認識的な**自負心、さらにもっと根本的には、知恵の思い上がりによって回避される通過儀礼である。機能的な三つのレベルのそれぞれに属する領域を規定する伝統的な説明、およびエディプスの勝利によって越えられる試練が、第一の機能（謎）にしかかかわっていないという事実は、以上のような意味が悲劇の生成以前に十分に存在しえた、と主張することを許容する。しかしソフォクレスは、その筋立てを新しい現実に照らし合わせて再び現働化する。そして新しい現実とは、彼にとってその筋立ての重要性を裏付けていると思えるもの、つまり生まれつつある哲学的考察の冒瀆的な行き過ぎである。哲学者はまさしく第一の機能の活動を不滅のものとする。しかし彼は、伝統的な知恵を破壊し、神々の役割と位置に対する太古からの信仰を揺るがすことで、その活動を変質させる。**テオーリアー** *theoria*〔熟視、熟考〕、距離を置くこと、無私無欲の知、あらゆるものに関する高い、予言者の見識、こういったものは、異論の余地なく、アポロンの神聖な保護の下に置かれているはずなのだが、それが今や、冒瀆的なやり口で、神々の存在までも否定したり、あるいは秘かにそうした否定に至るようしむけているらしいのである。熟慮的知性は、かつては神の光に心を開くことができた者に与えられる貴重な恵みとして現われたのに、今やそれは、思想家が際限なく活用する破壊的手段になっていて、彼は自分自身で、いかなる伝統によっても保証されないが、すべての伝統を冒瀆するような物の見方を自分自身で創り出している。

通過儀礼というのは、その形態がいかなるものであれ——またその形態は、神話がすばらしい省略法で凝縮しているものとははなはだ異なる可能性があるのだが——特に伝達状況のことをいうのである。通過儀礼は独学者の自負心、独学者の断絶とは反対のものである。通過儀礼的なしきたりは、精神的権威の受諾を前提としており、その受諾によって、指導者の立場を示す連鎖の中への組み込みと、礎となっている祖先たちとの結びつきが実現される。哲学者は、その最も急進的なタイプにおいては、もはや秘儀を授けられた者というような様相は示さない。反対に、自分自身で、すべての遺産から解放された己自身の考察で、真理を発見することができる者というような様相を示すのである。祭司に反し、また聖職者の知恵を**授けられた**人の全人格に反する、前代未聞の思い上がりという断絶によって、**哲学者とは通過儀礼を受けていない人のことである**。この身分は、言語道断なものではあっても、哲学者にとっては剝奪というものではない。それが意味するのは解放であり、希望だからである。自分の理性の自律的活動によって、自発的考察によって、いかなる神の助けもいかなる指導者の助けも受けずに、哲学者はその最も過激なタイプにおいて、真理に至ろうとする。

したがって、どうしてエディプスという神話の人物が、比類のない深遠さを伴って、哲学的思い上がりを典型化するためにいわば作り出されたのか、ということが理解できる。エディプスは、自分の知性を使うことだけで、用心深い、恐ろしい番人として通過儀礼の入り口にいるスフィンクスを排除しようとする。彼は、通過儀礼の障害を越えるというよりも、通過儀礼の謎を巧みに回避する。急進的な哲学者とまったく同様に、彼は第一の機能（理性、知性）の活動を変質させる。伝統的な知恵全体の信用を失わせるためにそれを使った結果である。哲学者とまったく同様に、自分自身で、自分を正当化するような指導者や遺産を拠り所とはせずに、彼は真理の獲得に出発しようとする。

だから、哲学的考察がすでに祖先の信仰の台座を根本的に揺るがしてしまい、かつてよりもなお強力にそれを揺るがし続けている一つの時代、一つの文明の中にあって、ソフォクレスがエディプスに、悲劇でわれわれに残したような性格を与えるのは、偶然ではない。クセノファネス、ヘラクレイトス、パルメニデス、アナクサゴラス、エンペドクレス、プロタゴラス、デモクリトスなどは、神々を崇拝することを合法的であるとしていた神話的説明と断絶して、世界解釈の新たなシステムを創り出した。〈物理学者〉として、空気、水、火の中に根源的物質を探し求めるにせよ、人間存在や原子について、単体の混合について、秩序を生み出す知性について思索するにせよ、彼らは自分自身の危険に満ちた教義を、聖職者の伝統による教えと対立させている。そして程度の差はあれ直接に自分の民族の神々を拒絶しているのである。

一人の個人が、人間、神々、空の、大気の現象などについて、自分自身の概念を作り上げることができるということ、これが哲学の**形成のための個人主義的な**出発である。はっきりとした内容の中に、現代的な意味で不確かな〈主体〉に与えられた位置の考察の中だけに、生まれつつある哲学によって個人の基盤を探し求める必要はない。考慮しなければならないことは、世界に対する単一の、しかし首尾一貫した視点が信じられないほどに充満しているということである。そのことが、祖先や先行する指導者たちによって伝達される伝統に熟慮することもなくしがみついた状態から、前例もないほどに知の解放が生じたことを証明する。自律的な思考のこの侵入、自分だけで知ろうとするこの情熱によって、哲学とは、原則的にも構造的にも、個人の誕生、主体の反乱ということになる。かつて人々はヘラクレイトスについてこう言った。「彼は誰の弟子でもなかった。彼はさまざまな研究をし、自分自身ですべてを学んだ」[14]。この伝説は意味深長である。クセノファネスに関してこの伝説はすでに流布されていた。だからこれと、ソクラテスのような人物の主観的な立場、および哲学全体の発展との深いつながりを示すことができるだろう。たとえ、ヘラクレイトスがやはり神託のような言い回しで述べていることが、ソクラテスの論証のための言葉とほんのわずかの関連しかないのだとしても。

自分自身ですべてを学ぶ、独学者のこの自負心がおそらくは、最も過激な路線における哲学的なアプローチの根本的、端緒的な核である。そして、「近代人」の哲学、とりわけデカルトの哲学は、すでに構築によって（また姿勢によって）潜在的にこの野心の中に示されている、と苦もなく主張することができるだろう。デカルト的主体は単に、遅ればせに、こうした要請の結果が明白なものとなり、思考全体を組み立てることができるようになる瞬間を示しているといえる。

それゆえに哲学は、ギリシャ的な言説におけるその出発点から、二重の意味で非神話的なのである。宇宙《コスモス》の非神聖化を前提とするその概念と、その説明的図式によって（たとえ、他の筋から、アナクシマンドロスのような人の抽象的な思索と神話的伝統との間に、いくつかのつながりを見出すことができたとしても）[15]、しかし同時に、またたぶん特に、概念的な内容全体を越えている思索家の前代未聞の態度によってそうなのである。その思索家は、保証も先例もなく、人間たちと神々、天体、動物たちと世界を視野に収めて、さまざまな事象を説明する新しい首尾一貫した様式を提起する。自分一人だけでそうした事象の理由を見つけようとする、この時宜を得ない解釈的な探求の中には、冒瀆的なものがあるのだ。神そのもの、最も秘密にされている、最も触れてはならないものも、この独学者の好奇心から逃れることはできないであろう。

事実、哲学者の誕生と自由な市民の出現との間には、原則的に関連があると主張することができるとしても、また各人が固有の視点から表現することを許容する民主主義的空間の形成と、哲学の起源との間に、はっきりとした相関関係があるとしても、やはり時として暴力的な緊張が、哲学者と世論とを対立させることに変わりはない。周知のように、コロフォンのクセノファネスは自分の国から追い出された。アナクサゴラスは、太陽が燃える塊だと主張したために、不敬虔であると非難され、ペリクレスの支援があったにもかかわらず追放の刑に処せられた。プロタゴラスもやはり同じように不敬虔だと非難されたのだが、彼は神がいるかいないかを知る可能性に疑いを表明したために、アテネから追い出された。後のこの二人の哲学者は、〈無神論者〉ディアゴラスと同様に、ソクラテスと同時代の人である。そしてディアゴラスのほうは、もっと後になって、神々の存在を否定し、「秘儀」を冒瀆、暴露すると非難された（ギリシャにおいて最高に不敬虔な行為である）[16]。

これらの哲学者たちが、伝統という見地からすると罪人になるような冒瀆のために、都市から乱暴に追放される重罪被告人になったということ、それが彼らとエディプスという人物の類縁関係を示している。しかしながら、ソフォクレスがいかなる戦略によって、前もって存在する神話の人物と、哲学者と同時代の、鮮明な特徴とをつなぎ合わせることに成功したのかをもっとよく知らなければ、この類縁関係はきわめて遠い、曖昧なものとなるだろう。ソフォクレスの悲劇をアテネの単なる現実性に還元しなければならないからではなく、むしろその現実性の中に根源的な葛藤を見なければならないからである。その葛藤が、政治的日常性の緊張と出来事を越えて、人類学の巨大な基盤を揺るがしたのである。

ソフォクレスの戯曲を自分の時代に置き換える研究で、ペリクレス時代のアテネにおける『エディプス王』の論争の意味を強調したのは、ベルナール・ノックスである。文献学的であると同時にテーマ的でもある彼の分析は、どうして戯曲が、紀元前五世紀の哲学者やソフィストの新しい概念による拒絶宣言として、また見事に秩序立てられた世界の宗教的見解の再確認として読まれうるのかを示している。ノックスは、「戯曲におけるエディプスとイオカステの知的進歩は」（神のしるしをまったく信じないことに対する、押しつけがましいが、テイレシアスにとってはきわめてはっきりしている畏敬の念に関するもので）「紀元前五世紀の合理主義の一種の象徴的な物語である」[17]とまで主張している。エディプスは新しい人間の顔であり、自分自身の知性だけを当てにし、人間を中心に置き、僭主であると同時に民主主義的精神の持ち主でもある。[18]神々や実在するものを前にした彼の態度と同様に、彼の言葉づかいは、〈啓蒙された〉、〈人間中心主義の〉、古い信仰から解放されたアテネ人のものである。エディプスは知識と完全なる明晰さを欲する。テイレシアスやイオカステに反して、彼は全面的な理解を得ようと努め、細かい点もすべて把握し、出来事を客観的な物語として、不明瞭な痕跡がないように再編成しようとする。B・ノックスは、**ゼーテイン** *zêtein*（探し求める、探求する）という動詞と、学問的含意（医学、哲学）と法律的含意（審理）を合わせ持つ、その派生語の重要性を示している。**スコペイン** *skopein*（注視する、観察する）、**ヒストレイン** *historein*（探し求める、調査する）、**テクマイレスタイ** *tekmairesthai*（明白なものによって判断する、推論する）のような語もまた、新たな**ソフォス** *sophos*〔賢者〕[19]たちの討論様式を連想させるために、ソフォクレスによって特に選択されているように思える。

簡潔に言って、「エディプスの態度と活動は、アッティカ精神のイメージ、ソフィスト、科学者、哲学者の世代の偉大な知的実現なのである」[20]。したがってソフォクレスの意図は、はっきりと、じかに論争するということであろう。悲劇を通じて、その態度の冒瀆的な意味、その破滅的な結末を再確認しながら、彼が弾劾するのは、エディプスが典型化しているすべてのもの（ドッズとともに、それをアテネの〈啓蒙〉と呼ぶことができるだろう）なのである。エディプスの破局的運命は、アテネの、無神論の、不敬な精神を圧迫する神の威嚇を典型化している。エディプスの悲劇のメカニズムは、理性の、個人の、人間の思い上がりに関連した〈反動的な〉意識としてのみ、そのすべての意味を帯びることができる。

われわれの推測を裏付けるこうした分析は、歴史的な二つの時期の接点における、悲劇の**ジャンル**そのものの考察によって完成されなければならない。するとそれが今度はその**形態**の中で、この二つの**エトス** *ethos*〔習慣、性格〕のぶつかり合いを証明するのである[21]。ギリシャ悲劇は、『アンティゴネ』を問題にするにせよ、『バッコスの信女』を問題にするにせよ、その本質において、またその構成そのものにおいて、常にまさしくこの論争的な下部構造を持っていないだろうか。その下部構造によってギリシャ悲劇は、合理主義と人間中心主義に対抗して差し向けられる絶えざる教訓となっているのである。つまり、神々の文字で書かれていない掟のほうが、人間の思い上がりよりも優位に立つ。しかしそういう事情であるならば、『エディプス王』は偶然に典型的なギリシャ悲劇となっているのではない。この悲劇の筋立ては間違いなく、これ以上ないほど完全に、正確に、その葛藤の形態に合わせられている。他のどんな悲劇においても（その悲劇の隠された神話的、儀式的メカニズムを解読することができるとして）、自由な思考と冒瀆の哲学的精神が、結果の体系的な枝分かれによって、これほど直接に父親たちの伝統とぶつかり合うことはない。ギリシャ悲劇が新たな理性の提示と同時に批評として築き上げられたからには、『エディプス』の中で示されているのは、おそらくギリシャ悲劇の形態の本質なのである。

すでに強調した通り、哲学は、古代ギリシャのその起源においては、曖昧な位置に置かれている。最終目的においてもいくつかのアプローチにおいても、哲学は秘密を備えた宗教の通過儀礼と類似している。しかし哲学はまた、**アゴラー** *agora*〔集会、広場〕の論争的性格も共有しており、公開討論の規範を取り入れ、政治権力を行使するための直接的な準備という外観も呈する。[22] そんなわけで哲学は、知恵がまだ通過儀礼的進歩と同一視されている過去から着想を汲み上げようとするが、しかし哲学はまた、そのような伝統的側面を見間違えるほどに完全に転換させて、象徴的な次元を排除した、概念上の合理主義に到達させようともする。討論、論証、対等な者どうしの論争、また見解の相違の認識や、とりわけ意見の一致（**ホモロギアー** *homologia*）の可能性に至るための個人的な見解の対決といったものが、知的操作や政治的操作の基本原則となる。そこで、一連の段階的な**試練**を越えて、普通の人には近づくことのできない「真理」に到達するための内面的な長い歩みを意味し、それ自体も象徴的表現と理解のさまざまな段階を示している**神秘的な知恵**に代わって、もう一つ別の知恵の形態が現われる。そして今度は広場や、集会や、市場における、平等な対話者たちどうしの明快な討論の中で、各人がかわるがわる自分の見解を示し、またそれを擁護しようとする自由な対話の中で、それは行使され、人々に惜しみなく与えられる。

民主主義的なその知恵を最も見事に体現化しようとするのは、ソクラテスである。ソクラテスについて人々が、彼は（知恵を求めるすべての人々と違って）エレウシスの秘教に通じていなかったと述べているのは、まさに正しいことだった。ピタゴラスは、周知のように、哲学と通過儀礼の間の緊密なつながりを保持し、磨き上げようとさえした。ソクラテスは、逆に、平等な話し手どうしの対話という形態で、広場に真なるものについての討論を持ち込み、そうした神聖なつながりを解体する。そしてそのことによって必然的に、かなり現代的な言葉で表現すれば、もはや象徴の側の真理ではなく、概念の側の真理を位置づける。観念の交渉可能な、直接的な透明性が、象徴主義的な深淵の段階的な、困難な試練の代わりとなったのである。政治的、社会的な実践において、法的に平等なさまざまな見解の間の相互的な、逆転可能な関係が、権威、階級、多様な階層を前提としていた逆転不可能な関係の代わりとなったのである。真理とはもはや単なる人間の見解にすぎず、儀式的な体験をする人の心を揺さぶり、そこに刻み込まれる天啓や、幻影ではない。(神々や父祖たちに結びつけている、通過儀礼や、傷や、暴力的な印象による)真理の**犠牲**というような観念は解体する。

しかし、もしもエディプスがその瞬間に〈アテネの知性の理想的なタイプ〉として立ち上がるのだとすれば[23]、エディプスが哲学者の典型的な顔として解読されるのは、後の、ヘーゲル、ニーチェ、最後にハイデッガーといった、ヨーロッパの思想史においてではない。すでにソフォクレスの目から見ると(また彼を形成した伝統から考えられるに違いないいくつかの理由によれば)、哲学的なものの生じたばかりの行き過ぎた何かが、エディプス王という人物によって典型化されていたのである[24]。哲学的理性の思い上がりがいかに前代未聞のものであろうとも、それは、伝統がすでに筋立ての中に設定しておいた彷徨、外見に反して三重の通過儀礼の試練を回避するが、それでも国王になる英雄の彷徨の中に刻み込まれていたのである。しかしその秘かな簒奪もいつの日か結局暴露されることになる。

第7章　平面法から遠近法へ

エディプスは、哲学によってもたらされた新しい姿勢を、作劇法の上で典型化している。これを**人間中心性** *anthropocentrement* と呼んで、〈人間中心主義 anthropocentrisme〉という語が招きかねない誤解を避けることにしよう。というのも、それと知らずに世界に人間的な性質を割り当てること、魂にのみ所属している動機、情動、意図を人間存在に投影することはもはや必要ではないのであって、必要なのはまったく逆に、そうした投影が前もって行なわれていたということに気づくこと、そして宇宙を不当にも人間的な**パトス** *pathos*〔情念〕で満たしていたような備給を今は**取りやめ**、その備給を自分のところに引き寄せることだからである。したがって〈人間中心性〉は、〈人間中心主義〉とはまったく反対のものである。

この所作の最も早咲きの証言は、〔イオニア地方〕コロフォンのクセノファネスによってなされた認識で、（とにかく、民衆が想像するような）神々とは単なる投影でしかなく、人間がその源であるというものである。神々の特徴は、神々を思い描いた人々から忠実に借りているにすぎない。「エチオピア人たちは自分たちの神々について、しし鼻で、黒いと言い、トラキア人たちは神々が青い目と赤い髪の毛を持っていると言う(1)」。そうした投影をやめることが、前もって超自然的なものと見なされている存在を、人間の創造の産物として認識するように導くのである。ところで、フォイエルバハやニーチェに至るまで、絶えず言い続けることになるこの哲学的革命こそは、エディプスがもたらした革命である。スフィンクスに対する〈人間〉という答が、この翼を持つ乙女にとって（血まみれになっていないのに）致命的であるのは、その答が人間中心性の行為を典型化しているからである。その行為によって、すべての神、悪魔、あるいは他の怪物たちは、人間の想像の単なる産物として認識され、人間に関連づけられ、したがって固有の力を持つ独立した存在であることを否認されてしまうのである。エディプスの**不信仰**のために、スフィンクスは死ぬ。彼女は、ベレロフォーンがキマイラを殺し、ペルセウスがゴルゴンを殺すように、血まみれの格闘で殺される必要はない。彼女が彼の前から消え失せるには、エディプスが謎全体を、源にして唯一の動作主、人間に引き寄せて、自らの投影的な信仰を撤回するだけで十分なのである。エディプスが自分自身であることを示す（その問いを自分に引き寄せる）単なる手の仕草が、たちまちこの怪物の消滅をもたらす。

この意味では、通過儀礼的試練の三部構成が前提としていたこととは違って、ただ知性だけでスフィンクスを抹殺するというのは正しい。少なくともそのように哲学は考え、ヘーゲルは考える。自己＝考察、自意識が、この怪物を深淵に突き落とす。そのときエディプスは、通過儀礼上の対決を不当にもたった一つの試練に減らして、通過儀礼的な対決を回避する簒奪者、思い上がった新参者であるだけではない。この人物はまさしく、論理的思考に基づいた不信仰によって、通過儀礼的なタイプであればどんな対決にとっても前提とされるような**クリプトフォリック**〔隠れて支える〕象徴化様式を破壊する者なのだ。もしも超自然的な存在が人間的想像の産物にすぎないのだとしたら、もしも聖なる象徴に偽りの深遠さしかないのだとしたら、またそれが自分自身を知らない人間の魂の深遠さにすぎないのだとしたら、そうした幻想についての認識は、通過儀礼そのものを無効にするであろう。謎を秘めたこの歌う女によって唱えられる難解な質問に対する、エディプスの自己＝中心的な答は、三つの試練のうちの一番目を達成したということだけではない。この答は冒瀆的な否認によって対決を阻むのである。独学的な知性は、自己考察的な作業によって、対決されるべき還元できない他者性としての、通過儀礼のための動物の存在そのものを素朴に信じるということを、完全に過小評価してしまったのである。

そんなわけでエディプスは、人間が中心に置かれる文化へ移行する象徴と見なすことができる。彼はギリシャ人たちが行なった決定的な変化を典型化している。

神話から理性への移行、自律的な動作主にして法的な主体である個人の誕生、見解の一致の追求、政治の基盤となる民主主義的論争[2]、など。この歴史的な改革についてはは取り組むことのできるアプローチが数多くあって、イデオロギー的な次元で、あるいは制度的な次元でこれを理解しようと努めている。しかしわれわれにとっては、想像の次元で、エディプスの顔はこの変化の中で最も多元決定を受けた虚構であるように思われる。その一部始終を調べ尽くすことはできないけれども、ヘーゲルがまさに理解したように、エディプスの顔は、ある意味で、この決定的な移行の根底にある想像的組み立て装置を最も豊かに示しているものなのである。

エディプスが象徴しているのは、人間的主体が、自らを源にして動作主であると認識しながら、外的世界に自分が投影していたものをそこから引き離す動きである。その結果、相関的な二面性を持つ同じ一つの脱＝投影作用によって、彼は（もはや記号としてではなく）**対象**としての世界を発見し、自らを**主体**として位置づける。ところで、哲学、政治が問題になるにせよ、美的表象が問題になるにせよ、〈ギリシャの奇跡〉を明確に表わしているあらゆる斬新な特徴が、いずれにしても、この作用を反映させている、と指摘することができるであろう。（考えたり、知覚したり、意思表示をしたりしている）主体の特異な視点が勘定に入れられる。そしてソクラテス流の対話、民主主義的論争、それにもっと緻密に、絵画における遠近短縮法や、建築における〈視覚調整〉が取り上げられるということ、これがそうした装置を規定するさまざまな視点の特異性というものである。ヨーロッパ的思考、およびそれが生み出した形式的な装置のこだわりはそっくりそのままこの変化の中に投げ込まれている。

哲学の次元では、ハイデッガーが十二分に次のことを示した。人間と存在者とのある種の関係（主体と客体という現代的なはっきりとした対立以前の関係）は、ギリシャ哲学からすでに位置づけられているし、また、プロタゴラスは、「近代人」と同じ意味ではないにせよ人間を万物の尺度としながら、西洋の形而上学の基盤となる人間と存在者とのこの新しい関係をすでに示している、と。しかし厳密に哲学の言説だけにとどめているハイデッガーは、自分が分析する諸定義を、ギリシャ人によって設定された意味装置が明らかにしているものを考察することで補ったり、裏付けたりすることができない。ところがこの装置は、全体的な確証をもたらすだけではなく、ギリシャ的〈人間中心性〉の行為について、またそうした最初の人間中心性と、デカルトのような人が継承して完成させた人間中心性との差異について、決定的に深く究めさせてくれるのである。

絵画的表象の事例は、おそらく決定的なものではないとはいえ、それでもこうした視点の変化を奇妙にも明らかにしてくれる。ギリシャの絵画は初めて人間の足を前向きに描いた（もはや横向きに描いてはいない）。また二輪馬車の車輪を横長の形として斜めから見えるように描いた。これは遠近短縮法である。画家はもはや、月並みな想像力が絶えず描き続けているような、規則に則った形で対象を提示するという目的に専念しない。彼は、対象が特異な視線によって知覚される角度を考慮に入れる。対象の形は、見るものの角度によって変わるのである。

　このような絵画の遠近短縮法の発見は、〈正面から〉見るタイプのエジプトの古めかしい形象とは対照的であって、ささやかな改革であると見えるかもしれない。しかしながらこの発見は、表象におけるもっとずっと一般的な革命と時を同じくしているのである。それは、ディオニュソスに敬意を表わす儀式から始まった、演劇の舞台装置が発展し始める時代である。こうした新たなものの見方が練り上げられてゆくギリシャの都市には政治的な制度があって、その制度の中で平等な市民どうしのさまざまな見解の対決や、民主主義的タイプの政治表現が考案され始めた。絵画の遠近短縮法、哲学、演劇、民主主義、さらには貨幣。これらすべての表象装置の間には、緊密で、際立った関連性がある。これらは同じ時期に属している。これらとともに、主体の遠近法が確立され始めるのである。

　ギリシャの遠近短縮法**と**、ルネサンスの一点集中的遠近法との間の差異は、ギリシャ人たちにおける自分を中心に置く主体性の始まり**と**、デカルトの思想との間に存在する隔たりにぴたりと一致する。そして後者の思想は、今度は考える主体の自分に対する確信に基盤的、構築的役割を与える。それゆえに、プロタゴラスとデカルトの差異に関して、これら二つの哲学における〈主体《スブィエクトゥム》 subjectum〉に関して、ハイデッガーのすべての分析は、視覚的表象という点で正確に対応するものを見出すのだと思われる。ギリシャ人たちがすでに到達している遠近短縮法は、単独の主体の視点を考慮することを前提としているが、しかし彼らはルネサンスにおけるように、視点の単一性に基づいた遠近法の幾何学的な組織化にまでは達していない。

　同様に、ギリシャ建築における視覚調整の原理は、建物の単なる建築法を越えた意味を持っている。問題となるのは、主体の新たな位置づけであって、視覚の中心として、そこから建物の形は知覚されなければならない。周知のように、パルテノンの建築様式は厳密には垂直線と水平線に従っていない。完全な水平線と完全な垂直線を使ってより高い建築物を建てるなら、外部にいる観察者にとって、パルテノンは、外のほうでそれているように、下のほうで狭くなっているように見えるだろう。そのような目の錯覚を訂正するために、ギリシャの建築様式は計算して変形を施した。アーキトレーブ〔柱の上部に置かれた水平材、エンタブレチュアの最下部〕、コーニス〔エンタブレチュアの最上部の突き出た部分〕、スタイロベート〔列柱を支える土台の最上段〕のような長い水平線が、感じ取れないほどにふくらんだ線になっている。それは半分の長さのところで、弓形に曲がり、低くなって、目にはまっすぐに見えるようになっている。パルテノンのスタイロベートは、中央でわずかにふくらんでいる。同じように、列柱の垂直の柱身は、上のほうで内側に傾いていて、外側に倒れているように感じさせる目の錯覚を訂正するようになっている。一方で、柱身の（〈エンタシス〉と呼ばれる）ふくらみは、まっすぐの輪郭だと細く見えるような、目の錯覚を訂正する。したがって建築家は、見物人の目で視覚的な補正を行なったのである。彼が建てるのは、位置づけることのできない神のまなざしに捧げられる建物**それ自体**ではない。そうではなくて眺める**人間のための**建物なのである。エディプスの答えとパルテノンの視覚の訂正は、象徴的なものの歴史の同じ時期に属している。つまり遠近法的な主体の構築の時期である。

したがって、ギリシャ人が形象から受ける魅惑から解放されるのは、それを排除することによってではなく、新しい装置を創造することによってである。つまりギリシャ人は、外見を、見物人としての主体の〈視点〉に依存させることで、主体による対象の支配を実現する。このように外見を**作り出すことによって**、つまり〈目をくらます〉ことを狙う目の錯覚の巧みな製造者となることによって（ただし、ゼウクシス〔紀元前五世紀後半の画家〕の鳥たちを除いて、目をくらまされない者はいない）、ギリシャ人は感覚でとらえ得るものを支配するに至っている。そのイメージはもはやそれ自体を押しつけるもの、巨像のように建っているものではない。それは常に**誰かのために**組み立てられる一個のイメージなのである。

見ている人の視点を無視するような、沈黙している、重々しい、永遠の表象なのではなくて、これは、形式の整った構成の中で、**予＝想**《プレ・ヴィジョン》として、主体＝見物人が捉える局限された眺めを含む表象である。主体のための対象としての絵画である。対象をそれ自体のままにではなく、想像力一般に対するようにでもなく、空間の中に確かに位置している**ある人**の特異な目に委ねられるように、対象の視覚的外見を技術的に作り出す絵画である。このような絵画においては、単独の主体として、世界の見方の焦点であるという意識が、イメージを組み立てる装置そのものの一部を成している。遠近短縮法という技法は、絵画のレベルでは、対象に注ぐ単独の、偶然的な視点を考慮に入れているということを示す。形象的に表現されるのは、対象それ自体ではない。すなわち不変のモデル、どんな特異な知覚作用によっても変形させたり、変化させたりすることのない、絶対的でしかも常に繰り返すことのできる形ではない。そうではなくて、空間における独自の立場から、主体が組み立てる視点によって**相対化された**対象である。

ギリシャ的視点のレアリスムは、立体感やぼかしの表現として、遠近短縮法やその他の空間的な深さの効果を導入しているが、このレアリスムはすでに、客観性と主観性との間に存在する連帯感を完全に際立たせている。まさに主体が単独の視点の源として自分を認識するときこそ、主体はまたものごとを自立的客観性の中に据えることができるのだ。それゆえ模倣芸術は、エジプト人たちの象徴主義的、魔術的芸術とは逆に、ギリシャ的**エピステーメー** *epistemè*〔認識〕の努力が引き出そうとする客観的な真実のタイプへ、また、自由な個性のほうへ、同意に至るまでいくつもの単独の視点を民主主義的に対峙させるほうへ向かう倫理的、政治的傾向に対応しているのである。

ギリシャ人たちが一点集中の遠近法による、体系的、数学的な構成に到達していなかったとしても（これがルネサンスになってからやっと獲得されるということは、周知の通りである）、彼らは、世界を遠近法的に捉える考え方の始まりとなる視覚的レアリスムに基づいて、絵画的、彫刻的な見方を磨き上げた。この意味では、すでに絵画をも含めて、〈遠近法〉を論じることができる。ところで、思想の分野で哲学がギリシャ的断絶を導入するのと同様に、遠近法は絵画の歴史におけるギリシャ的断絶なのである。

メソポタミア、古代中国、コロンブスによる発見以前のアメリカ、あるいはファラオ時代のエジプトにおけるような、〈ギリシャ以前の〉、すべての原始民族に共通する表現様式を示すために、いくつもの言葉が提案された。〈正面性〉（ユーリウス・ラング）とか、〈正面像に基づいた〉（ハインリッヒ・シェーファー）というような言葉が長い間優位を占めた。また〈観念造形的〉（フランクフォルト）、〈観念形成的〉芸術という言葉も用いられた。見ているものではなく、見ていると思っているものが描かれていることを強調するためである。ゴンブリッチが言うように、「エジプト人たちは、存在していることを**知っている**ものを描き、ギリシャ人たちは**見ている**ものを描いた[3]」。ギリシャ以前の絵画は常に〈記憶による〉絵画ででもあるかのように、すべてが展開され、総合的で、単純化され、同じタイプの対象によって心に残される心象（木**というもの**、鳥**というもの**、魚**というもの**）に応じている。ところがギリシャの素描は〈自然による〉もので、描いている**その人**の視線の角度から**その木**の形を捉えるのである。その点で、しばしば行なわれてきたように、原始的な表現を子どもの絵と比較することは、不当なことではない。ただし、原始的絵画においては、伝統によって定められた規範の拘束ははるかに大きなものであったということを強調しなければならない。そんな中でとりわけエジプトの絵画は、そうした表現様式の最も磨き上げられた、最もよく研究された事例になっている。

しかしわれわれが覚えておくべき言葉は、H・シェーファーの重要な著作のあとがきで、エマ・ブラナー＝トロートによって提起された、**平面法** *aspective* という言葉である。これはその構築において、形象化の二つの様式と、その彼方にある文化の二つのタイプの間の対立をよく示している。[4] 形象化における**平面法**と**遠近法** *perspective* との違いは、たぶん（より問題を含んでいる抽象美術の場合を別にすれば）、表現の歴史において、その美学的、文化的な意味が、他のいかなる差異とも異なる断絶と対応している。

　エジプトの絵画には、色彩によっても、線の組み合わせによっても、奥行きの効果は存在しない。すべてが同じ平面に、一色塗りで配置されているように見える。人間や動物の体のすべての部分が、正面から映し出されたような外観を呈していて、顔にしても、横顔にしても、〈斜めからの〉眺めはまったくない。足は基盤となる線の上に横向きに置かれる。同じ絵の中で、視点の統一性などまったく気にかけずにいくつもの視角が組み合わされる。池は（水平線が持ち上がったような）青い長方形のように描かれる。その一方で、魚は横向きに描かれ、木々はその長方形の横に〈折り曲げられて〉いる。一つ一つの対象に関する一般原則は、最適な見やすさということである。つまり対象は、最も簡単にそれと分かるようにする方向から描かれる。そこから形式の紋切り型という性格が生じてきて、規範に則った提示方法で、同じ対象が常に同じように描かれるのである。その提示方法は、対象に対する主体＝見物人の変化しうる立場からは自立したものとなっているように見える。そうしたものすべてがエジプトの絵画に〈硬直した〉、〈停止した〉性格、この表現様式にひじょうに顕著な、荘重で、重々しい特徴を与えている。次のように言うことができるだろう。エジプト人たちは、**人間一般が**見るもの（あるいは、万古不易の幻想や神性によって**それ**〔**エス**〕**が**見るもの）を描く。一方、ギリシャ人たちは**私が**見ているものを描く、と。ギリシャ人たちは一人称単数〔私〕による表現様式に到達するのである。

重要なことは、遠近法によって導かれる改革は、この装置の中で〈人間〉が占める新しい位置を考察することなしに記述することができない、ということである。遠近法の構成によって〈人間〉は、自分自身の意識的な視点として、源、目的、結果として中心に位置づけられる。エジプト人が自分の対象を、あたかもその対象が独立して存在しているかのように、〈まっすぐ前に〉位置づけるのに対して、「ギリシャ人は**自分自身が**中心点に位置し、対象から発せられるすべての光線を**自分の**目に集め、そのようにして人間中心的に振る舞うのである」(5)。自己を中心化する装置の納得のいく記述である。しかしむしろ次のように言わなければならないだろう。対象に到達するために**自分の目から発する**光線だ、と。というのもギリシャ的観点では、光線は対象からではなく、目から発せられると見なされているからである(6)。もっともこの考え方は、見物人、人間の〈視点〉に割り当てられる活動的、中心的役割をさらによく際立たせるだけである。だから、生まれつつある遠近法という装置の力が、目が光線の〈発信者〉であるという理論をもたらしたのだと示唆することもできるだろう。この理論は、光の物理学的理論としては間違いであっても、見えるものの遠近法的な組み立てとしては正しい。

この組み立ては、知覚作用の領域では、主体が自分自身を見えるものの源にして動作主と位置づける操作を具体化させる。同時に、世界を動かし、世界に魔術的な深さを与えていた無意識の投影を取り除く。知覚された風景は、無尽蔵の意味を詰め込みすぎていた暗い象徴から、一つの事実、一つの対象となったのである。したがって、絵画における平面法から遠近法への移行は、制度全体にかかわりながら、これらの言葉によって、それらを要約しつつ、容易にそれらの特性を示すことができるほどに、もっと一般的な変化の指標となりうるのである。

民主主義、演劇、哲学的対話、絵画の遠近短縮法に、貨幣のギリシャ的発明を付け加えなければならないのだが、これは問題となる装置の変化をよく示している。[7] エジプト人たちは、商品の価値を照合する単位として役立つ観念的な尺度、計算貨幣を知っていた。しかしながら市場では物々交換というはっきりした形で、商品どうしが取引され続けた。ギリシャの改革が成し遂げるのは、国家的規模で硬貨を鋳造することによって、一つの通貨本体の中に、単位上の観念的な機能と、日々の交換のための道具的な機能とを組み合わせることである。ギリシャの貨幣は、貴金属の物体の中に表現されている価値の一般的な尺度の超越性は、市場の向こうの外の世界ではもはや維持されない。交易する動作主の個人的な視点と一致するというだけではなく、市場に降りていって、交易する人たちの商取引に参加するのである。普遍的な尺度であるのである。各個人が普遍的な尺度の保持者であり、その普遍的な尺度が同時に交易を行なう手段でもある。この**流通貨幣**という装置は、おそらくは〈扇動的な〉その起源に至るまで（貴族階級に対抗する民衆を満足させようとする〈僭主〉の決定によるものである）[8]、生まれつつある民主主義や、遠近法の始まりといったもの、最終的にはギリシャ世界の制度的な独創性となるものと完全に一致する。

エジプトの観念的な貨幣と平面法を結びつける相関関係もよく理解できる。流通貨幣と遠近法を結びつける相関関係とはちょうど同じだからである。エジプトの絵画が、常に同じ面から、特異な見物人の変化しうる視点をまったく含まない、規範的な形に則って対象を提示する一続きの絵のように構成されているのと同様に、エジプトの貨幣は、観念的な尺度として、超越的な場から交易者たちを評価する不変的原型としてとどまっている。それとは逆に、遠近法が構成からして、一人の主体の単独の、偶然的視点を前提としながらも、結果として客観的な絵に到達しているのと同様に、流通貨幣は、個人的な交易者の内在性を普遍的な尺度と一致させるのである。[9]

エディプスの筋立ては、われわれに残された最も多元決定的、かつ最も豊かな記念碑であって、平面法によって支配される世界から、遠近法によって支配される世界へ移行する際の、イメージ的な条件の痕跡を保持している。**エディプス神話は平面法から遠近法への移行を予示し、かつ提示しているのである。**エディプスの答と態度とともに、スフィンクス、つまり主体が自分自身を目に見えるものの中心として位置づけない場合にのみ真理を有する想像的、象徴的な存在が消え失せる。そして、人間的な魂の内的次元から、外に向かっての、無意識的な投影があれほどまでに存続することになる。したがってスフィンクスに対する勝利は、世界の遠近法的な見方の出現ということなのである。

しかし、同じ変動によって、遠い昔からの伝統で受け継いでいる、投影的な暗いイメージとの儀式的な対決に基づいていた通過儀礼的試練は無意味なものとなる（あるいはそうなるように思える）。そしてその通過儀礼的試練は、自意識に、人間的主体の自己認識による即時的な、鏡のような透明性に席を譲る。というのも、平面法でしか、通過儀礼も、スフィンクスも、神々も夢も存在しないからである。ここにおいてエディプス神話の力を把握することができるのだが、その中には人類学的だと言うだけではとうてい言い足りない一つの変化が提示されている。というのもその変化の中に、この世の中の人間的＝論理的な見方についての可能性の条件が決定づけられるからである。エディプスの態度は人類学全体のイメージ的な基盤である。

ペリクレス時代のギリシャは、その可能性が達成される場であり、時期であると見なされうるのだが、そのことをよく示しているのは、ある一面からすると、エディプスの答と比較することもできる一つの意義深い逸話である。それはプルタルコスによって語られているペリクレスのマントの逸話である。突然の日蝕が彼の乗っている船の舵手をたじろがせたとき、ペリクレスは彼の目の前に自分のマントをかざす。そして日蝕の原因となっているのは単に、そのマントのように光を通さない物体以外の何ものでもない、と彼に説明する。つまり、このアテネの指導者は、遠近法的な論証をすることで、日蝕を前にして聖なるものへの恐怖にとりつかれた迷信深い水夫を解放する。だから、天体を神による合図〔記号〕、その意味が占い師の解釈的な知恵に委ねられる神のヒエログリフと捉える代わりに、アナクサゴラスと付き合いのあったペリクレスは、光学の基本法則に従っている現象のみを見ているのである。祭司や占い師の知恵と対立するこの新たなる知恵によって、彼は暗闇の聖なる恐怖に対する勝利をもたらす。またその点で、恐るべき日蝕を前にしたペリクレスの知的勝利は、スフィンクスを前にしたエディプスの勝利と同じ意味を持っている。これは、言葉のすべての意味において、平面法に対する遠近法の——あるいは人間の合理的な視点の——勝利である。人間は自己を、世界に対する視点として、あらゆるものの中心的、唯一の尺度として位置づけながら、同時に、あらゆる謎を解き、恐怖を和らげ、雌のスフィンクスをことごとく深淵に突き落とすような客観的な見方をも獲得する。これが、人間中心性の契機が生み出し、持続させる確信なのである。世界を平面法で見ることをやめ、遠近法で知覚するということは、神々の言語だけがざわめいていたものの謎の厚みを、一挙に払いのけるということである。月、太陽、星々は、もはや深遠な意味を詰め込んでいて、前兆として解読すべき謎の合図ではない。これらは対象、物質的現象なのである。人間はもはや、祈りと恐怖との間で分かたれ、常により上位の力に依存し、行為においては曖昧でしかも変わりやすい神の意思に従い、その意思を常に間接的な合図で解読しようとする、恐れて待つ存在ではない。救済からも、神の力の脅威からも解放されて、ただ自分だけの力で学び取り、自分自身の理性の確かさだけを頼みとし、人間は、諸現象の真ん中に立ち、自分だけで自分を制御する。エディプスが〈人間〉という言葉を発して、**たった一人きりで**成し遂げるということ、これは神話における一つのとてつもない表意文字で、プロタゴラスのような人の次の哲学的野心をそっくりそのまま凝縮している。〈人間は万物の尺度である〉。ソフォクレスはこの斬新な野心を、偉大さに満ちているが、冒瀆の危険性にも満ち溢れている紛れもない反乱として捉えた。『アンティゴネ』における次の合唱隊《コロス》の有名な歌が、そのことを証明している。「この世の中に数多くある傑作の中でも、大いなる傑作、それは人間だ」。「そして言葉づかい、明敏な考え、規範、生活習慣、**彼は師匠もいないのにそれをすべて学んだ**」。しかし彼は、まさにそのように独学的、専制的に行動することで、〈罪深い大胆さ〉で、〈規範に対して反乱を起こす〉危険はないのだろうか。

ギリシャ人たちにおいては、一**点**集中は何よりもまず人間の視点のように行なわれる。それゆえ神の単一性とか複数性の問題は、彼らにとって、本質的なものでも基盤的なものでもない。投影的な魔法から、世界に意味をのしかけるような意味論的な割り当てから抜け出させるのは、一神教的偏見ではなく、人類学的な決定である。隠れて支える象徴体系（人間的存在を解釈の無限性と対決させるような象徴体系）の崩壊、謎めいた力から脱却した事実の世界への到達は、比類のない、想像を越えた神との分離によって達成されるのではなく、人間中心性に根ざした操作と、自意識によって達成される。遠近法（絵画的技法だけに限られることは全然ない、広い意味で）こそが、この世を魔法から解き放つのである。それゆえまた、偶像を破壊したり、いかなるものであれ表象を拒絶したりする必要はない。現実主義的な視点、一点に集中させる遠近法による表現は、イメージを廃棄するのとは別の手段で、投影的幻想を解体するのである。技術的に幻想を構築しながら、だまし絵の理屈にあったような状況を計算に入れながら、ギリシャ人たちは表現〔再＝提示〕それ自体によって世界を〈魔法から解く〉。そんなわけで、もう一度繰り返すと、一神教か多神教かという選択は、ギリシャ人たちにとって決して決定的な問題とは思えなかったのである。たとえ彼らが**神なるもの**を単数で考えたとしても、唯一の、排他的な「神」[10]と同様に、彼らにとって、一点集中は「神」から始まることはなかったはずである。それは人間から始まったのだ。この点で、あの〈汝自身を知れ〉は意味深長である。自分自身に帰ること、自己の考察によって、哲学はその出発を始める。その脱＝神話作用という動きの支点〔支え〕となるのは、自分自身なのである。そうした自己認識の決定が神との関係を変え、「一者」への到達を可能にするということ、それは最初の至上命令というよりも、先験的な相関関係に属していることである。その結果、「神」でさえも絶対的な考察という方法で理解されるようになる。例えば、アリストテレスにおいては、「神」は〈自分自身のことを考える思考である〉。

ソフォクレスもやはり、おそらくは比べるもののないような深遠さの極みで、神話のまなざしをもって哲学者を見ている。古いギリシャの人間として、信仰と祖先の儀式に忠実な彼は、今や賢者であると自称している人々のうぬぼれの中に、エディプスの物語がすでに宿命的な結末をともなって予想していた大胆不敵さを認めている。哲学者たちが新しい理性を練り上げて、神話的な理性とたもとを分かとうと努めている――またたぶん、そうしながら、神話が錯綜させる倫理的規範の作用の中で自分自身の立場が分からなくなっている――間に、作劇法は、神話的知恵のまなざしで、この新しい哲学者の顔が現われてくるのを見ている。その点でソフォクレスの悲劇は、今日でもなおその効果が尽きない学識のようなものを多く含んでいる。哲学者は神話を理解することなく、神話の影響力を低下させ、神話の力と論理を認めない。投影的な古い信仰から離れようとする正当な、英雄的な努力で、哲学者は、とりとめのない寓話の重々しいかたまりと執拗な迷信を一挙に退ける。ところが作劇法のほうは、哲学の理性を理解し、その理性のために一つの位置を設け、敷地を与えている。なるほど、あるためらい、ある偏見とともに、遠慮なく哲学の理性を恐ろしい不幸に運命づけてはいるけれども。

しかしソフォクレスが、テーベ王のこの悲劇の中に、哲学的光景を典型化しているとしても、断じて彼は実例や寓意としてそうしているのではない。アテネのアゴラーにおける新たな**ソフォス** *sophos*〔賢者〕の典型的な顔を透明状態で解読するためには、その演出のコードを手にするだけでは十分ではない。この悲劇は、哲学自体が知らないもの、哲学固有の言語における言い回しでは理解できないものを出現させながら、哲学の光景を掘り下げ、それを揺すぶっている。ソフォクレスは、哲学がそこでは盲目でいるほかない境目を線引きしながら、それ自体では思いもつかないような、哲学を確立する態度を発見しながら、強い調子で批判を提示しているのである。この悲劇的な批判――これはヘーゲルのように、エディプスの知性が哲学的意識の始まりになっているはずだと認識した人たちでさえ気づかなかった――は、結局、「存在」についての考察の中で、ハイデッガーが企てた批判よりも強烈なものである。エディプスの筋立てが見出すものは、デカルトやニーチェに至る哲学者の勝利のための道筋を生み出す**原＝哲学的な**態度である。「近代人」の概念体系に応じたこの態度が計り知れないほど有益な点は、この態度が哲学者の立場のイメージ的な前提条件をかすめ取っていないということである。この態度は、その忘れ去られた基盤、還元できない葉脈をあらわにする。これは哲学する姿勢の、それ自体は未知の縁辺を線引きしてくれる――結果としてより巧みにその囲い地の内側と外側で、その縁辺を越えたり、出たりすることができるようになるのだが、ハイデッガーの熟慮反芻は、その囲い地の中に閉じ込めることによってこの哲学する姿勢を究め尽くすのである。もっと詳細に再検討する前に、今は次のように言っておこう。啓蒙思想の時代の後、熟考する主体にとっては未知の、もう一つ別の光景として、西洋の思考が認めなければならなかったものは、まさにそれ、エディプスの態度――自意識として主体を築き上げる態度――が排除し、認めなかったものなのだ、と。通過儀礼の入り口にいる番人、〈謎を携えた雌犬〉に答える立場に立つということ、**自分自身で通過儀礼を施すという思い上がりによって**、〈人間〉という言葉でこの雌犬を抹殺できると思うことは、それと引き換えに、やがて意識と無意識と呼ばれることになるものの間の差異を確立するということである……。ヘーゲルはそれをかいま見た。しかし、いくつかの理由で、そこから教訓を引き出すことができなかった。

エディプスの態度は、自己認識することを命じるアポロン的な戒律の倒錯である。すべてはまるで、スフィンクスの勝利者が**悪しき**自己認識への道、神を崇める代わりに神を傷つける道に入り込んでゆくかのように展開する。

デルフォイの〈汝自身を知れ〉が誤って解釈されている可能性があるということ、その一例をナルシス神話は示している。ナルシスに対して、テイレシアスは次のような予言的な言葉で用心をさせる。「彼はよりよく生きるために自分自身を知ってはならない」。なぜナルシスの自己認識が悪しき自意識であるのかが、容易に理解できる。その自己認識は、外見を通り越し、鏡のイメージ、想像上の鏡の反射を通り越して、彼自身の顔による致命的な自己愛へと通じるからである。デルフォイの命令は、表面的な私よりも隠されていて、目に見えない**自我**を示すものなのであろう。地球の中心、へそから生じた戒律、デルフォイの〈汝自身を知れ〉は、魂の中の、神々しい自我への困難な接近にかかわるものなのであって、鏡のように映って見える致命的な顔つきにかかわっているのではない。しかしアポロンの戒律に由来すると考えられる、もっと捉えがたい秘かな、長きにわたる宿命を用意された、もう一つ別の倒錯があるようである。その倒錯は、ナルシスが自分自身のイメージにたちまち魅惑されること、**鏡像への**思慕の念に起因するのではなく、美的というよりも知的な、**思索への**方向づけに起因すると思われる。これがエディプスの倒錯

――そして哲学の倒錯――であろう。そんなわけで、他ならぬこのテイレシアス、年老いた盲人、アポロンの祭司、奥義を授けられているテイレシアスは、とにかくデルフォイの神託に関する二つの誤った解釈に注意を促しているのである。紛れもなくアポロン的な自己認識は、ナルシスの自己認識でも、エディプスの自己認識でもない。それは鏡に映った自分自身のイメージに魅惑されることではない。それはまた抽象的な自己考察性、自我による自意識でもない。自意識のほうは魂を思索のために集中させ、すべての真理を〈私〉に、あるいは総称的な人間に引き戻すのである。知性の氾濫、自我のうぬぼれが強化される、このような自己中心性は、神々の否定に、あらゆる教えの忌避に通じる。

しかしながらそれがエディプスの**ヒュブリス** *hubris*〔慢心〕なのである。彼は人間の視点を遠近法の唯一の中心とする。彼は自意識によって熟考する〈私〉を、万物に照明を与えて解明する唯一の光とする。スフィンクスへの答は、**人間**を万物の尺度としながら、聖なるものの曖昧さ〔闇〕を見えなくし、神の合図〔記号〕を否定するものであるが、その答から自分自身を完全に解明するための調査に至るまで、エディプスは、個人を越えた他者性をまったく拠り所とせずに、あの〈汝自身を知れ〉を、**エゴー** *ego*〔この私〕の完全な支配のほうへ、自己＝考察的意識のほうへ向かわせる人なのである。

ソフォクレスの言葉づかいは意味深長である。『エディプス王』における〈私〉という語彙のとてつもない重要さがすでに強調されている[11]。エディプスによってなされるせりふの最初の一五〇行の中で、一四行が〈私〉とか〈私の〉というタイプの語彙形態で終わり、一五行が同じやり方で始まる。〈この私〉（**エゴー**）という語の出現もまた多い。「しかし私の生まれが、いかに卑しいものであろうと、この私は、それを理解したいのだ」（一〇七六行）。あるいは、もう少し先の、同じ長ぜりふでは、「私は、この私は、自分を運命の女神の息子と見なしている」（一〇八〇行）。自分自身への固執は、存在の中に自分を位置づけ、基準の中心として自分から発して考えるという断固たるやり方をよく示している。〈この私、エディプス〉、これが芝居の冒頭から結末に至るまで、この英雄の存在論的姿勢である。そしてこの私は一人だけ例外的な存在であって、完全に解明するという役を引き受けている。ライオスを死なせた罪人を捜そうとして、エディプスの決心が述べられる方法ほど意味深長なものはない。「この私が、解明してやろう」(一三二行)(**エゴー・ファノー** *egô phano*)。二重の意味で読める表現の両義性が指摘されたのも、もっともなことである。この私自身が謎(ライオスの死の秘密)を解明してやろう。しかしまた次のようにも読める。私は自分自身を解明してやろう、私は自分を発見しよう、自分を明らかにしよう[12]。

しかし、さらになお、築き上げられた筋立ての構造全体によっても、エディプスはこれまでにないやり方で規定されているのであって、それについて少しずつ明確にしてゆくに先だって、一時的に**自己論理的な** *autologique* やり方と表現しておくことができるだろう。エディプスは、自分自身を基準にすることによって、自己＝考察的 auto-réflexive、自己＝指示的 auto-référentielle、自己＝存在論的 auto-ontologique なやり方で自分を規定する存在である。エディプス神話の一つの異文によれば、エディプスはスフィンクスに対して〈この私自身だ〉と答えたことになっており、この情報はこの上ない重要性を帯びている。謎解きの場面を表わしているヴァチカンの有名な皿の上で目に留まるのは、答の代わりに自分を指し示しているかのように、自分自身のほうへ向けたエディプスの手である。しかしそうした神話の異文や図像学的な詳細な部分に頼らなくても、エディプスの宿命が規定される自己論理的な装置の規模の大きさを示すことはできる。

この劇の筋道は、同じ特徴を執拗に表現するいくつかの単語で要約することができる。自己＝指示的な答によって専制君主になった一人の独学者、エディプスが次第に自叙伝的 autobiographique になってゆく捜査を続けてゆくと、その捜査の中で自分自身が罪人であるということを発見し、その結果として彼は自らに自己＝懲罰 auto-châtiment を科すというものである。エディプスの筋立て全体が、細部に至るまで、この自己論理的な動きによって示されている。そうした瞬間の一つ一つにこだわりながら、論を展開することにしよう。エディプスは、神々に助けられることもなく、人間から教えを受けることもなく、自分自身で、テーベの救済者となる。あの答（その答が、自分自身を殺害する――**自殺**という――行為で、スフィンクスを岩場から突き落とす、ということを思い起こそう）は、〈単なる考察〉によって発見された。答自体が、その内容において、自己＝考察的である。その答は、〈私自身〉、あるいは〈人間〉なのだから。そしてあの謎は、表現そのものの中で、エディプスの名前そのもの（**オイディプース** *Oidipous*、腫れた足）の基盤を成している語、足（**プース** *pous*）を数え上げ、彼の自己同一性を表示することにかかわっている。それゆえ、自己＝認識、自己＝同一化によって、自分自身を指し示すことで、エディプスは翼を持つ乙女の謎を解く（解けると考える）。彼は〈僭主〉、すなわち国王の継承権のない**専制君主** *autocrate*〔単独＝支配者〕、合法的な系統によらずに自分でその力を獲得した主権者となる。次いで、新たな謎、ライオスの死の謎を前にして、彼はそれを完全に解明できると豪語する（〈この私が、解明してやろう〉）。ところがそのようにして、最初はそれと知らずに、彼が解明できたものは、自分自身についての捜査――自分の生まれ、出身、本当の素性――だけであった。こうして彼が発見する近親相姦の罪それ自体が、いわば自己論理的である。自分を宿した胎内に、種を芽生えさせてしまった、と彼は言っている。エディプスは自分自身のことを、翻訳しがたい単語で、**ホモゲネース** *homogenēs* であると言っている（一三六〇行）が、これはここでは、彼自身と同じ子孫を持つ者という意味である。[13] なおさらに決定的なこととして、〈近親相姦の〉を意味するギリシャ語の一つが**アウトゲンネートス** *autogennetos*〔自己的に子をもうけた〕

である、ということを指摘しないわけにはいかない。ソフォクレスが用いていなくても、この語は、たとえ肉親にかかわるときであっても、〈自分〉や〈自分自身〉という概念が、近親相姦という観念の中に存在するということを証明している。近親相姦とはつまり、他者との性的関係ではなく、〈自分の中の〉性的関係なのである。すべては、彼の宿命の自閉症的な autiste、専制君主的な autocratique（いずれにしても自己論理的な）方向づけから、極限的、破壊的な結末に至るまで、まるでエディプスの近親相姦が最終地点ででもあるかのように生じている。

結局のところ、エディプスは**自分を**裁き、**自分に**劫罰を加え、**自分に**刑を宣告する。次いで自分の視覚を奪うために自分自身で両眼を打ち、その自己論理的な宿命を投げ捨て、ついには（懲罰のための）自己＝破壊〔自傷〕的段階に達する。その行為を特徴づけるためにソフォクレスが用いた用語が、ここでもやはり注目に値する。**アウトケイル** *autokeir*（一三三一行）〈自分自身の手で〉であり、この言葉はしばしば〈自分自身を殺す者〉を意味するために使われた[14]。そんなわけで、情け容赦のない厳格さと模範的な首尾一貫性を備えた動きによって、エディプスの宿命はそっくりそのまま**自分自身で**という記号の下に位置づけられているのである。

そこには新たな主体が（やはり神話的な形で）出現してくるのを目にしないわけにはいかない。初めての、単独の個人。自律的主体。神の助けなしに、スフィンクスの前で勝利を収めた時から、神を奪われ、神から見捨てられた自分を見出す破局（**アテオス** *atheos*〔神がいない〕という言葉がソフォクレスのテクストの中に存在する、一三六〇行）に至るまで、エディプスの悲劇的な軌道は、自己考察的、自己認識的、個体化の動きとして書き込まれている。この自律化 autonomisation と自己執着化 autoaffection の過程を、自己＝盲目化 auto-aveuglement の行為とする急展開に至るまで、その動きは何よりも権力の獲得――自分自身の父親の代わりとなって、自分自身の母親を所有するという、彼自身が知らない極端な、途方もない権力をも含めて——と重なっている。紆余曲折のすべてを**自分自身で**、エディプスは渡り歩くのである。

もっとも作劇法の視点からすると、自己論理的な急展開は、最初から、テーベを襲っている災禍の張本人に対して、エディプスが投げつけた発端となる呪いの言葉によって示されている。聴衆はすでにその張本人が彼であること——したがって、最終的な自己＝処罰 auto-punition 以前に、自己＝呪詛 auto-malédiction が問題となっていること——を知っている。それゆえ、ソフォクレスのこの作品全体が筋立てをまとめる方法としては、エディプスを盲目にして、**絶対的自律性**という悲劇的な輪の中に閉じ込めながら、作品が一連の自閉症 autismes を締めくくるようなやり方を取るのである——そしてこの**絶対的自律性**は、ソフォクレスにとって、エディプスの〈無神論〉以外の何ものでもない。

ところでじつに明快なことは、この悲劇が最後の逆転によってさらけだす、〈自分自身で〉ということによるその挫折が、通過儀礼を回避する企てが行き詰まったことの、完全な、発展した表現になっているということである。通過儀礼を回避する企ては、すでに示した通り、エディプス神話の内的構造を特徴づけている。エディプスはきわめて急進的、破壊的なので、通過儀礼、伝達、つまりは象徴再生のための装置を疑問に付すような、新しい意味での独学者である。通過儀礼（国王叙任）とは、教えを受けることを前提とするような神聖な教育指導である。指導者なしに、新参者が育成されることはないのであり、その指導者の言葉は尊重され、知恵は認められ、崇められるのである。エディプスは、犠牲を捧げることなく考察するだけで知を要求する人、自分自身で考える人、世代から世代へと伝えられてきた伝統を他者から受け取らないということを欲する人を典型化している。彼は、神々の手助けと同様に、祖先や賢者たちの知（**パトリオス・ロゴス** *patrios logos*〔父親の教え〕）を拒否する。完全に独断的なその拒否は、神話的表意文字でこう表現される。父親殺し、と。父親の殺害が、自律するというエディプスの決心（おごり高ぶった完全に独断的な挑戦）をさせる糸口となるように、すべてがつながっている。だから、スフィンクスに対する答は、その決心の結果として、純粋な知と自我の力を勝利させる冒瀆なのであり、近親相姦は、結局、その自己論理的な方向づけの、最も留保されるべき、最も暗い、しかしまた最も必然的、最も根底的な結果なのである。犯罪の語りの**順序**そのものの中には抗いがたい〈自閉症的な〉論理が存在する。父親殺し、〔スフィンクスへの〕答、近親相姦は、暴力的な自律化のために相次ぐ犯罪なのである。乗り越えがたい**他者性**（国王の権威、神聖なものの異様さ、女性的なものの他者性）が承認されなければならないはずの、実り多いすべての契機をエディプスが避けて通るとき、彼はそのつど、自己論理的な解決法によって他者性との出会いを排除している。

では、彼の原則においては、〈試練〉とは何を意味しているのだろうか。息子が子ども時代の死に臨んで、世俗的な家庭への依存関係を断ち切る契機、しかしその責め苛むような死の後では、神々や父祖たちへの、もっと奥深い、もっと内的な新たな依存関係が承認される契機ではないのだとしたら。通過儀礼とは、主体が世俗的な絆から解放されて、神聖な掟に従い、精神共同体の一員となり、もはや肉体的ではなく、象徴的な系統の中に加えられる荒々しい断絶の契機のことであり、その系統は主体を亡き祖先たちや、神々の超越性に結びつける。その時新たな自己同一性が獲得される。その最も古風な形にあってさえ、試練は、多様な、しかし同じ目的に収斂する象徴化を通して、この本質的構造を見出すのだ。思春期の、あるいは神秘的教義への通過儀礼は、考察する意識の絶対的自律性を手ほどきすることはないのだが、それは最初の、子どもの他律性（これは現実の母親と父親によって支配される）を、怪物殺しの恐怖の後に、神々や亡き父祖たちの、文字で書かれていない掟に服従する、より高い他律性へと移行させる。英雄や国王の神話の中で、このもう一つの高度な他律性が筋立ての中に組み込まれるのは、〈課せられる試練〉の挿話よりも、通過が困難な試練において英雄が神々や賢者たちの力を借りる場合のほうが多い。エディプスのように、英雄がしばしば現実の両親によって捨てられるということは、やがて彼が対決することになる状況、彼を待ち構えている任務にとって、最もふさわしい形態である。つまり、離れて、断絶し、痛々しく両親の系統から断ち切られた絆を、聖別された系列と取り替えるということである。この転換の失敗が、通過儀礼の失敗なのである。エディプスはそれとは知らずに、回帰的な動きによって、**自分自身の**父親と**自分自身の**母親に再会する。まさに規則的な通過儀礼の論理（および、それを筋立ての中に組み込む単一神話の論理）に従って、本当なら自分自身の父親とは別の男、自分自身の母親とは別の女に出会わなければならなかったのだ。この自分のほうへ、自分の家のほうへという倒錯的回帰は、通過儀礼を巧みに回避する動きそのものであって、これは高度な他律性が位置づけられることをまったく許さない。この回帰は、未知のものへの入り口が生じて来ないような存在へ方向を定めたことの結果なのであり、従来はその入り口を通って神々の援助や賢者の熟考が、文字で書かれていない掟への従属関係を作り出していたのだ。ソフォクレスの悲劇の中で（自分ではそうとは知らない自己＝呪詛から、意図的な自己＝盲目化に至るまで）驚くべき首尾一貫性を備えたこの自己論理的な脱線が、単一神話とは異なるやり方で規則的に、すでに神話の物語的構成の中に書き込まれている、ということは注目に値する。それは、ソフォクレスによって次のような新しい意味を獲得させる。つまり、断固として通過儀礼を受けない哲学者は、自己論理的な輪の中に閉じこもり、彼には災禍が、神と光の悲劇的な消失が定められているのだ、と。

第8章　哲学者　1

独学者の決心という見地からすると、〈ソクラテス以前の人たち〉とソクラテスの後に現われる人たちとの差異、さらに対立は、二次的、派生的なものである。ニーチェはソクラテスの中の独学者をよく理解したが、それはこの特徴によって民主主義的人間を論争の上で告発するためであった。ところが彼は、ソクラテス以前の人たち、ヘラクレイトスやクセノファネスにおいて、すでに独学的野心の存在が主張され、評価され、ほとんど伝説的になっているということを忘れている。したがって、この傾向をそれでも免れている哲学の始まりを、擁護するということは不可能であろう。独学者の決心というものが文字通りの、本質的な意味において、哲学を創出した主要な特徴、そしておそらくは主要な特徴そのものなのだとすると、それは、デカルトやカントといった、いずれにしても〈自分自身で考える〉ということを定めた人たちは、始まりにおいて作業がすでに開始されている至上命令、というよりもむしろ、哲学するということの最初の決心である至上命令を、深く掘り下げているにすぎないのであって、それが哲学を形成する熟慮的野心の補償になっているということを意味する。

西洋のすべての哲学は等しくエディプス的である、と主張するのが誤りだとしても、哲学は、エディプスが典型化する行為によって切り開かれた亀裂に左右され続けるであろう。また哲学の任務は、その真理の中で、(デカルト、フォイエルバハ、ニーチェとともに)過激主義のようなやり方であれ、あるいはまず何よりもプラトンとともに、その行為が引き起こした悪評を乗り越え、エディプスが典型化する主体の反乱を和らげるような企てであれ、常にエディプスを考慮に入れるであろう。

ソクラテスという人物は、他のいかなる人物よりも、哲学的思考の独学的、個人主義的傾向をはっきりと表明している。そのために、普通はソクラテスを哲学的思考の真の始まりとするのである。ソクラテスという人は、いかなる教育も受けなかった典型的な人物で、彼は自分自身の中に、自分自身で真理を見つけ出している。その姿勢は父親的権威の後退と結びつきうる、とソクラテスの**父親**に関する伝説が、半ば公然と述べている。

プルタルコスはわれわれに次のことを教えてくれる。ソクラテスの父親にもたらされた神託は、「彼にその子どもの頭によぎることはすべてその子どもに任せておくように、彼の衝動を無理強いすることも抑えつけることもせず、自由に活動するようにさせよと命じた(……)。というのも、間違いなくその子どもは自分自身の中に(**エン・アウト** *en autô*)人生において彼を導いてゆくための、千人の師、千人の教育者よりも価値のある指導者を持っているのだから[1]」。

したがって、現実の父親の怠慢とは言わないまでも、彼の後退、その脱落、その消滅が、内的な指導者への接近を可能にするのであって、それはあらゆる師、あらゆる教育よりも価値がある。子どものソクラテスは一人だけ放っておかれた。父親は彼にいかなる抑圧も加えなかったし、いかなる権威的重圧を課すこともなかった。この子どもは一人っきりで、自分自身の中に、そうした外的な権威の代わりとなる指導原理を見出す。だから、父親が後退している光景、外部から彼に行使されるような保護を完全に免れている息子という光景が、哲学的思考形成の始まりに存在する。哲学が生まれるのは、まさに息子の自律性によってなのである。この新しい思考様式がギリシャにおける断絶の大きな要素の一つであるのは、この断絶が反＝父権制的な揺れと一致しているからであって、民主主義の確立を含めた、他のいくつかの特徴の中でその揺れも解読することができる。

ソクラテスが内的にしか師を有していないとすると、彼の教育のほうは、非＝支配的な状況から現われてくるだろう。つまり、彼固有のものであって、彼の言葉を斬新なものにした〈空虚な〉あの位置である。いかなる前提的な知、いかなる教義も押しつけず、自分が何も知らないということを示す。話し相手に対して、彼自身の中に真理を見つけるように要求することだけで満足する。ソクラテスが父親の絶対的権力によって育成されなかったのなら、彼は父権制的な師や、秘儀祭司の位置を占めることはないだろう。だがその逆説的な位置、その位置のないところから、彼は話し相手に、断言することではなく質問することによって、押しつけられたすべての伝統とすべての教義から離れて、自分自身で考え、自分の中に真理を見つけるようにしむける。ソクラテスの特異性、彼を哲学的な対話の先導者としているものは、そうした**父親の脱落**なのであって、これが言説や他者との新しい関係を生み出し、真理を求める対話形式の手順を規定しているのである。

この点に関して、『メノン』のあの有名な対話ほど意味深長なものはない。その中でソクラテスは、経験の上で二重の弱点があると規定される話し相手（それは一人の子どもであり、彼は召使いの身分に属している）を前にしている。ソクラテスはたぶん父親や師の立場を取るだろうと予想されている。ところが彼はその立場を取らない。彼は質問することによって、すべての人間存在は、その人がいかなるものであれ、うわべの弱点がいかなるものであれ、自分自身の中に最も高度な、最も難しい真理を見つけることができる、ということを証明することに成功する。一つの逆説が彼の立場を創始者の特異性としているのだが、その逆説によってソクラテスは独学主義 autodidactisme の教師となっているのである。彼は、召使いの子どもに対してさえ、一つのことしか教えていない。それは師などいらないということである。[2] まさしくここに秘められているのは、政治的なものをも含めて、すさまじいほどの潜在的破壊力である。

ところでこの伝説は、ソクラテスが内的な指導者を持っていたがゆえに、彼の父親は彼に何も押しつけなかったということを意味しているのだが、ヘーゲルが想起させるもう一つの伝説[3]も、同じように意味深長である。アテネの人たちの間にあって傑出した変わり種、ソクラテスは決して「エレウシスの秘儀」の**通過儀礼を受ける**ことはなかっただろう、ということである。ギリシャ人たちの中で最も賢明なソクラテスは、この「秘儀」に導かれ、その啓示を受けることがなかったと思われる唯一の人である……。

これらすべての特徴は完全に一致している。自分自身で、自分自身の中に、ソクラテスは行動と真理の原則を発見したのである。父親も、師も、〔エレウシスの〕秘儀祭司も、彼には何も教えなかった。少なくともこの点に関しては、エディプスという人物像との類似は驚くほど明らかである。

ソクラテスは通過儀礼を受けていない人ではあるが、しかし彼は、新しい形の通過儀礼を導入する。それは自分と自分の関係、自分自身による自分自身の認識を基盤とする。とはいえ、もちろんその〈自分自身〉を島国的な**エゴー**〔この私〕に還元するということではない。ソクラテスは自分自身の中に一人の指導者を見出している。しかしながら、彼はその指導者を、自分とは異なる、神のような他者と見なすのである。この哲学者は自分の神、自分の〈神霊《ダイモン》〉――より高貴な神からの個人的、個別的な使者で、この使者は、人間と関係を持たない――を崇敬している。[4] ソクラテスと彼自身の神との間の内的な対決、これが精神的な断新さである。ソクラテスがもはや都市の神々を信じていないと非難されるのは、都市が自らに与えた神々を崇拝する代わりに、彼が何よりもまず自分自身の〈神霊《ダイモン》〉を崇拝するからである。その崇拝は、「まさに哲学の秘儀への通過儀礼以外の何ものでもない[5]」と、アプレイウスがいとも見事に表現している。自己による＝通過儀礼 *auto-initiation* を可能にするような内面化の動きによって、哲学の研究分野は生まれる。〈汝自身を知れ〉はその動きを要約している。哲学はもはや、資格を備えた祭司によって自分自身にとっては外的な、社会化した神の秘儀へと導かれることではなく、自分の内部で、個別化した神、やはり個人的になった道徳意識の形態を認識することである。しかしながらその認識が人間をもはや他律的ではなく、自律的な倫理状況に位置づけるのである。ソクラテスはその最初の個人である。もう一つ別の意味では、最初の自由＝思想家でもある。彼は伝統的な他者による＝通過儀礼 hétéro-initiation を、哲学的な自己による＝通過儀礼に置き換えたのだ。

これらすべてにおいて、ソクラテスとエディプスの間には類似がある。彼らは二人とも脱＝投影の時期に位置づけられるのだが、その行為は、最初は外的現実に付与されていたもの、儀式の成就によって期待されていたものを主体に引き戻す。世界は、神々の多様な存在を保証するために隠れて支える表徴を抱え込むことをやめたのである。すべての意味の本質が見出されるのは、人間自身の中、ただ人間の中だけである。ヘーゲルがいかにも見事に狙いをつけたのは、ソクラテスとエディプスの間のこの類似であって、彼は、神話におけるスフィンクスへのエディプスの答が、ソクラテスの出発時の哲学の端緒となっている〈汝自身を知れ〉と同じものだと見ることができた。

しかしながらソクラテスが、あの謎をたった一人で解くことができた〈賢者〉と危険な隣接関係を示すとしても、プラトンの哲学はやはり、ソクラテスに周知のような位置を与えながらも、エディプスの過激性に対しては遮蔽装置を提示せざるをえないのである。

エディプス的な危険は、言わずもがなのことのようにプラトンの思想に取りついている。彼が定義しようと努めている哲学者＝国王の姿は、真の哲学者を僭主エディプスとは正反対の人物にする体系的な企てとして読むことができるほどである。〈エディプス的ではないような哲学者の姿について〉、これは、正義についての対話を、ヘーゲルの大胆な所作よりも二千年以上も前に先取りした答として、『国家』を飾ることができそうな副題である。一方ヘーゲルのほうは、たぶんその結果をすべて考慮したわけではなくとも、ためらうことなくこのテーベの神話の英雄を哲学者の原型としている。

プラトンの反＝エディプス的企てがいとも理路整然とまとまっているのは、この神話の象徴的メカニズムを説明するイデオロギー的枠組みそのもので、彼が自分の考えを表現しているからである。つまりあの三つの機能の階層である。プラトン的な企てを操作する統治権の概念と、ギリシャ的単一神話やそのエディプスのような派生物を生み出した統治権の古風な想像世界との間には、完全な等質性が存在する。エディプス神話が、不規則な国王叙任、およびその不規則性と結びついた機能にかかわる重大過失という観点から理解されうるとすれば、プラトンが悪しき国王（僭主）を定義しようと努めるのも、やはり明らかにそれらの観点からであるし、彼が真の国王――哲学者である国王――を定義しようと努めるのもまた、規則的な国王叙任という（置き換えられ、更新された）観点からである。

プラトンは、最も体系的に、その三分割の図式を打ち立て、考察し、その結果の多様性を展開させた人であった、ということを思い起こさなければならない。魂と肉体の各部分、美徳、快楽、欠点、社会階級と機能、すべてがこの三要素から成る階層によって博学多識に組織されている。都市の中と個人の魂の中には、多くの等しい部分、機能が似通っている部分が存在する。都市は人間の三つの階級を含んでいる。生産と富の交換を保証する人々、防衛のために戦う人々、都市について討議し行政を行なう人々である。

それと同じように、魂も三つの部分から成り立っている。その各部分に対応するのは、その美徳が節制である欲望、その美徳が勇気である怒り、そして、その美徳が慎重さである知性ということになる。その三つの美徳に四番目の美徳が加えられるが、この美徳は今度はそれらの美徳が互いに維持する関係にかかわる――つまり、正義という美徳であって、これが階層の調和を保証する。

正当なものと不当なものという、政治体制の違いは、完全にこの三つの審級の働きによって、それらどうしが調和的関係か、不調和的関係かということによって導き出され、これはちょうど魂の状態と比較することができるだろう。都市においても魂においても、最良の政治体制・精神構造は、機能の階層が規則正しく定められている君主制であるのに対して、最悪のものは、その逸脱が極限に達していて、劣悪な部分が優位に立っている僭主制ということになるだろう。そこから、哲学者＝国王という状況が生じる。真の国王の、哲学者の魂の中で統治しているのは、これ以上ないくらい完璧な正義、各部分が調和に満ちた階層を成し、合理的な要素が支配している構図である。この国王＝哲学者だけが、都市の中にまさにその原則をあまねく行き渡らせることができるだろう。逆に、周知のように、僭主の魂は最も変調を来したもので、人殺しの怒りと手に負えないような欲望が、健全な理性よりも優位に立っている。そしてこのような魂には、これまた最も逸脱した社会体制が対応しており、これはそこに至る道、というよりも、プラトンにとっては、必然的な方向を切り開いた民主主義体制よりもなお悪いものなのである。

ところで、階層に従って調和を維持するというような、正義についてのプラトン的概念の背後に、また自分自身の中に、自分の魂の構造によって、そうした調和の完全なイメージを抱えている人というような国王＝哲学者の姿の背後に、君主というもののインド＝ヨーロッパ語族的な原則が概念的に継続されているということ、三つの機能が生きて統合されているということを感じ取るのは難しくない。プラトンは、哲学者という新しい顔が有利になるように、この上なく豊かな概念作業を通じて、統治権の古い、伝統的な原則を移し替えている。やがては哲学者の魂を形成するようにしなければならない困難な教育課程そのものが、通過儀礼と比較することができるだろう。だからこの通過儀礼は、古風な通過儀礼と同様に、あの三重性を承認し、それを通過しなければならない、そうすることでそれを克服し、それを階層的に調和させるのである。したがってプラトンの哲学は、太古の伝統を継承していた社会的な枠組み――特に祭司と通過儀礼を受けた国王――が消失してしまった後で、新しい側面から、その太古の伝統の救済役を買って出たのである。

もっとも、プラトンと同時代の人たちが、〈三つの機能の統合〉とは何を意味するのかについて、はっきりとした観念を保持することができたということは疑う余地がない。たとえプラトン一人だけが、この概念を哲学的に働かせたにしても。三つの機能領域に属する美徳と関連して、国王が横断的かつ兼任的な位置を占めるという明白な証拠が、スパルタ王、アゲシラオスを称賛するクセノフォンによってもたらされている。この国王の情け深さ、誠実さ、無私無欲、節制と禁欲、勇気、祖国愛、法律への服従、礼儀正しさ、実直さを、詳細に（しかし、伝統的な方針と一致しているとは思えないような順序で）ほめ称えた後で、クセノフォンは、バランスシートのようなやり方で主権者のあらゆる特性を示そうとする。つまり何が彼をあらゆる美徳の真の手本、模範的な主権者にしているのかということである。

ところでクセノフォンはこの時、三つの機能的価値が一目見ただけで明らかな公式を提示する。「働く（**ポネイン** *ponein*）時が来たらその忍耐力（**カルテリア** *karteria*）によって、戦いが勇気（**アンドレイア** *andreia*）を要求するときにはその勇猛さ（**アルケー** *alke*）によって、評議会で（**ブーレース** *boulēs*）討議しなければならないときには知性（**グノーメー** *gnomē*）によって一番である人、それこそが、私の意見では、まったく申し分のない男（**アネール・アガトス・パンテロース** *aner agathos pantelos*）と見なされるに値する⑹」。そしてアゲシラオスこそがそのような人なのである。三つの活動領域、およびそれらに対応する三つの美徳が、この見事な公式の中ではっきりと見分けられ、整理されている。忍耐力を要求する作業。勇猛さを必要とする戦い。知性を要求する討議。これ以上明白に、これ以上簡潔にすることはできないだろう。まったく申し分のない男とは、これらの活動領域のそれぞれに関与し、そのたびごとにそこで自分が最良の者であることを示すことができる男のことである。階層化されたこの三つの領域の一つだけに拘束されることを、彼が自分のやり方で超越するのは、社会的地位によって、彼がこれらの領域と完全に無縁だからというわけではなく、そのたぐいまれな美徳によって、これらの活動のそれぞれにおいて最良であることが可能だからである。三つの要素との関連で、彼は新しい統一体も形成する。美徳や機能が限られたいかなる人々とも異なり、彼はまったく欠けたところのない、全部そろった、完全な男である。というのも、彼は一種の兼任、統合によって、それらの各々に属し、それらの各々において抜きんでているからである。彼の中では、魂の全能力と幅広い美徳が発揮されているのが認められるだろう。偏ることによって彼がそれらのレベルの一つを奪われるということはないだろう。

クセノフォンにおいては、このような人間を示す言い回しが際立っている。プラトンはしばしば好んで、徳の高い人間を示すために、一般に〈廉潔の士 homme de bien〉と訳される、**アガトス・アネール** *agathos aner* という表現を使うのだが、それに対して、クセノフォンは最上級のような表現、**アネール・アガトス・パンテロース** *aner agathos pantelos* を使う。そしてこれは〈まったく申し分のない男〉以外には、ほとんど訳しようがないのである。ここでわれわれの注意を引く単語、**パンテロース** *pantelos* は、**パン** *pan*（すっかり、完全に、すべて、まったく）と、成就、完了、実現といった観念を示す**テロス** *telos* から作られたものであり、この語幹は、通過儀礼の語彙にかかわる多くの複合語の中に見つけることができる。さらに名詞の**パンテレイアー** *panteleia* は、〈すべて完了〉、〈**通過儀礼完成**〉を意味する。

したがってクセノフォンによって用いられている表現は、驚くほど暗示的であり、啓示的である。彼が称賛の言葉を発する模範的な国王は、自分の人格の中ではっきりと、対応し合った機能と美徳の統合を実現しているが、それればかりでなく、クセノフォンが使った語彙は、多少露骨とも言える通過儀礼的叙任への暗示を含んでいるように見える。しかもその暗示は、アゲシラオスの長所を減じることがないように、これ以上に明白なものはありえないというかのようなものだった。クセノフォンが賛辞で敬意を表しているこのスパルタ王は、まさに現実に、たぐいまれな美徳を発揮したと見なされている。そして、ソクラテスの教えを経由したこの作家にとっては、もはや自分の目にまったく象徴的な価値としか映らないような、単なる叙任の儀式はもはや問題ではない。しかしだからこそ、倫理的模範となるに値するために、クセノフォンによって国王に要求されることが、古めかしい伝統によって伝えられた困難な、たぐいまれな理想、三つの機能上の長所をたった一人の人物に結集させるという理想とまったく一致しない、ということは意味深長なのである。

ところでプラトンにとって、機能上の美徳を一つの規則正しい階層に統合し、調和させている国王と正反対のものは、僭主である。国王の性格においては、従順に抑えつけられ、弱められ、さらにはもっと健全な欲望によって、また理性（魂の神々しい要素）に助けられて、根絶される恐るべき、野蛮な欲望の燃え立つ群を抑えるどころか、僭主は、エロスによって操られた情念のおびただしい数の群に対するように、自分の最も熱烈な衝動に対してはけ口を与える。欲望を理性に従わせるどころか、僭主はそれを自分の最も不当な快楽に奉仕するための奴隷とする。

ところで、プラトンが夢の理論（僭主とは、魂が悪しき欲望にかき乱されるときに、他の人間たちが睡眠の中で夢見るしかないようなことを、現実の中で体験しようと努める人である）を素描するきっかけとなっているこの印象的な描写は、デュメジル的な用語で、僭主の二つの機能上の罪と名づけなければならないようなものに向かわせる。というのも、怒りっぽい短気さ（第二の機能にかかわる情念）の中で、僭主は**父親を殺すこと**（五九六c）をためらわないからであり、また歯止めの利かない官能的衝動（第三の機能にかかわる情念）の中で、僭主は他の人間たちが夢の中で（それも例外的に）しかしないようなこと、つまり**自分自身の母親と一つになること**（五七一c）を実行するからである。[7]

プラトンの明晰さにおいては異常な、彼のこの二重の主張は、もはやほとんど避けることができないような結論を可能にする。パラディグマティックな僭主の罪とは、エディプスの罪なのである。あるいは逆にエディプスの罪とは、パラディグマティックな僭主の罪なのである。それがエディプス〈王〉（**オイディプース・テュランノス** *Oidipous tyrannos*（僭主））を、プラトンが規定するような哲学者＝国王とは正反対の、完全に規制された対蹠地に位置づけている。プラトンによる哲学者とは、厳密に言ってアンチ＝エディプス的である。そしてこれは単なる論理的反感によってそうなのではなく、三つの機能のメカニズムが、**神話的構成によって**それほどまでに厳密なのだ、と言うことができるだろう。まさしく国王＝哲学者が、より高い統一性の中に三つの機能上の美徳を併せ持ち、それらを組み立てている聖別された国王という古風な姿から形成される限り、完全な通過儀礼を受けたその国王＝哲学者は、反対命題として、通過儀礼を受けずに、論理的に三つの機能上の罪を運命づけられた国王の、最も首尾一貫した姿の一つを抱え込んでいる。パラディグマティックなその僭主に父親殺しと近親相姦という二つの罪を割り当てながら、同時にプラトンは、その二つの罪（彼は魂を情念によって三分割する類別論《トピック》の中で見事にそれらを位置づけている）の機能的な意味と、彼のすべての哲学的企てを断固として反＝エディプス的なものとする方向づけを確認するのである。

だからプラトンは、エディプス的な論理に従って展開される、哲学の方向づけの脅威を故意に籠絡する必要はなかった。結果として、彼は自分のテクストの中に、エディプスという神話の人物像を、分離した、欠落させたような形で（しかしその形を復元することはできる）書き込んでいる。彼の思考が刻み込まれ、エディプス神話が描かれている、象徴的、イデオロギー的な設定がまさに効力を発揮して、彼が描くパラディグマティックな僭主はいくつものエディプス的な特徴を備えているのである。

しかしながら、エディプスとプラトンが描く僭主との間には一つの差異がある。エディプスの行為の無意志的な性格である。この区別が、エディプス的な装置の内部にある意味をあらわにする。エディプスにおいては、理性的な要素の高揚（したがって哲学的な行き過ぎ）が、破局へと通じる。邪悪な僭主においては、逆に理性的な要素が完全に不在で、しかもその不在を要求されるということが、欲望によって階層をひっくり返し、猛り狂う、貪欲な野獣を放つのである。邪悪な僭主は、父親殺しを犯すほどに、自分の中に常軌を逸した怒りや殺人の衝動をたぎらせる。また彼は、ある人たちが睡眠中に夢見るだけのこと、自分自身の母親と一つになることを、覚醒状態で実行するほどに、自分の中に歯止めなく官能的な興奮をかき立てる。したがって邪悪な僭主とはエディプスのような人ではあっても、しかし意図的なエディプス的人物なのだ。それと知らずにそれを望まず二つの究極的な罪を犯す教養ある僭主、テーベの英雄とは違って、邪悪な僭主は、意図的に、あらかじめ計画し、自分の行為を完全に自覚したやり方で、それらの犯罪をしでかす。だから彼の運命は極悪人の運命であって、悲劇的な英雄の運命ではない。

この悲劇の教訓は次の点にある。教養ある僭主、人間の理性を全面的に信用している僭主が、迷信に基づく不安と、通過儀礼や神々にかかわっている伝統の曖昧な知恵とを同じように拒絶するがゆえに、図らずも邪悪な僭主とつながってしまう、ということ。外観的には、両者は正反対のように見える。一方は知性の威光を最も高いところに位置づけ、もう一方は最も低い快楽の恥辱にまみれる。しかしながら逆転をこうむり、教養ある僭主は、ある日自分が邪悪な僭主と同じ犯罪を犯してしまったことに気づく。この悲劇は、反対のように見えていたものと結局は同一化してしまう成り行きを示している。

したがって、エディプスの脱線を説明するのは、二極の対立作用ではなく、三極の対立作用である。ある関係（かき乱された三つの階層）からすると、僭主とエディプスは同じ陣営に属している。彼らはともに、規則的で、正当な国王と対立する。もう一つ別の関係（理性の特権的使用）からすると、哲学者＝国王とエディプスは同じ陣営を占めていて、彼らは、倒錯的で、無制限な快楽のために、怒りや淫欲の悪しき情念を増大させた、典型的な僭主と対立する。エディプスの過ちは、僭主の怒りにまかせた横暴ではない。エディプス**および**哲学者＝国王は、知恵によって統治権を獲得したのだ。

哲学者＝国王とエディプスのこの危険な近接関係は、プラトンを不安にさせたにちがいない。彼が伝統につなぎ止められなければならなかったのは、その危険を遠ざけるためである。一つの過激性（その結果はデカルトによってやっと完全にあからさまになる）に対抗するために、プラトンの哲学は、妥協的な反動、すなわち断絶を和らげ加減したり、自ら引き裂いて遠ざけた伝統の中に、その成果を新しい言い回しで再び記入する壮大な企てとなっているようである。哲学的理性の若々しい、民主主義的な出現は、プラトンの賢明さによって取り込まれていると同時に批判されている。

ところで、エディプスと、国王としてふさわしい真の賢者とを哲学的に区別する核心に位置づけられるプラトンの一つの教義がある。『国家』の曲がり角で、というよりも正義に関するこの膨大な対話の終わりのほうで、正しい人間と不正な人間との差異について最終的結論に達し、不正がまかり通る危険を決定的に体感せしめることが問題となるときに、プラトンは人間の魂の驚くべきイメージを拠り所とするのである。その立場は、プラトンが人間の魂に認める深い教育的価値について疑いを抱かせないようにすることを心得ているかのようである。理論以上に、そのイメージは神話に触れている。そのイメージは、プラトンが最後の展望に到達するときに、そして大いなる真理を提示し、論証的な思考を越えてその反響を伝えようとするときに拠り所とする見事なイメージの中に数え上げられるべきものである。また、幸福なものであれ、不幸なものであれ、自分の宿命にかかわる魂のイメージが問題となる以上、プラトンは、魂が理解することのできる言語活動の中で、魂に話しかけることを選んだのだし、一つの見解によって、魂そのものへの通過儀礼を施すことを選んだのだと推測することができる。やがてその見解の反響はかなり強いものになって、人の同意を招くことになるのだが、そのようにして倫理的目的は達成されたのである。

プラトンが思考によって形成することを求める、そうした魂のイメージはいかなるものなのだろうか。驚くべきことに、それは次のようなものである。「神話が語っているあの太古の生物たち――キマイラ、スキュラ〔洞穴に棲む海の怪物で、六つの頭と一二の足を持つ〕、ケルベロスや他の多くの生物たち――と似通ったイメージであって、それらはたった一つの体の中に多様な形態を併せ持っていた、と言われている」（五八八c）。ところでそのキマイラ（ベレロフォーンが出会うキマイラとまったく同じもの）には、特徴によって三つのものがあるらしい。第一の、最も大きなものは、それ自体が一種の多形、多頭の獣であって、おとなしい動物の頭と残忍な動物の頭を備えている。第二のものは、もっと簡単にライオンの形をしている。最後に第三のものは、他の二つよりも小さくて、人間の形をしている。これら三つの形態がたった一つの形態に結合されるのだが、そのやり方は、それらの形態が一つの全体だけしか形成しないように、それらの形態がたった一つの生物の形、人間の形で外側が覆いつくされるように、また、内部を見ることができず、覆っているものしか気づかないような人の目からすると、その全体がたった一つの生物、人間に見えるようにするというものである。これがプラトン的なイメージなのである。外見的な人間（俗人が唯一見ることのできるもの）の内部に、内的な人間が存在する。そしてその内的な人間は怪物のイメージなのである。比較的自立していた三つの部分が互いに接合されていって、ただ一つの実体（その架空の姿は蠟で形作るよりも、思考によって想像するほうがより簡単である）だけを形作る。プラトンによって三重の怪物が内面化されたのである。

多頭の獣とは、官能的で、多様で、無制限な欲望が居すわる魂の部分のことである。それは欲望を駆り立てる要素である。ライオンは怒りっぽい部分、残忍にして大胆であり、絶えず支配と勝利を渇望している部分である。人間は魂の賢明で、合理的な要素、真理の認識においてのみ自分の喜びを生じさせる要素を意味する。

蒼天を駆け巡る『パイドロス』の翼のある引き馬のイメージとはたいへん異なっている、魂のこの恐ろしいイメージを喚起することによって、ベレロフォーンが対決するキマイラと、エディプスが対決するスフィンクスの意味について、人はすでに何を予測することができたのかということに、最も説得力のある光が当てられる。

なるほど、プラトンによって描かれた獣人的存在、三部から成る魂のイメージで系統的に組み立てられた存在は、正確に言えばキマイラにも、スフィンクスにも、ケルベロスにも、ギリシャ神話の中で知られている他のどんな怪物にも似ていない。しかし、考察されなければならないのは厳密な類似というものではない。注目すべきことは、プラトンにおいては、その架空の存在がたった一つの体の中にちぐはぐな形を組み合わせているけれども、その形の各々は別々に理解され、たいへん正確な意味を持っているという概念がきわめてはっきりと見つけ出せるということなのである。その上、プラトンはどんな予想をも越えて、怪物が機能の三分割の象徴体系と厳密に一致する三つの主要部分に分けられる、という原則を立証している。そして『国家』の中でそのすべての誘発物と対応物を、事細かに、完璧なまでに提示している。あばかれるのは、そうした想像上の生物を形成する基盤となっている構造の原則である。三つの意味を割り当てられたそれらの生物たちの、だいたいのところは明白な教訓の記憶を保持していないとしたら、プラトンはたぶん、キマイラ（あるいはその種の神話的創造物）と類似の三部から成るイメージを作って楽しむことはないであろう。彼が捉えられている枠組みは、実際に神話の中で知られている怪物の枠組みではなくて、それに近く、少し手を加えた例なのだということが、完全に理解できるだろう。彼がもたらす描写は原則に基づいている。それは一つの特別な神話への指示を完全に凌駕している。そしてプラトンは、自分が喚起したことがその本来の挿話とともに、一つの特別な神話だけに還元されうるということを、確かに望んでいなかったはずである(8)。

国王の魂を規定し、形成することに向けられたプラトンの教訓は、厳格に三つの機能の統合として王権を確定することへと引き延ばされる。哲学者＝国王の魂とはそれ自体の中で、魂を組み立てる異質な三つの要素の、調和に満ちた、階層化された均衡を実現する魂のことである。そしてそれは、機能上の三つのレベルを集め、組み立て、例外的な唯一の個人というべき人間存在の中で一つにまとめる儀式の力に対応している。プラトンにとって、理性的な要素（内的な人間）は、これは危険であると同時に不可能でもあるのだが、魂の中にいるライオンの力と勇敢さを打ち砕かない術を知っていなければならない。しかしながら、その攻撃と怒りの手段を誘導し、魂の最も暗い、最も不安定な、最も貪欲な部分——異質で、不気味な多頭の獣――に対する支配を維持しなければならない。ライオン（崇高な怒り）を拠り所とし、それを自分の味方につけ、それを理性の正しい立場に結びつけることができないような人は、今後は方向性をなくした強力な力に飲み込まれてしまう恐れがあるだろう。またもっと悪いことに、そのような人は突然、多頭の獣を支配しているすべての力を奪われてしまうだろう。その獣は、獰猛で、激しくて、用心深いこの番人がいないときに、出現し、その理性的な要素を侵略しようと待ち構えている。ライオンの部分と結びつかなければ、賢明な、文字通り人間的な要素は、下からの力によって二重に脅かされるだろう。つまりそれは、規律をなくして野獣性と化したライオンの方向を失った力によって、また同時に、多頭の獣の今や歯止めも利かず、保護もない貪欲さによって打ちのめされる恐れがある。よきも悪しきも獣的な要素はすべて、そんなふうに理性的に弱い部分に対抗して結束する、そして貪欲な、破壊的情念でそれを押しつぶしてしまう。

かくして、成功した統合は国王の魂の中で正義を実現する（またそれはこの時から、社会生活においても正義を可能なものにする）のだが、失敗した統合、僭主的な魂による統合は、それとは対照的に定義される。何よりも、いかに恐ろしい危険が倒錯した魂を脅かすか、いかなる不幸がその魂に約束されているかということを感じさせるために、プラトンは怪物たちに訴えることを決心する。ここに見出されるのは、通過儀礼が設定している恐怖を間違いなく伝える教育法の、かなり弱まった、しかしなおもよく読みとることのできる反響なのである。(9) というのも、賢者、哲学者、国王になるということは、貪欲さ、残酷さ、支配欲、官能的な快楽を求める歯止めの利かない欲望の源である、**自分自身の魂の**けだもののような部分との不快な闘いを前提とするからである。したがって、これらの欲望が、危険な力全体において、不安な深み全体において、この上ない動揺の中で感じ取れるようにし、そしてついにはそれらが打ち負かされ、従順な、破壊的ではない味方となるようにしなければならない。

ところでプラトンが描く三重の魂の怪物と比べたとき、スフィンクスのような三重の怪物によって課せられた謎に対するエディプスの答は、いかなる意味を持つのだろうか。

エディプスの過ちは、試練を謎に還元してしまうこと、つまり神秘的な対決を**人間的なものにしてしまう**ことである。謎というものは、知性、言語、文字通り人間的な聡明さに属している。その解答は常に人間なのである。逆に、闘いの試練（および性欲の試練）は、人間的なものに帰するわけにはいかないだろう。それは**人間の中の人間的ではないもの**を当てにしている。つまり、理性がたとえ交渉することはできても、完全に理解できるとは限らない他者性である。

伝統に従い、三つの機能の統合によって通過儀礼を受けた者となる**国王**と、**怪物**との間には、逆説的な共通性が見出され、その共通性が両者の劇的な対決を正当化する。両者とも異様な存在である。両者とも**一つの体の中に三つの部分の集まり**を実現している。通過儀礼の動物は、三つの権力の、怪物じみた、恐ろしい、危険な組み合わせであるが、通過儀礼を受けた国王は、三つの権力の調和がとれた、平和な、実り豊かな統合である。両者の対面は、三重の統一体と三重の統一体との対面である。怪物の統一体は寄せ集めの闘争的な側面であり、障害や課題――暗闇――として一つに組み合わさったものを提示する。国王は美徳であって、彼は、初めは他者性や異質性であるような、その錯綜に敢然と立ち向かった後、ついには暗闇に入り込み、試練の達成と引き換えに、多様な、危険なエネルギーを奪うに至ったのである。

プラトンの指示によって把握することが可能になるのは、スフィンクスに対するエディプスの答についての深い間違いと、逆説的な正義というものである。なぜなら、プラトンが三つの姿を寄せ集めて形作ったこの怪物、ちぐはぐな三つの部分から成り立っていて、組み合わせて一致させるのがはなはだ困難なこの架空の存在は、まさに人間なのだが、**しかし外面的な見かけだけ**が人間だからである。「その三つの形を一つだけに結集させなさい。互いに結びつけてそれらが一つの全体を形成するように……。最後に、唯一の存在の形、人間の形でそれらを外側から覆い隠しなさい。内部を見ることができず、うわべしか気づかないような者の目からすると、その全体が唯一の存在、人間に見えるように」（五八八d）。外側しか見えないような者にとって、内側にいる架空の存在を見抜くのはしごく難しいことであろう。ところが、外側から見られると、単に人間存在のように見えているものが、内側（魂）を見る者に対しては、信じられない、空想的な、架空の存在、三つの形の葛藤的、階層的な組み合わせとして委ねられる。つまり背丈の大きい順に、多頭の獣、ライオン、そして再び人間である。

したがって三つの部分から成る架空の存在とは、人間（その内部、その魂）の**秘教的な** *ésotérique* イメージである。ちょうど、外面的な人間が怪物の**公教的な** *exotérique* 形、単なる覆い、表面的な外皮にすぎないのと同じである。だから〈人間〉という答は、他の二つの構成要素、多頭の獣と怒りっぽいライオンの世俗的忘却として解釈されうる。ところが、まさにこの欠落、この偏りこそが、エディプスの勝利方法の中に見出されるものなのである。それは単なる知性だけの勝利であって、キマイラに対するベレロフォーンの勝利とは逆である。

エディプスの**人間主義**とは、この幻想、この無視ということになるだろう。つまり、すべての人間を人間に還元するということである。魂の多形的な怪物を、魂の高度ではあるがもろい姿、人間の顔、つまり高度な理性的要素の担い手にして象徴に還元するということである。もしもエディプスが貪欲で多頭の深淵、ライオンの力にまで達して、自分自身の魂の構成要素すべての試練を達成していたなら、またもしも、自己＝考察（彼を形成している非人間性を外部に放置する思索の激化）によってただ単にそれと分かるのではなく、彼が本当に**通過儀礼を受けて**いたなら、彼は、〈人間〉というのが人間の魂の謎を解くための最後の言葉ではないということを知ることができたはずなのだ。エディプスの〈人間主義の〉幻想は、化け物どもからこれを守るどころか、化け物どもにこれを投げ与えているのだ。

人間と内的な人間（**ホ・エントス・アントローポス** *o entos anthropos*）との間には同一性は存在しない。隠れた魂は**完全に**人間的であるとは限らない。それは不気味な、暗い深み、人間性には収まらず、動物性の危険な夜に根を下ろした、計り知れない本能の源を持っている。内的な人間の特権的属性である理性は、常に意のままに、知ったり理解したりするだけの単なる能力ではない。それは一つの力、一つの権威である。それは魂の動物的な構成要素を制することができる。ここに見られる過ちを犯しそうな者とは、プラトンにとって、内的な（神々しい）人間と人間の総体とを混同するような人、魂が本質的に化け物じみた構造であるということと、厳密な意味で人間的な部分は、もっと巨大な複合体の一要素にすぎないということを忘れ、その複合体を無視し、過小評価し、否定し、思考からその存在を抹殺することができると思っているような人のことであろう。

テーベのこの英雄に〈スフィンクスに対する勝利〉として付与されるものは、まさしくそのような人間的形態化 anthropomorphisation である。ヘーゲルはそのことをよく理解した。しかし彼にとってそれは影のない勝利であり、万物の尺度としての人間の反乱であり、自分自身が完全に人間でありたい（人間性を汲み尽くすほどの一つの特性、一つの本質、自己同一性を得たい）という請願である。またそれは、人間に取りついていて、人間をもっと古くさい支配体制に結びつけていた権力を前にしての、恐怖の終焉である。人間は、その存在の最も奥深くでさえ、その魂の奥襞の最も見えないところでさえ、人間であり、人間でしかないのだから、苦悩や恐怖の中で、もはや自分自身の中の自分とは別の者に出会うわけにはいかないだろうし、ただ獣のイメージだけが喚起しうるそうした不気味な力に捉えられ、取りつかれ、侵入されるわけにもいかないだろう。エディプスやヘーゲルの考えによれば、人間は後戻りすることなくきっぱりと、そうした内的、多形的な支配、怒りに満ちていたり、貪欲であったりする不調和な大合唱を断ち切り、人間に固有のものである理性の中に落ち着き、理性の中で満ち足りることができる。情念の危険な多数性に対する、単一性（人間の一つの頭における一つの理性）の勝利であって、情念のほうは対峙されることも（試練による火傷と流血の中で）焼き尽くされることもなく、知的、自己＝考察的な意志によって否定される。

したがって魂の三つの階層をぐらつかせるには、少なくとも二つのやり方があるだろう。僭主に関してプラトンが叙述しているようなやり方と、哲学的な危険の顔＝限界としてエディプスが体現しているようなな、もっと例外的で、微妙なやり方である。

魂の哲学的な要素を他の二つの部分（これらの大きさは、象徴的な意味で、前者よりも大きい）から完全に引き離すということは、ただ危険なだけである。もしも理性的な部分が怪物のように伸びている部分との接触を断つならば、その結果として生じるのは根本的な解放ではなくて、抑えられない反乱の危機であろう。攻撃性、勇敢さ、打ち負かそうとする意志から成るライオンのような**パトス** *pathos*〔情念〕に関しても、多頭の**パトス**による無制限の官能的欲望に関しても、すべての権力を失ってしまったら、その理性的な部分は、他ならぬ夜のまどろみの中でうごめく束の間の夢のようなものが、倒錯の形をとって、現実それ自体に侵入してくるのをもはや避けることができないだろう。

ところでエディプスはその断絶を実現するのである。彼は純粋な考察によって、自分自身の明確な意識にもたらされた好結果を拠り所とする。したがって彼は拘束され、引き受けなければならなかったものに対する無視を強化させる。エディプスは、理性的要素によって、他の二つ、怒りっぽい要素と官能的な要素を**支配する**ようにしたというよりもむしろ、その理性的な要素を**引き離し**、それに〔自己＝考察によって〕一種の自律性と独立性を与えた。その結果、ライオンと多形の獣がほどかれ、放たれ、解放されたのである。父親殺しと近親相姦は、無意志的に犯されたとはいえ、人間的ではない二つの要素からの、これまた無意志的な、計画になかった解放の最も深刻な、最も奥深い表現になっている。エディプスが怒りに駆られ、ライオスを殺すときに、頭〔知力〕に反逆するのはライオンの要素である。エディプスが王妃の寝床を共有する許しを得るときに、秘かに満たされるのは、官能的な要素である。エディプスの無意志的な罪の各々は、スフィンクスの部分の**回帰**である。つまり、秘かな深淵で、魂それ自体の奇怪さを象徴しているこの三重の怪物の、焼き尽くされていない、対決されていない要素の回帰なのである。

それゆえプラトンにとっては、人間の奇怪さを取り除き、人間を万物の尺度とする、根本的な人間中心性に基づく所作として、スフィンクスに対する〈人間〉という答は、間違いなく異端、過ち、錯覚である。人間的な部分が優位を占めるようにしながら、魂の異質な部分を調和させるということ、そしてそこに示される三つの部分の階層的な統合を達成するということ、これが、教育学、通過儀礼、哲学が自らに課すことのできる唯一の目的である。だがそれ以上ではないのだ。尺度となるのは人間ではなく神であるというだけではなく、また人間自身も還元できない他者性によってさいなまれ続けるということである。人間の中のすべてが人間的なわけではない。〈人間主義 humanisme〉とは、魂の理性的な部分、唯一の人間的な部分が、絶えず魂の中の非人間的なものによって脅かされているということを忘れる危険な錯覚である。人間のその非人間的なものは下等な、しかし活発な構成要素であって、理性の警戒が弱まるや否や、再び優位に立つかもしれない。だからプラトンにとっては、いかなる人間も三重の怪物を〈取り除く〉わけにはいかない。というのも、**魂それ自体がこの三重の怪物だからである。**かくしてプラトンはエディプス的な思い上がりを決定的に封じ込める。

こうした暗黙の態度表明は、決定的な問題領域、西洋哲学の闘争的な歴史全体に働きかけ続けることになる、対立と矛盾の配置を要請する。闘争的な歴史というわけは、つまりこれを、出現した最初から、発展して閉幕に至るまでの間、ずっと同質であるような一つの言説に還元することなどできそうにないからである。哲学するというエディプス的性癖は、哲学の最も過激主義的な固執を示し、ヘーゲルが最初に、まさに哲学**というもの**として規定するのだが、そのエディプス的性癖に対しては最初から、少なくともプラトンによって、後の対立を先取りするような、反＝人間主義的な警戒が表明されている。まさしくその点において、デカルト、ヘーゲル、ニーチェ（彼らに関してはまた後で触れて、彼らのエディプス的な偏見を強調するつもりである）の彼方に、フロイト的な発見が魂のプラトン的な類別論によって**予想されて**いるのである。

第9章　哲学者　2

エディプスがプラトンの言説の中では裏返しにしか描かれていないにしても、彼はプラトンの言説にごく緊密に、多くの首尾一貫したつながりによって結びつけられているので、彼が後の時代に台頭することの最も決定的な説明を可能にするのは、まさしくこの名を挙げられていないエディプスである。何にせよエディプスは回帰する。まず最初はデカルトとともに。しかしデカルトは、それと知らずに、エディプスの戦略と重要性を存在論的な純粋さで果敢に捉え直した。次いでヘーゲルがやっとその名前を出して取り上げたが、彼はエディプスを影のない、完全に創始者的な形象にしている。

デカルト以外のどんな哲学者も、エディプスの戦略を彼ほど見事に認識させてはくれない。デカルトの思想が「近代」の哲学の始まりだと見なされるのは、まさにこの意味で、正当なのである。デカルトにおいては、方法の（進行の、彼が確実であることを欲する歩みの）順序そのものが、エディプスの物語の大いなる契機の連続を厳密に継承している。

デカルトの所作を考察してみよう。その所作は三つの動きにまとめることができるだろう。『方法序説』を述べている〈私〉は何をしているだろうか。

1　彼は師をことごとく拒否している。そして知のあらゆる伝達に関して、独学者の立場の優位性を主張している。

2　彼は、**コーギトー** *cogito*〔我考える〕のような自意識の鋭敏な形によって、曖昧でぼんやりした思考を解体し、取り除き、遠ざける。

3　彼は、最初の二つの動きの結果として、〈自然の支配者にして所有者〉となる、あるいはそうなることを望む。

これ以上に強調する必要があるだろうか。哲学的要素の知的厳密さの下には、驚くべき正確さで、エディプスの態度を形成している神話的要素のやはり同じように厳密な相関関係が見られる、ということが理解できるのではないだろうか。もちろん、問題となるのは単なる置き換えではなくて、一つの全体的配置を強調すること、いずれにしても、エディプスの態度が前触れとなった、主体性というもののある種の体制を決定的に究めることである。〈父親殺し〉、〈スフィンクスへの答〉、〈母親の所有〉。デカルトは、エディプス神話によって典型化された原＝哲学的装置に、完璧な存在論的広がりを与えている。エディプスの英雄劇の三大契機はそれぞれ、デカルトの足取りの三大契機の中に認められるのである。

人々はその独創性と破壊力とを評価すべきである。デカルトは、師や父親の知を自分のものにした後で、今度は自分が師となる日にやっと彼らの保護から自由になるような人ではない。しかし彼はまた、師から決して学んだことがない人でもない。彼は、秩序立てて、伝達の鎖を断ち切る人なのである。完全な教育課程、通過儀礼課程が終わると、今度は自分が師の役目を務められるようになる一人の弟子であるどころか、彼はすべての系統の破棄を通告する。彼は鎖を切断するのである。彼は、考察による断絶と秩序立てた放棄という所作によって、自分自身以外にはいかなる師も持たずに、自らを一人の思想家に仕立て上げるのだ。師でありしかも思想家でもあるような、師のいない思想家、これがデカルトの革命である。したがって、デカルトは形而上学の先端にまで、以前には誰も決して押し進めたことがなかったほど遠くまで、**息子の思想**を押し進めているということになる。なおも人間関係的に、父親の息子と定義されるような息子の思想ではなくて、自発的に、承知の上で孤児となり、自分自身で相続権を廃棄した息子、人格としての息子の思想である。個人を（貴族的な、あるいは通過儀礼的な）系譜に結びつけ、主体の存在を彼が継承する先祖代々の連鎖関係の中にのみ築き上げる系統的ないかなる立場とも異なり、デカルト的な所作は、相続の切れた主体の途方もない主張であって、それは自分の絶対的な自律性を宣言し、自分自身だけを自分の正統性の根拠とするのである。

私は考えるゆえに私はある。これが存在論的な自己＝確立の所作であって、この所作は師の教えをことごとく否認したすぐ後に続く。**コーギトー**〔我考える〕による**父親殺し**という力ずくの行為が、原理的基盤としてのその堅固さと価値とを手にするのは、彼が、疑う余地なき自明の理を自分自身を対象とするという主張に重ね合わせることによる。

それは、算数の計算が真でありうるといったような、真の命題であるだけではない。それは〈私〉にかかわる真理、証明されるために〈私〉以外の者を必要としない真理なのである。それは、**私は**疑う余地なき真理の源でありうるという証明をもたらす真理である。**コーギトー**の戦略的機能が、明白な反論できない例として示すのは、受け継いだすべての知を否認するということが、疑念の底知れぬ深淵に引きずり込むことではなくて、まったく逆に――溺死に対する束の間の苦悩、恐怖の後で――師の知恵が提示していたどんな岩よりももっと堅固な岩の上に地歩を固めるように導くのだということである。〈**コーギトー・エルゴー・スム** *cogito ergo sum*〔我考えるゆえに我あり〕〉は、勝利の叫びとして理解しなければならない。

達成した〈父親殺し〉の叫びである。今はもう祖先にも誰にも頼らずに立っているようにすることができる息子の歓喜である。そうして自信を持って歩いてゆくのだ。びっこを引くこともあるまい。

その影響力と過激性によって、特異な父親のいかなる特異な殺害とも共通点のない父親殺しである。デカルトは原理的、抽象的な一人のエディプスである。彼は父性の存在論的次元を拒否する。彼は父性なしに真理を築き上げようと努める。そしてこれからは、父性が果たそうとしてきた機能を〈私〉の資格で引き受けるのである。

デカルトは一人の英雄である。ヘーゲルの著作の中で、次いでヴァレリーやアランの著作の中で、この言葉と出会っても驚くことはない。英雄の戦いと**エゴー**〔この私〕の形成には、完全な一致がある。デカルトが英雄であるという理由は、彼が自分という存在のすべての活力を目覚めさせ、自分を構築し、自分を理解するからである。神話が英雄の冒険の中で表現しているものを、哲学は主体性を築き上げる行為の中で再現し、そして追究する。その上さらに、**エゴー・コーギターンス** *ego cogitans*〔考えている私〕を真理創出の契機としながら、デカルトは、神話の言語の中で英雄の冒険があらかじめ形象として示していた個体化の行為を繰り返すだけではなく、その表象を追い求め、ついには英雄的な想像世界の中で働いていたもの、つまり人間を主体となるように、自分を自意識として発見し、そしてこの確信の上に自分自身を立たせるようにしむける努力を明るみに出すのである。形象の論理においては、怪物は英雄と必然的な相関関係にある。デカルトが英雄であるのは、彼もまた、理性と自意識という武器で、もっぱら奇怪なものを打ち負かしたという理由によるのだ。デカルトは溢れんばかりに群れをなす**曖昧な、雑然とした思考**を除去する。**コーギトー**はあの**スフィンクス**への答である。考察による明証がスフィンクスを取り除く。**コーギトー**の打撃を受けた後、スフィンクスはもはや思考にまとわりつくことはなくなるだろう。

したがって哲学におけるエディプス的戦略の出現には、その単純さと抗しがたい厳密さという点で、デカルトの所作以上にすばらしいところは他にない。彼は、その時までうまく引き出されなかった哲学のエディプス的規定を、概念の光へと招き寄せる。デカルトとともに、エディプスの戦略は方法的になる。それゆえ、ギリシャの思想が体系的にするに至らず、素描していただけの装置に、実現にまで漕ぎつけた状態で再会するとしても、驚くべきことは何もない。デカルトの哲学とは完成された脱＝投影的な動きである。つまり、主体は、出発点として理解され、完全に対象と対置される。要するに、存在論的な次元で実現される中心が一つの合理的な遠近法なのであって、視覚的な中心の統一性を意識しながら、遠近短縮法の知識を体系化している。(1)

スフィンクスに〈人間〉と答えるエディプスが、自分の投影的性格を発見しながらこの怪物を消滅させたのに対して、デカルトは、曖昧でぼんやりした観念の群れに対して、すべての確信の疑う余地なき基盤にして、彼のすべての表現の中心、彼の中の〈私〉という存在を対峙させる。それはもはやギリシャ人たちのような人間中心性 anthropocentrement に基づく所作ではなくて、純然たる自己中心性 egocentrement によって体系化された装置である。まさしくその点に、決定的な溝がある。デカルトは実のところ、古代の人々がすでに獲得していた人類学的な理解方法を凌駕し、はるかに遠く、これまた恐るべきアポリア〔行き詰り〕と大いなる苦しみを予想させるところの原則としての自己学 egologie のほうへ身を乗り出していくのである。

しかしながら、危険が勃発する前に、勝利は揺るぎないように見える。熟慮的理性のはっきりとした明証性だけをとどめるために、曖昧で、ぼんやりとしたすべてのものから自分の思考を引き離したことで、また外界の透明なメカニズムを再構築するために外界からすべての影を取り除いたことで、さらには素材を数学的に処理したことで、デカルトは果てしない希望でわくわくすることができるし、知力で把握できる素材の世界を征服し、その内奥にある法則の秘密を見抜き、そのすべての謎を見通す――（彼の理性が、今はもう、理解しえない意味をはらんだ）一言で言えば、〈師でありかつ自然の所有者〉になる――という志を抱くことができる。この息子は、父祖の遺産を遠ざけて、断固たる仕草で世襲財産と伝統を否認した後で、前代未聞の征服、途方もない支配、つまり**母親＝自然を所有する**ということに向かって解放されたのである。

彼は謎とイメージと隠喩の響きによって正気を失わなければならなかったのだ。しかしそれでもなおこうしたものは、最も純化された哲学的概念性に働きかけて、この計画を敢行させようとする。

スフィンクスを前にしたエディプス……。

謎を課す曖昧な怪物と、勝ち誇って〈人間〉と答える者との対決の中に、決定的な歴史の歩み、思想の入り口、精神の転回点が凝縮されている。

結局は人間が中心に存在することになる。

それゆえにヘーゲルは、神話的なこの出来事を、哲学の原初的光景とした。エディプスは、大いなる未来が約束され、そして西洋を際立たせるこの新しい姿勢の創始者である。

ヘーゲルにおいて、明らかにエディプスを参照している箇所は短い(2)が、しかしその言及の戦略的重要性は甚大である。エディプスは、一つの精神的契機からもう一つ別の契機へと歴史を曲げるような、通過を保証する人物である。スフィンクスへの答によって、主体性の象徴主義的契機から、主体性のギリシャ的、すなわち哲学的契機へと、乗り越え、引き継ぐように操作するのは彼である。

〔雌の〕スフィンクスSphinge（というよりもヘーゲルがエジプトの象徴と見なしている**雄の**スフィンクスSphinx）は、動物性と人間性の混合体である。〈人間〉という答によって謎を解きながら、エディプスはその混合体を抹殺し、その奇怪さを解体する。彼は自意識となった人間を、あらゆる難解さに対抗しうる回答とするのだ。

エジプトは、ヘーゲルにとって、象徴の国である。精神はまだイメージに囚われており、イメージは魂を引き止める墓のように意味を閉じこめている。象徴化されたものは常に象徴化するものに隷属していて、それは、明晰でそれ自体が透明な観念の自律性を有していない。その点でヘーゲルは、エジプトに関して、〈無意識的象徴主義〉、というよりも〈無意識的象徴性〉（**ディー・ウンベウステ・ズュンボーリック** *Die unbewusste Symbolik*）と言うのである。すべてが神秘と難解さに包まれている。深い意味作用と暗示と連想が絡み合った組み合わせ模様である。この無意識的象徴主義は覆い隠すと同時に暴露している。それは常に他のものを指し示す。それは還元できない他者性によって働きかけられる。ピラミッド、巨像、スフィンクスSphinx、「すべての形象がエジプトでは象徴かヒエログリフであって、これはそれ自体の意味を持たない代わりに、その形象が類似関係を示す別のものを意味する」(3)。それゆえエジプトの芸術作品は客観的な謎である。直観は思考となるには至らない。というのも精神はまだ〈精神〉の明晰で、明確な言語を知らないからである(4)。それゆえに「エジプトは、問題を解くことなく、精神の自己＝啓示に合わせるように、精神自体による解読に合わせるように問題を提起する象徴の国である。しかしそうした問題は解答がないままに残される(5)」。

エジプトの象徴主義はそれ自体として謎めいているのだが、スフィンクスはその象徴体制の中でも最も見事な象徴である。人間の顔とライオンの爪を持つ巨像、これは二つの力を持つヒエログリフ、象徴を隠れて支える深淵の象徴である。精神は乱暴で愚鈍な力から抜け出そうと欲するが、教権からの自由を獲得することができない、というような印象を受ける。自分の出所である動物的な物質性の中にまだ体半分を浸して、人間の精神は、自意識、つまり自分ではないものに自分をつないでいる絆を断ち切るようにする自由で明白な内面性にまでは達していないのだ。スフィンクスは、意識的な信仰生活への熱望を証明している。しかし石を削って獣の形にした巨像の神秘的な、無言の力の中で、それは、解読できない物質性の漠然たる無意識に結びつけられ、根を張り続けている。

したがってスフィンクスは、ヘーゲルにとって、**象徴主義の象徴**であるのだが、その無意識的象徴主義は、寓意的な覆いもの、違った風に言われたり考えられたりする真実の偽装ではなくて、それ自体の中の謎、有意的な物質性と精神との間の根本的な非適合性である。

そしてまさしくそこに、エディプス的契機が介入する。というのもエジプトの**雄の**スフィンクスから、ギリシャの**雌の**スフィンクスまでは、ほんの一歩しかないからである。それに、エジプトとはこの場合何よりも、あるいはもっぱら、地理学者や歴史学者によって描写される国ではなくて、象徴的なもののある体制だからである。そしてこの体制の中では、精神は依然としてそれ自体の闇の奴隷である。

ところでエディプスはこの象徴主義の象徴と対決する人である。彼は**人間というもの**の中に、謎に対する答を見出すのだ。すべての謎に、不可解なものの根源そのものに注意を向けるようにしよう。無意識的象徴主義の奇怪さは消滅する。動物の姿はもはや、不気味な混合作用によって、人間の姿と混じり合うことはない。人間は、造形的な形象における肉体としても、自己=考察的な哲学における精神としてもまったく同じように、自分自身だけを**表現する**ことができる。エディプスはどんななぞなぞを出されても答えることはない。彼は、人間性をすべての意味作用の源とすることによって、無意識的象徴主義の体制を乗り越え、その後を引き継いでいるのである。そんなわけで、ヘーゲルはためらいもなくエディプスの〈人間〉という答（これは謎めいた他者性を前にしての、根本的な人間中心性の立場である）を、アポロン的、ソクラテス的な〈汝自身を知れ〉と同一視する。意識の光は、自意識であるが、謎めいた他者性をことごとく消失させ、無意識の次元を抹殺する。

決定的な契機。〈思考が自分自身を考える〉（そしてこれはまさに、ヘーゲルが哲学について与えている定義の一つである）[6]とき、思考は、精神の自由な表現を縛りつけていた象徴主義的、神話的形態を打ち砕く。象徴は、概念とは違って、思考に適さない表現である。象徴が証明しているのは、観念と、観念を意味すると見なされる形態との適合の欠如である。精神が感覚的なものから解放されて、精神**それ自体のために**存在し、それ自体を考察し、主体的なもの、内面性にまで到達しうる状態に辿り着くことができたときに初めて、精神はすべての象徴主義的な表現を脱ぎ捨てることができる。だからエディプスはその答によって、単に哲学的な所作を実現しているだけではなくて、典型としての哲学的所作**というもの**を実現しているのである。思考の自己考察的な動き、自意識的行為によって、主体性は自らを知る。雌のスフィンクスを前にしてのエディプスの答は、哲学の到来、その始まり、その端緒である。ついに思考はそれ自体の傍らについたのである。精神と自然の、見せかけの、東洋的な統一性は打ち砕かれる。エディプスは哲学の創始者、つまり原型的哲学者である。

したがって注目に値するのはヘーゲルが、**出エジプト**、**エディプスの答**、**西洋哲学の誕生**として、同時に特徴づけられる歴史的生命の一つの転換期を掘り起こしたことである。初めから人間主義として規定されている哲学そのもの、人間中心性を基盤とする新しい姿勢。その本全体がヘーゲルの注釈なのである。

プラトンがエディプスは暗黙のうちに資格剝奪されていると述べていることと、ヘーゲルが異常なほどにエディプスを高く評価していることを比較して、この二人の大哲学者をつなげると、思いがけないほど的確な説明を得ることができる。

プラトンからヘーゲルへ。プラトンは、プロタゴラスやクセノファネスのような人たちの冒瀆的な思い上がりに反撃することによって、エディプス的ではないと称することができるような一つの哲学的戦略を練り上げる。一方、ヘーゲルは逆に、デカルトの**コーギトー**〔我考える〕によって始動した近代的な主体の反乱の後で、自己＝考察とますます過激になってくる人間中心性の中に、精神史の主軸を見る。過去をふり返ってみるならば、その時からエディプスは創始者の顔となるのである。

ヘーゲルがスフィンクスをギリシャ的な表象ではなくて、エジプト的な表象にしていることは、魂のプラトン的な類別論と、ヘーゲルの思想との間の目につかないつながりをあからさまにしていることと矛盾しない。スフィンクスに対するエディプスの答を通じての、ヘーゲル的な出エジプトとは、他律性が支配している階層的で、神聖な世界との断絶のことである。それは遠近法以前の〈平面法の〉世界である。ところでプラトンは常にエジプト人たちの世界の中に、社会的機能からの観念的な別離、自分がいつも守っている原則の規準となるような階層を見出せると考えた。『法律』の中でプラトンは明らかに、不安定な、民主主義的ギリシャに反して、不変的、階層的、儀式的なエジプトを高く評価した。歴史的記憶の断絶によって彼は、社会的な三分割の原則はエジプトが起源である、とさえ考えたようである。

反対の選択をしているとはいえ、プラトンにとってもヘーゲルにとっても、このエジプトからの脱出は暗示的にであれ明示的にであれエディプス的な姿勢と結びついている。問題となっているのがインド＝ヨーロッパ語族の構造であるのか、それともエジプトであるのか、という点に関してはどうでもよい。重要な点は、人間中心性に基づくエディプス的所作が、悲しむにせよ喜ぶにせよ、階層的な体制から人を脱出させ、民主主義的人間主義の体制へ導くものであるということなのだ。自分自身に対する精神の他者性（またその隠れた他者性を前にした人間の宗教的謙虚さ）を示す奇怪な構造は、その二つの事例において同じ立場を取るだろう。たとえ、考察的な理性によってその内奥の他者性を解体しようとする意志が、違った評価を下されるとしても。

このようにプラトンとヘーゲルは、同じ想像的、概念的な領域で対立している。プラトンはこう主張する。魂は三重の怪物、異質な要素からなる存在の還元できない複合体であって、その調和を守るためには有無を言わさぬ原則が必要なのだ、と。ヘーゲルは、合理的で、文字通り人間的な要素の、いかにも排他的な特性を前提としているので――エディプスのほめ称えられるべき勝利が象徴となるような歴史的断絶の中で――その奇怪さを決定的に乗り越えうると信じる。

魂全体の人間化を、プラトンは危険な過ちとして思い描いたようであるが、これは、彼の背後に象徴主義的、無意識的な深淵を残す歴史的第一歩となった。精神は考察するという行為において自律性を獲得したのであり、それが歴史の新たな契機をもたらす。人間中心性はエジプトからスフィンクスの信用を永遠に失墜させたのである。

ところでそれを引き継いだフォイエルバハから見ると、ヘーゲルの中には受け入れることのできない超越性の残滓がなおも存在する。大鉈を振るって、その見解ととりわけキリスト教的な神学信仰の総体に打撃を与えつつ、その超越性を完全に吸収し、それが神によって自らに作り上げているすべてのイメージと表象を人間に戻すことが望ましい。フォイエルバハは極めて明快に、神学的な謎すべてに対する次の解答によってその原則を表現している。「新しい哲学は、神学から人類学への完全な、絶対的な、矛盾することのない解体である」[7]。教義によって神に与えられる属性はすべて、人間の魂によって生み出され、意識が改めてわが物としなければならない内容から引き離され、超越的となった存在の、投影にすぎない。宗教的な信仰によって人間は自分自身から引き離され、分裂し、自分自身の本質に属するものを自分の他者と見なす。人間は、不当にも自分が想像上の諸存在に転移したものを、自分に戻さなければならないのである。

「神学の秘密、それは人類学である」[8]。このように主張しながら、フォイエルバハは神学の謎の前で、エディプスが謎めいたスフィンクスを前にして発した言葉を繰り返す。ただし、フォイエルバハがエディプスを自分の操作のモデルとして選ばないのは、彼がソクラテスまで遡るからである。あの〈汝自身を知れ〉は彼にとっては明らかに、彼の哲学全体の銘句として不可欠である。彼にとって哲学は、この教えの結果すべてを展開させるもののように思われるのである。フォイエルバハは、ソクラテスの思考の中で始まった脱＝投影的な動きを継承し、それを過激化する。そして神的な他者性をことごとく否定し（ソクラテスはそこまではしなかった）、その後で、神において疎外された人間の本質を、人間によって再び獲得するようにその動きを導いてゆく。

フォイエルバハの根本的な人間中心性に基づく操作は、エディプスの立場を喚起させるばかりではなく、神話的言語では、形象としてしか示されていなかったものの、最も明快な哲学的説明になっている。フォイエルバハの諸概念はおそらく、完全に説明されることなくエディプスの装置の中に含まれていたものを、ヘーゲルの後で、最も見事に哲学的に解釈している。

フォイエルバハ的な所作の予備的提示において、エディプスの発見と思われるものは、神々やその神秘が人間的精神の産物にすぎないということである。祭司と信者は、怪物や神々の実在性を真に受けて、だまされるがままになっている。彼らはそうした存在によって、あたかも自分たちが人間たちの外部にいる、実質的な権力でもあるかのように振る舞っている。そうして尊敬し、恐れるという関係が人間との間に維持されなければならないのである。エディプスが発見するのは、人間を恐怖や期待で一杯にする強力な形象の背後に、人間自身以外の謎など存在しないということである。エディプスが発見するのは、人間が自分とは異なる、外部の現実として崇拝し、恐れる神聖な存在とは、他ならぬ自分自身なのだということである。それゆえ、スフィンクスによって課せられた問題に対して——つまり通過儀礼的な出会いの最も厳かな瞬間に神聖な象徴が提示する質問に対して——エディプスは、そのような事柄については何も教えられたことがなかったのに、根本的な状況転換、もはや神ではなく人間が基盤にして中心となるような逆転を申し立てる。エディプスは、無知を強いるような動きによって、神や悪魔の世界という形で最初は外部に転移されていたものを、人間的な根源に引き戻すのである。したがって、すべての象徴形成（投影、転移）を解き明かす鍵を発見しながら、彼は一挙に、象徴主義の深淵に対するあらゆる信仰、あらゆる服従を取り除く。彼はそうした階層的な獣を抹殺するのである。

こうしてみると、ヘーゲルが精神的解放、および自己考察性という言葉で説明することは、もう一つ別の表現、別の言語で表わすことができる。つまり、投影の取り消しという言葉である。象徴を、というよりもむしろ、内面的現実の際立った象徴として徐々にしか認められない想像的存在を、素朴に、人間性を無視して信奉することからの解放運動が問題となるのだ。エディプスの答は、今まで超人的な、あるいは人間以下の存在という形で外的世界に注ぎ込まれ、転移され、投影されていた漠然たる内容から、大量に脱＝投影する実りの時を示している。そうした内容は今や意識的な個人の自我と同一視され、自我は、自分に属するものだとしてそれらを奪取するのである。以前にはその自我は、固有の命を備えた、異質な、外的な存在との釣り合い関係と同様に、あの力やあの表象との釣り合い関係の中に含まれていたのに、今やそれは次のことを発見する。自分がその無意識の生産者、活動の源なのであり、したがって、自分の目に神聖な謎を抱えた還元できない他者性のように見えていたものを、自分自身の透明な主体性に引き戻すことによって、自分自身の中の分裂を終わらせることができるのだ、と。

したがってフォイエルバハ的な言語活動と考え方は、エディプスによって典型化されている操作を描写するのにことのほか適している。しかしながらフォイエルバハの哲学が、人間中心性の覚醒的、解放的なメカニズム（それゆえこれが間接的に〈スフィンクスを前にしたエディプス〉という中心的な挿話を著しく肥大化させる）を確かなものにするとしても、彼は（ヘーゲルと同様に）この動きに固有の悲劇的核心、それが維持する還元できない暗闇には触れていない。その危険が飛びかかってくるのは、ニーチェにおいてである。

ニーチェの思想は複雑で、断片的で、矛盾をはらんでいる。数ページでその思想の迷路を歩き回るということなど論外であろう。しかし彼の思想の一面、おそらくは最も執拗で、間違いなく最も危険な一面によって、彼の思想は明らかにフォイエルバハが企てた操作の延長となっている。というのはニーチェにおいてもまた、人間は、神々、〔唯一の〕神、すべての観念的な背後の＝世界という形で、自分の外部に転移していたものを自分に取り戻さなければならないからである。

長い、深い瞑想に満たされ、その瞑想の宝を谷の人々に与えようと決心して、ツァラトゥストラが山から降りてくるのは、神というわれわれの崇高な観念を組み立てているすべての見事な幻想の、人間的な、あまりにも人間的な源を教えるためである。今や、ツァラトゥストラは誤りを悟っている。彼は彼岸の見神者であることをやめた(9)。

「私は自分の幻想を人間たちの彼方に投影した、すべての彼岸の見神者と同様に。

本当に人間たちの彼方にだろうか?

ああ残念なるかな! 同胞たちよ、私が創った神は人間の作品、人間の狂気だったのだ、すべての神がそうであるように。

彼は人間にすぎなかった、一人の人間の、一つの〈自我〉の哀れな断片にすぎなかった。つまり、私自身の灰、私自身の炭火から生じてきたのだ、この亡霊は。実際に、それは彼岸から私のところに来たのではなかった。」

なぜならば**この私**こそが「創造し、意欲し、事物の尺度と価値を示す」者だからである。通達、啓示が送られて来る他者性の幻想を捨てなければならない。否! と。「『存在』の内奥〔はらわた〕は人間に向かって語りかけない、人間の声によるのではないとしたら」……。

ニーチェは、ツァラトゥストラの予言的言語によって、人間中心性という動き、天の神に転移された崇高な内容を人間に取り戻すという動きをこうして再発見するのだが、それはフォイエルバハが将来の哲学の主要な操作としていたものだった。フォイエルバハと同様に、ニーチェも「神学の秘密、それは人類学である」と言うことができたはずだった。しかしながら、異なる**色合い**、フォイエルバハには見ることのできない苦い、幻滅的な調子がやはり存在する。人間的な、あまりにも人間的な作品、それが神学なのだ!

しかしその深い幻滅はまた、一つの力、じつに大きな力の源にもなる。彼岸があばかれ、神々が死に、人間が唯一の創造者となる。まさしく人間は、すべての尺度を超えるほどに大きくなって、最高の価値を決定するのだ。
神の死が自分の中に逆流させたものによって完全にふくれあがった、この異なる、新しい人間、これが**超人** *surhomme* である。この動きは明白で、避けることができない。「すべての神が死んだ。これからは超人が生きてゆくことを我々は欲する。これが大いなる真昼にわれわれの至高の意志とならんことを願う」[10]。超人は、自分を「天の神」に、彼岸に、あらゆる幻想的な理想につないで衰弱させていた束縛から解放されて、今は鎖を解かれた力への意志の中で、前代未聞の目的、この世に差し出されている至高の目的を手に入れている。つまり、「大地」の征服……である。

ところでこの操作とこの最後の約束によって、ニーチェは、フォイエルバハよりもはるかに詳しく、デカルト以上に衝撃的とは言わないまでも、デカルトと同じくらい衝撃的に、エディプス的な戦略と宿命の総体を明らかにする。それはギリシャに出現したときから哲学の最も大胆な部分に働きかけてきたのだ。まるで視界の、激しさの最高点にまで到達させるかのように。というのも、表面的な豊かさと還元できない細分化によって、ニーチェのすべての思考を働かせている宿命的な論理を、きわめて大ざっぱに考察すると、一連の避けることのできない強烈な三つの時期をまたも発見するからである。そしてそれはエディプスの悲劇の基盤になっている、厳密な物語的、イメージ的な骨組みを連想させないわけにはいかない。

エディプスという人物像において、その骨組みは三つの行為で連結されているのだが、それらは抽象化すれば次のように表わすことができるだろう。(1)「父親の排除」、(2)「人間の（および私の）昇格」、(3)「母親の所有」。デカルトにおいては、すでに示したとおり、独特の存在論的な形ではあったが、この三つの行為をよく識別することができた。それは**エゴー**〔この私〕の位置を体系的に際立たせていた。驚くべきことに、同じような動きが、別の（とはいえよく似た）概念を通して、ニーチェの哲学を構造化している。(1)「神の死」、(2)「超人の出現」、(3)「大地の全面的支配」である。

もはや神話的イメージの次元ではなくて、神話的イメージと緊密な、必然的なつながりを保持する概念の次元で、あたかもニーチェが極限にまで発展させたかのように、すべてが生じるのである。そして、最初からエディプス的な哲学の計画を、一つの強い構造に反映させているかのようである。

素朴に両親という表現で、エディプスの戦略と宿命の中に前もって神話的に示されていたものが、ここでは近代概念の言語活動の中で、予想外の大きさを手にする。そうした概念にかかわる言語活動は、最初は古い神話素 mythologèmes と共通の尺度を持っていないように見える。けれどもその言語活動が、それらの神話素と深い隠喩的、拘束的なつながりを保持しているのは疑う余地がない。例えば「母親」を「**自然**」、「**物質**」、「**大地**」という観念に結びつけるそうしたつながりが持続されるために、われわれは孤立した隠喩化だけではなく、この装置全体をもまじめに取らなければならなくなる。ある概念が隠喩の考古学をもとにして形成されたというだけではなくて、一つのシステムが、神話＝論理的な強い拘束をもとにして展開されたのだ。そしてその拘束自体はきわめて深い人類学的な葉脈を反映させている。

プラトンおよびそのキリスト教的な発展以降、超＝感覚的世界、「観念」や「理想」の世界は真の世界、文字通り現実の唯一世界と見なされる。その一方で、感覚世界は変わりやすい、うわべだけの、非現実の**ここ＝下界**でしかない。ところでこの観念論（これは、簡単に、前世紀〔十九世紀〕まで広く哲学を支配していた傾向と見なすことができる）は、結集し、正当化する力を使い果たしてしまった。（ヘーゲルの絶対的な形而上学によって）完了した観念論の時代に続くのは、観念論の**逆転**、というよりも**いくつもの**逆転の時代である。フォイエルバハ、マルクス、ニーチェ、今度は彼ら一人一人が、似通っているとはいえそれぞれ異なる戦略に従って、彼岸（すなわち、すべての神学的な幻想の源である、「観念」の世界）

がその意味と十全さを失い、地上のここ＝下界のためになるような動きを完成させる。その結果、ここ＝下界は、〈物質的基盤〉（マルクス）とか、〈大地〉（ニーチェ）を〈感じ取れる現実〉（フォイエルバハ）の名の下に、基盤的な真理に戻されたのである。

神の死、無神論が結果として人間の出現をもたらすということは、決定的な動きであって、若きマルクスはそれを次のような言葉で自分のものとした。「無神論は神の否定であり、この否定によって無神論は人間の存在を提起するのである(11)」。ニーチェは、「すべての神が死んだ。これからは超人が生きてゆくことを我々は欲する！」と叫ぶときに、他のことを口にしているのではない。**人間主義の反乱**というこの熱狂的で、大胆な時期は、エディプスが典型化している所作を再現し、それを深く究めさせる。遅ればせにその所作を繰り返し、それを完成させているのだ。そして人間のこの無神論的な反乱はそのつど次のような企てへとつながってゆく。つまり地上的なものの掌握である。

マルクスは哲学の歴史を、観念論と唯物論との絶えざる闘争と考える。この闘争の中で彼は観念論に反して、唯物論の側に立つ（支配を逆転させるためである）が、しかしこの闘争の土壌、争点、敵対する二つの原理は、まだその地平が研究されなければならないようなある種の〈完成した自然主義〉を、展開するのではなくて、暗示するように呼び起こさない限り、実際には克服することができない。物質への、地上のここ＝下界への回帰は、単にこの世の闘いのために死後の補償を拒否するようにという呼びかけになるだけではない。それはまた〈物質的な基盤〉という客観的な条件をもとにした、社会や歴史の表現という理論的な形を帯びる。そこからすべての理想が出てくるのであり、したがってそれらはもはや永遠のもの、無条件のものは何も持っていない。ニーチェにおいて、〈「大地」の意味〉とは、地上の目的以外の目的を捨てるようにという呼びかけである。そして幻想的な理想のほうへおびえながら逃げてゆくことの断固たる拒否から生まれた超人は、空白になった「天」の下で、「大地」を完全に支配するように求められる。

したがって、マルクスによって遂行された逆転と、ニーチェが行なう逆転との類似を明らかにすることは難しくないであろう。超＝感覚的なもの、幻想的な背後の＝世界の資格剝奪、確立された現実をあばく鍵と見なされる（個人や集団による）権力闘争の重視。結局、プラトン的＝キリスト教的な信仰が表明していた原理とは反対の原理への呼びかけ。つまり、一方においては「物質」、もう一方においては「大地」である。

これらの哲学とともに、「人間」と「自然」との関係は臨界点に達する。観念論は、「物質」をより劣った＝存在、非現実的な闇として、ためらいもなくその実在を否定しながら、「精神」の優位性を主張していた。しかしそれは考えられた思弁的な優位性だった。逃避、後退によって、俗事の泥沼を超えた神秘的な高揚によって、観念論はそうした価値の低下や否定の原則を維持してきた。偉大な破壊者たちによる地上の復権は、表面的にはそうした覇権の単なる逆転の意味しか持たない。観念論が批判されなければならないのは、観念論が物質を現実に、実際に支配する代わりに、それを否定しているからである。したがって問題となるのは、支配関係を逆転させるということではなくて、観念論が非現実的なものとしていた物質の**現実的な**支配を可能にすることなのだ。あわてふためいて「天」に逃げ込み、曖昧な、神秘的な気まぐれを育んでいたので、観念論者たちは欠落した抽象的な勝利しか手にしていない。「人間」／「自然」という単なる断絶は一つの**分離**でしかないのだが、この断絶の後で、破壊者たちは人間の現実的な支配を、掌握を呼びかける。その掌握が可能になるのは、やっと地上の真理を重視するようになってからである。

「自然」、「物質」、「大地」への呼びかけは、一つの観念論になおも**抵抗する**ものを決定的に獲得しようとする呼びかけであり、その観念論は（デカルトによれば）あまり〈実践的〉ではなく、（マルクスによれば）あまりにも〈曇って〉いて、（ニーチェによれば）あまりにも〈幻覚に捉えられている〉。この「自然」、「物質」、「大地」は、謎（その秘密は計り知れないもので、永遠に覆い隠され続ける）のようなものを尊重する次元ではなくて、客観性や生産的加工に向かう意気揚々とした足取りの中で、理性を回復しようと努めるものである。

ところでまさしくこの点において、エディプスによって典型化される哲学的な姿勢の開始が、最も明白に実現されるのを見てとることができるのだし、またその始まりを考慮することで、どんな純粋概念よりも見事に、その最終的逆転の争点を説明することが可能となる。もしもエディプスが、他のどんな人物・状況よりも完全に、原＝哲学的姿勢を典型化しているのだとすると、その時〈哲学の終焉〉（あるいはある人たちが、正当ではないにしても意味深長に、そのようなものとして予想し信じているもの）は、エディプス的な状況に固有の宿命の実現を現状に合わせる情勢によって加工されなければならない、ということが明らかになる。ところで、観念論の転覆によって、哲学のエディプス的な計画は、かつてないほど見事に達成されるのだ。

ヘーゲルは、エディプスの姿勢を築き上げている哲学の意味を探し出しながら、その強烈な状況の限られた断面、つまり、自分自身の哲学につながる絶対的慧眼の、中心的なシークェンスだけを考慮に入れた。しかしヘーゲルは、この惨劇の全体、あの咎の結果、エディプスの姿勢本来の悲劇については考慮に入れなかった。すべては、後の哲学がその論理を展開し、エディプス的な状況をその極限に至るまで完成させるほかなかったかのように行なわれる。観念論の転覆、「大地」の喜びが、哲学のエディプス的宿命を終了させる。

人間的理性の掌握という動きは、デカルトによってはまださささやかに予想されるものであったが、マルクスとニーチェによって実行され、やがて「自然＝物質＝大地」という手段が使えるようになった。その結果この動きは、神話的言語が、恐るべき降神術によって、〈彼自身の母親の所有〉という古くさい、個別的な、性別的な言葉で示していたものを展開させ、組み立て、拡大させる。

それが観念論の転覆なのである。つまり、支配にかかわるあらゆる超越性の解任（神の死）と、「自分」を中心に据えた熟考する理性を用いての、〈人間〉による力の所有の後には、その全体的支配がやって来て、その支配は、少なくとも幻想的なものとしては、「自然」の完全なる制御、「物質」の所有を約束している。この場合に驚くべき厳密さで展開され、達成されているのは、まさしくエディプスの論理である。神話要素がその固有の言語（この中に含まれる魅力的な象徴化能力を無視するのは間違いであろう。例えば〈父親殺し〉、〈スフィンクスへの答〉、〈母親との近親相姦〉）で関連づけていたものを、哲学要素は拡大させ、構造化し、展開させる。ちょうど、取るに足りない一筋の旋律から最終的にはオーケストラ版を作り出す交響曲のように。

純化された、哲学的な形であってさえ、問題となるのはイメージ的なその響きを保持している形状の展開なのであって、このことは、哲学的概念、あるいはそれ以上に神学的概念が（その仲介的機能において）、決してそれら自体の隠喩の系譜を断ち切っていなかったという事実によって証明される。したがって、〈観念論の転覆〉という近代的形状には隠れた神学が存在するのであり、その神学は例えば次のように表現されうる。「息子」が「父親」を殺した、彼は自分自身の「理性」をすべての「神秘」と対立させた、そして「父親」の位置を占めた後で、自分の喜びのために「物質」の支配と所有を主張した、と。

だから、この強烈な歴史的形状がそのすべての結果を展開させ、その力全体において明確になりつつあるときにフロイトの発見が生じるとしても、驚く必要があるだろうか。人間中心性は永遠にスフィンクスのエジプトの資格剝奪をする、とヘーゲルはわれわれに繰り返し言った。ところでフロイトによる無意識の発見は、この歩み、すなわちエディプス的立場のこうした近代的な称賛の余波と事後性の中に、すでにくっきりと浮かび上がっている。ヘーゲルにとっては、（エジプト人たちの）無意識的象徴体系から（ギリシャ人たちの）意識的象徴体系や純粋概念への移行は、残り滓を出さずに行なわれる。精神史のヘーゲル的概念に応じて、新たな契機が先行するものを押しのけ、まったく何も残さずにそれを引き継ぐ。無意識的象徴体系の段階は消え失せ、考古学者が墓石やパピルスの表面で解読する象徴体系以外には何の痕跡も残らない。精神の一時期が体験されたのだが、しかし精神はそこから退いてはいない。シャンポリオンという人の忍耐を要する作業だけが、オベリスクと時間によって破壊された円柱の、廃止されて沈黙していたヒエログリフに語らせることができるのである。

逆にフロイトにとっては、還元できない残り滓が存在する。無意識的象徴体系、イメージの類似性に基づくこの古風な考え方、イメージを呼び起こしたり、照応させたりするその比喩的能力は、完全に押しのけられてしまうわけではない。その象徴化が、集団的に支配することをやめ、概念的思考が君臨する社会において主体の伝達様式を構造化するのをやめてしまったとしても、それは、集団的超克からは無視された余波として、個人の魂の中に作り出す断絶の結果として、主体の無意識の中に永続している。精神活動の最初の過程と夢は、その古風なエクリチュールの論理に従って作用し続ける。エジプト（平面法による形象）は遠近法を前にして残すところなく消え失せてしまったわけではない。それは内在的なものに、個別的なものになったのである。

かくして、ヘーゲルにおいて、無意識的象徴体系をそれと交代するもの（意識的象徴体系、次いで概念）に連結させる歴史的継起の順序が、フロイトにおいては、精神の階層、階段状の類別論となる。つまり、無意識、前意識、意識である。フロイトが主体の魂の中で、特殊な象徴化様式を個々に備えた審級の継ぎ手として創り出すものは、ヘーゲルが最初に精神史の相次ぐ契機として考えたものであった。そのときにすべてはまるで、歴史的に超克された象徴化様式の、集団的に空白になったその位置を主体の無意識が占めるかのように行なわれる。しかしながらその象徴化様式は、明白な意識によって分離されたもう一つ〈別の情景〉では依然として活動し続けている。

しかもその点において、フロイトは魂のプラトン的類別論のようなものを再発見する。そこで、最初のフロイト的類別論を、プラトンが提示するもっと生き生きとした表象と体系的に比較することもできるだろう。

しかしながら、プラトンが認めていて、ヘーゲルが認めなかった魂の階層の、フロイトによる復元はまったく同じものに戻ってゆくわけではない。その復元が行なわれるのは、概念や考察的意識を優先させる象徴の歴史の一時期からである。自意識とは**継続され続ける**スフィンクスの抹殺のことである。無意識は絶えずその〔スフィンクスの〕永続的な自殺の痕跡の上に構築される。フロイトが見つけようと試みているものは、エディプス的な亀裂、人間中心性、自己中心性が、決して排除することなくいつも無意識の中に落としているものなのである。自意識とは象徴主義的な謎に向かって繰り返される筈のことであって、その謎が解明され、消え去るのはただ、断固としたものではなく、常に活発なものとして、闇の中に再生するためである。意識と無意識の戯れは、継続され続けるスフィンクスの消失とその回帰であって、そこについてまわるのは、達成されなかった殺害が約束し、活性化する、二重の欲動的宿命の執拗さである。

ここで触れている問題点は、精神分析が連結しようと試みることのできるすべてのものに対して、エディプスという人物像が内包する力の大きさを示している。エディプスは、無意識の次元を生み出すような、魂の断絶を創り出す行為を典型化している。したがって、エディプス神話を精神分析とするような出会いは、予想する以上に多元的に決定されている。まさしく無意識と意識との差異、魂のこの亀裂は、エディプス的なものであって、エディプスの所作によって創り出された精神の分割装置から浮き上がってくるのである。

フロイトが無意識とエディプス的な二つの欲動を同時に発見するとしても、何も驚くべきことではない。近代的主体の自意識は〈エディプスの答〉として形成されるが、その代償として、エディプスの宿命に働きかけ、決して消えることのなかった二つの欲動が、闇の中に取り残される。ヘーゲルが鮮やかに捉えたエディプス的なものとは、ただ単に自意識、考察的な自己中心性だけではない。フロイトが発見したような、あの答が生み出す無意識の、欲望の代償もまたそうなのである。意識が〈スフィンクスへの答〉として形成されるのに対して、無意識はその答の欲動的な闇、つまり父親殺し、近親相姦である。

だからフロイトはエディプス的な状況に極端な広がりを与えたが、それはヘーゲルが認めていた人間中心性という単なる果敢な契機よりも大きなものであった。広がりであって、超克ではない。フロイトは、意識だけではなく、無意識もまたエディプスの装置の中に含まれているということを発見する。なるほど、フロイトは個人の魂の中に、エディプス的な亀裂（自意識）が打ち負かし、抹殺したと思い込んだものを発見しているし、また、超克されても、まだ活発な象徴化様式が、概念的ではない、ヒエログリフのような様式で作用している痕跡を発見している。しかしその核心的な発見には、必然的にもう一つの力学的な発見が付け加えられる。スフィンクスに対するエディプスの勝利は、ヘーゲルが思い込んでいたほど完全ではなかったし、決定的でもなかったのだが、その勝利と相関関係にあるものを、神話はあらかじめ用意しておいた。フロイトは、ヘーゲルが忘れてしまっていた残り二つのエディプスの罪に、それらの宿命的必然性を再び与えているのである。

かくしてフロイトは、意識と無意識との対立を組み立てているエディプス的論理を、類別論的観点から、また力学的観点から、拡大して解明しようとする。スフィンクスを抹殺するということは、謎めいた他者性との憂慮すべき絆から解放されることである。それは隠れ潜むこの怪物——魂の不安に満ちた深淵を的確に示すイメージ——を無視しようと決心することである。自己＝考察的にスフィンクスを抹殺することによって、その代償として、無意識の光景と、それが維持する亀裂が作り出される。すべては、〈無意識的欲動〉として描写されることになるものが、エディプスの答によって、魂の〈人間的な〉要素と、残り二つの要素との間にもたらされた絶対的な断絶の結果ででもあるかのように行なわれる。注目すべきは、無意識的欲動が本質的に二重であるということである。つまり、死に至らしめる攻撃性と性的リビドーである。したがってまさしくプラトンが比喩に富んだ言語で**ライオン**や**多頭の獣**と名付けているものは、フロイト的無意識の根源的な二つの欲動を探し当てる光景を示している。無意識は、その構造上の仕組み（〈人間的な〉要素と他の二つの要素との亀裂）においてエディプス的であるが、同時にその欲動的な内容においても等しくエディプス的なのであって、エディプスの二重の罪の条件となっている攻撃的なものと性的なものという二つの傾向に対する〈人間主義的《ユマニスト》な〉無視が存在する。フロイトは、無意識を探し当ててからは、エディプス的欲望以外のものを発見することができないでいる。

しかしそうしながらも、彼がするのはただ、デカルト的自己中心性を後に伴ってギリシャ的人間中心性が築き上げた、主体性という歴史的な様式を記載し、探究することだけである。無意識的相関関係にあるものの中で彼が分析するのは、自意識の結果である。この意味ではフロイトはエディプス的状況から外に出ていない。彼はただそこから予想外に枝分かれしたものだけを発見する。つまり、主体に関する、事後的、余波的なさまざまな結果である。

この限界はまさしく歴史的に重い必然性によるものである。この限界は、人類学的世界観の根源に自ずから存在している人類学的束縛に従うものなのだ。エディプスの神話的特異性と、人間主義および民主主義的主体の出現との密接な関係のみが、そのことを説明することができる。エディプスの惨劇の中に、またそれが組み立てる亀裂の中に書き込まれる——したがって、例えば、〈陰鬱な女性的なものの殺害〉からそれてゆく——ように定められているのは、〈近代的な〉、デカルト的な主体、それだけなのである。

こうした強い束縛は、フロイトの精神分析の射程距離を狭めており、彼が西洋の人類学の特異性を探し当てることを妨げている。その特異性の中にフロイトの精神分析は捉えられているのだが、フロイトの精神分析はその特異性を考えることがない。フロイトは、人間主義、自己中心性、民主主義、意識/無意識の亀裂、および根本的、犠牲的な怪物殺しの回避を結びつけている巨大な相関関係を理解することができず、その怪物殺しに対して彼は父親殺しと近親相姦という二重の衝動を置き換える。

こうした限界があることを、最初にわれわれは気づいたが、この限界は、少なくともフロイトの理論においては、鮮明な、はっきり見分けのつく波紋を生じる。つまり、人間的な顔を持つ父親に割り当てられた、近親相姦のタブーと去勢の脅威という不当な人間性の付与である。ところがその一方で、最も根本的な、ひどい脅威が〈雌〉の〈怪物〉から生じてくる。ここで精神分析そのもののエディプス的特徴があらわになるのだが、それは、怪物殺しとなり、犠牲によってその脅威を乗り越えなければならない英雄の、神話的普遍性とは矛盾する。フロイトは、エディプスの特異性を位置づけること、エディプス神話をもっと深い普遍性を帯びた単一神話と結びつけることに失敗している。というのも、激怒した父親の情景とは

〈出エジプト〉のことで**あり**、これはつまり、怪物が実行するぞと脅かしていたことを父親に責任転嫁してしまう瞬間であるからだ。これはまたスフィンクスに対するエディプスの答の瞬間でもある。このように人間性を付与したときから、フロイトは意識と無意識、息子、父親と母親、などといったものの間の関係を知覚するようになる。しかしもっと根源的な、前＝人間的な、〈より以前からの〉脅威は、雌の怪物を血まみれになって殺害することによってしか乗り越えられないのであって、これはフロイトによって知られることはなかった。だから彼は、それが持つ最も根本的なものにおける男性的欲望を無視している。またその欲望が解放する母親的なものではない女性性を無視している。まさにこれらの点に、ラカンの疑念が忍び込むのであり、われわれはそのラカンの疑念から出発したのである。

第10章　エディプスの遺言

エディプスが通過儀礼の規則的な試練を巧みに避ける者であるとしたら、彼の宿命は、彼の最終的結末に至るまで、そうした逸脱の結果によってさいなまれるのではないだろうか。失明すること、極端な貧困状態で祖国を離れて彷徨すること、最後にテセウスとの出会いの後にコロノスで死ぬこと、これらは同じ必然性の中に含まれているのだろうか。この最後の宿命的な拘束は、エディプスを家族間の二つの罪に運命づけている拘束よりも目立つことはないが、それでもやはり力強いもので、一つの教訓を帯びている。その教訓は、エディプスの最初の姿勢の彼方、つまり第一の姿勢とはきわめて異なるエディプスの第二の立場を描いているので、その分だけ力があり、その分だけ考えさせる。そしてそれが第一の姿勢のエピローグになると同時に、未来への開示ともなるのである。

『コロノスのエディプス』をよく理解するということの重要性は、軽く見られてはならないであろう。もしも哲学が、その最も大胆な系列の中に、エディプス的状況の持続を刻み込んでいるのだとすると、またもしもその系列が同様に絶えず極限に出会っていて、それらの極限は必ずしも停滞、枯渇のようなものではなく、むしろ逸脱する縁、危険な違反の裂け目、悲劇が探究する危険と同じような危険であると考えるべきだとすると、そのときに作劇法上の知は、エディプス的な結末、つまりテーベにおけるエディプスが統治権を失墜してしまった境遇の彼方をどのように考えたのか、理解しようとすることがこの上なく重要なものとなる。というのもその彼方はきっと、たとえ象徴的で、矛盾するような素描の仕方であろうとも、第一の姿勢に内在する不均衡の解決を描いているに違いないからである。すべてはあたかも、『エディプス王』から『コロノスのエディプス』に向かって、一つの解決法が実施されるかのように行なわれるのだが、その解決法があらかじめ示していると思われるのは、遠近法的な主体が、自分の姿勢の片側的性格を乗り越えるために通らざるをえない、あるいはやがて通るはずの道のりである。作劇法は、自己中心的主体の超克様式――あるいはいずれにしても、絶えず、強いられた対位法のように、可能な結末として、エディプスの支配と失墜を作動させる交互性――をあらかじめ用意している。

したがって二人のエディプスを考える必要がある。テーベのエディプスとコロノスのエディプス、若いエディプスと年老いたエディプスである。この二人の人物像の**間で**、哲学の宿命が戯れている。この二人の人物像の間を、エディプス的遠近法の超克の秘密が走っている。この遠近法(これは常に果敢な行動力と、妥協することなく自由と自律性に訴える価値を保持し続けるだろう)を奪うことではなくて、その裏面を考えたり、その危険とその無意識的前提を限定したり、なぜその視点が間違い点となりうるのかを理解したりすることができるということである。

いかなる必然性が、エディプス王の狡猾な勝利とコロノスにおける彼の最後を結びつけているのだろうか。先行する解釈全体が、このつながりの厳密さについて新しい光を当てるようにさせてある。エディプスは通過儀礼の責め苦を避けられると思ったが、彼はそれを遅らせただけだった。無神論的、独学的、知的な答によって、国王叙任の試練の別離と苦悩の瞬間を回避しながら、彼は、人間的な明るい理性とは無関係で、通過儀礼的な出会いが用意している暗い拘束から解放されると思った。しかしそのような回避は一時的なものでしかなかった。彼が耐えた破局と不幸の連続は、その冒瀆的な思い上がりに対して払うべき代償だった。彼を世俗的な親族から奪い取り、神々に結びつけたであろうはずの苦しい大いなる戦いに、いつか、規則的な儀式という形で立ち向かうこともせず、エディプスは自分が避けて通った瞬間を、事後に、相次ぐ発見を通して生きるように運命づけられている。

遅ればせの、事後の、それゆえ規則的な儀式上の対決とは異なる状況での通過儀礼、これがエディプスの最終的宿命の特異性である。そこからコロノスの惨劇のひじょうに力強い教訓が生じてくる。遅ればせであるがゆえに前代未聞の通過儀礼の形が、そこには提示されているのである。エディプスの最初の姿勢による大胆な改革は、最後に至るまで、第二の改革の中に反響しているのだが、その第二の改革もやはり同様に基盤を成すものである――あるいはもしかすると、ソフォクレスの目には、最初のものよりも一層基盤を成すものと映っているかもしれない。(もはや単なる国王叙任の際の危機でもなく、単なる思春期の断絶でもなく)全生涯の結実である、**イン・エクストレーミス** *in extremis*〔最後の瞬間の〕この通過儀礼の特異性は、死と一致するもので、近代的な倫理の形を予告・先取りしているだけに、そのぶんいろいろなことを考えさせるということがよく理解できるだろう。その倫理の形は、考えられたものであってもそうでなくても、その通過によって選ばれたものであって、これはもはや一度きりというのではなくて、決して終わることなく、絶えず繰り返され、引き延ばされるのである。識閾の状態(閾の瞬間)が、人生全体に広がり、一つの存在全体の生きた条件となる。人間の条件が完全に閾のような状態になる。これが、エディプスとともに浮かび上がる倫理的斬新さである。

コロノスのエディプスの状況において驚くべきことは、存在に関する否定的側面のすべての特徴がそこに積み重なっているということである。年老いたエディプスは、貧困により、身ぐるみを完全に剥がされたような痛ましい姿になっている。エディプスはもはや何も持っていない。彼はすべてを失ってしまった。彼は自分の青春、権力、祖国、両眼、力、誇りを失ってしまった。今ここにいる彼は年老いていて、盲目で、追放されていて、放浪者で、悲惨で、疲れ果て、人に依存し、汚くて、神々と人間たちの呪詛の対象である。エディプス＝王の勝利と最高権力とは対照的に、これは完全な逆転である。若いエディプスが頂点に達したのと同様に、コロノスのエディプスは最低の地点にいる。彼は人間的な不幸のどん底に陥ったのである。

ところでエディプスは、破局的な逆転の中でひとたび神によって打ちのめされたが、今は自分を復活させてくれる最後の逆転の地平に入っている。コロノスのエディプスは、エディプスの最終的な**立て直し**の契機なのである。この立て直しは、もちろん、エディプスをもといた所には連れ戻さない。彼が到達するのは、世俗的な高みではない。それは死への入り口での、神聖な立て直しである。それほどまでに苦しんだ者、人間の中で最も辱められ、最も疎外された者は、彼の墓を受け入れる人々にとって、恒久的な天の恵みの源ともなるだろう。国王であったときに打ちのめされ、不幸のどん底にまで達したエディプスは、死が近づいたとき、そして**ポスト＝モルテム** *post-mortem*〔死後に〕、ゼウスによって聖なるエディプスに変えられる。

回避された通過儀礼と、とうとう、しかし死への入り口で達成される通過儀礼的な儀式。これが、エディプス王とコロノスのエディプスとの対照を説明する対立なのである。二人のエディプス、若者と老人、国王と聖人の間には、厳密な必然的関係があり、その関係はエディプスの宿命についての通過儀礼的解釈によってあますところなく見えてくる。

この悲劇は今度はゆっくりと進行する。というのはもうすべてが演じられたからである。聖なる、侵すべからざる場所への入り口で、最も辱められ、また同時に最も剝奪された人間によって予言が実現されたということ。神聖であると定められた境界の中で、不安な気持ちで身の置き場所を探し求めること。その場所の女神たちに捧げる入念な清めと償いの儀式を辛抱強く修得すること——こうして、エディプスの行為は、彼がコロノスという見知らぬ町にやってきたとき、ゆっくりとした、正確な、厳粛な、重々しい典礼の中に書き記されるのであって、その典礼は気まぐれと決心をすべて締め出すのである。エディプスは今度は、教えられることを求める。神々の意思にきちんと従って、彼は自分の宿命を破局に突き落とす行為をうやうやしくやり遂げる。すべてが神の権限の下に位置づけられていて、すべてが儀式化され、天の意思に従っている。エディプスは一歩一歩導かれてゆく。『エディプス王』が冒瀆の悲劇であるのに対して、『コロノスのエディプス』は冒頭から結末に至るまで、強度の神聖さ sacralité という雰囲気に浸されている。そしてこの神聖なものは二重である。それは世俗的なものと対立するばかりではなく、その神聖なもの自体が古風な両義性によって操作されている。不純と背反によって神聖なものが、清めによって神聖なものと合流するのである。[1] 最も辱められ、それゆえに触れることのできない人間が、純粋であるがゆえに侵すべからざる、聖なるエウメニデスの森の中に入ってゆく。これは神聖なものを厳粛に倍加させる行為であって、神聖なものの元来の力を復活させ、かつ最終的な逆転、エディプスの立て直しを用意する。最も激しく拒絶され、最も激しく締め出された者——年老いていて、罪で汚れたその身体——が、アテネにとっては恩恵の信じられないような源となる。触れることのできない敗残者ゆえに、彼は無限の、無尽蔵の宝となる。

すべての通過儀礼に特有のよく知られている動き、突き落とした後の立て直し[2]が、ここでは惨劇の中心に存在する。「神々はあなたを打ちのめした後でまた立ち直らせるのです」（三九四行）、とイスメネは父親に向かって言う。それほど多くの苦しみの後で一人の神がエディプスをまた立ち直らせる、と合唱隊《コロス》は述べる（一五六七行）。すべてはまるで、エディプスが試練のこの最後の瞬間を知っていて、遅ればせにそれと分かり、その試練の中で自分の存在を犠牲にすることによって、新たな自己同一性への到達が可能になるかのように行なわれる。エディプスがもはや何ものでもなくなる（盲目で、悲惨で、追放され、年老いている）ときに、彼は、かつて自分の知と王としての権力をもってしてもなることができなかったものになるのである。そこからエディプスの次のような驚きの叫びが生じる。「まさしくもはや何ものでもなくなってしまったときに、私は真の一人の男（**アネール** *aner*）となったのか」（三九三行）。

年老いたエディプスはここで密かな知恵の言語を見つける。それらの言葉は、通過儀礼を受けている人が、自分がこうむった〈死〉（混乱、当惑、責め苦）の後で、立ち直る瞬間に発するかもしれない言葉そのものである。しかしここ、遅まきのこの行程で、入り口、通過儀礼の指針の役割を果たしているのは、現実的な死の期日である。回避したり、遅ればせにしたことによって、延期した通過儀礼によって、まさに人生全体が、通過儀礼となってしまったのである。規則的な儀式によって営まれるべき乱暴な犠牲的断絶は、その機能を保証することができなくなった。存在そのものが試練となった。そして死が、至高の通過儀礼となった。エディプスによって、犠牲や神聖なものに対してもう一つ別の関係が決定される。聖性 sainteté という関係である。

しかし、遅ればせの通過儀礼という論理に照らしてみた場合、このエディプスの死の最も納得のいく特徴は、間違いなくその驚くべき終わり方であって、これは、エディプスによる**新たな**通過儀礼的儀式の創設、アテネの君主たちが将来において継承してゆくようにと彼が始める秘儀の伝達以外の何ものでもない。

ゼウスの雷がエディプスに最期の時がやって来たぞと告げるときは、エディプスにとってテセウスだけにその秘儀を明かすべきときであって、それはアテネに無尽蔵の恵みを用意している。「アイゲウスの息子よ、私はあなたにこの国にとっての宝、無尽蔵の宝を見せてあげよう。今すぐに、誰にも導かれずに、私はあなたを私の最期となる場所へ連れてゆこう。しかしそこに近づくこと、そこの状況を誰にも決して暴露してはならない。その近辺が、林立する槍やあなたの味方の盾よりも見事にあなたを守るようにするためだ。その宝は人間の唇には禁じられた意志という性格を帯びているから、われわれがそこに着いたときに一対一であなたにそれを明かすことにしよう。私はそれをこの町のどんな男にも打ち明けるわけにはいかないし、愛情を注いではいても、私の子どもたちにさえ打ち明けるわけにはいかない。あなたの記憶の中にしっかりとそれをとどめておいてくれ。人生の終わりがやってきたときに、あなたはそれを後継者だけに伝えるのだ、そうすればその方法によって、それはずっと伝達されてゆくに違いない」(一五一八行から一五三二行まで)。

これは通過儀礼的教育の言語ではないのだろうか。そしてエディプスは、テセウスの後にアテネを統治する未来の国王たちに対して伝えるべきこの秘儀によって、一つの象徴的系列、父親から息子へではなく、君主から君主へ伝わる系列の創設者となるのではないだろうか。エディプスは、この起源的行為によって、紛れもない国王への通過儀礼を教える人ではないのだろうか。だから見せかけでしかない逆説によって、規則的な国王への通過儀礼を免れたがゆえに、その冒瀆的な回避がもたらした責め苛むような試練を遅ればせに体験した者が、ここで再び知の象徴的伝達の連鎖の中に入るよう導かれ、通過儀礼を施す者となる。そして今初めて、彼の宿命が終わるのである。

エディプスのこの結末はこれ以上ないほど見事に、今までのページで述べてきた〈通過儀礼による〉解釈全体を確固たるものとするだろう。この結末は、エディプスの惨劇の中心にあるものが、まさしく通過儀礼、その伝達の問題だということを証明している。エディプスは死に際して至高の通過儀礼を授けられた者であると同時に、新たな通過儀礼の系列を創始した者でもあるのだが、その死において初めて老いたエディプスが和解の手段を見出し、通過儀礼の実現に達するのは、まさしく通過儀礼や国王叙任を覆したことによって開かれた裂け目が、このテーベ王の宿命の中で最も焼けただれた傷口、彼の宿命的な論理の重大な襞だったからである。

ソフォクレスはこの芝居全体を〔神聖な森の中に入ることの〕タブーと〈秘儀〉という記号で位置づけたが、この語が持っていたもとの意味は、秘儀を授けられた者の〈沈黙〉、秘密の守り手を示すのである。『エディプス王』を支配する冒瀆とは対照的に、『コロノスのエディプス』は侵すべからざるものという記号で位置づけられる。「エウモルピダイの祭司たちが人間たちの口に秘密の黄金の鍵をかけたが、その人間たちのために『秘儀』の純粋さを監視している二人のいかめしい女神たち」（一〇五〇行）という合唱隊《コロス》の歌による暗示は、『コロノスのエディプス』の中で分銅のような〔釣り合いをとる〕価値を持っているのだが、『エディプス王』の中で**ヒュブリス**〔慢心〕が暴君を生み出すのだとする喚起も、それと同じ価値を備えている。第二のエディプスの作劇法全体が、境目を入念に測定することと境界線を尊重することを巡って組み立てられている[3]。これは、第一のエディプスがそれらに背くことによって演じられていたのと比較することができる。侵すべからざるタブーを示しているがゆえに越えてはならない境界線であるか、または儀礼的に渡るべき境界線、すなわち神聖な識閾であって、そこで通過儀礼が行なわれるのである。この意味では、通過儀礼の意味作用、閾的状況の及ぶ範囲は、この惨劇の端から端まで〔全体に〕刻み込まれ、注意が促される。筋立てという意味では、些細なことしか起こらない。というのもその行為全体は、通過すること、位置測定すること、一歩渡ることとだからである。エディプスは自分の地形を探し求める、彼は神聖なものの拘束に対して自分の位置を見つけようと努める。通過すること、しかし行き過ぎてはいけない。歩みの問題なのである――スフィンクスの謎が、これまた主体に対する通過 passages の、そして歩み pas の問題であったのと同じように。しかし今回は老いた＝エディプスは通過し passer、他界し trépasser、その否定的なもの（その〈歩み pas〉〔pas は否定の副詞でもある〕）を受け入れなければならない。そんなわけでスフィンクスとの対決が提示する通過儀礼の機会を逃してしまって、ただ死だけが、境界線、つまり回避することのできない通過儀礼となる。死ではなく、この通過儀礼は避けることはできない。これがコロノスのエディプスの教訓である。

したがってすべてはまるで、エディプスがテーベにおける勝利で逸してしまった通過儀礼の否定的側面（受動性、貧窮、責め苦、自己同一性の喪失）が、遅ればせに体験されるかのように行なわれる。コロノスにやって来たエディプスは、識閾的状況の中で志願者のすべての特徴を兼ね備えている。ただそれは遅ればせの通過儀礼なのである。それを本当に通過するということは、彼にとっては現実の死となり、また死後における神聖な一種の国王叙任となる。規則にかなったその象徴的な到達に失敗したエディプスは、通過儀礼を受ける者が聖なる儀式に従って耐えなければならないことを、遅まきに、しかも彼が儀式化しえなかったことを実現するような一つの様式で実行しなければならない。そんなわけで、エディプスが渡ってゆくのは、もはや象徴的な死という側面ではない。現実の死、他界が、真の通過となる。思春期の志願者にとって通過儀礼を受けるということは象徴的に死ぬということであるが、エディプスにとっては現実に死ぬということが、ついに通過儀礼の瞬間に、神聖なものを無視することによって、その歩みを絶えず遅らせてきた人生の終わりに到達するということなのである。人生体験によって、エディプスは通過儀礼を受けたわけである。自分の存在ゆえの長い苦悩が、彼に神聖なものの力、神の権力、御しるしの真実を教えた。彼は最初に思考する理性の思い上がりによって、賢者の教えと神々の援助を拒否した、要するに他律性をことごとく拒絶したが、しかし事後に、自分自身で、もう一つ別の様式で、父祖たちの知識が残しておいたと思われる真理の次元を発見することができる。それこそがコロノスのエディプスの立場における特異性と斬新さである。彼は、自らの束の間の偉大さを作り上げた自己論理的な姿勢を、完全に捨てたわけではない。実のところ彼はその最初の衝動によって動かされ続けている。しかし自分自身で知るというその意志は、かなり遠くまで押しやられてしまい、悲劇的体験を大きく一巡りした後に、初めに遠ざけられた真理とつながることになる。だから年老いたエディプスがエウメニデスの森の中で体験するのは、自己的＝通過儀礼の挫折と同時に達成でもある。すべてはまるで彼がテイレシアスとつながって、テイレシアスと同一化するかのように行なわれる（テイレシアスと同様に年老いていて盲目で、彼と同様に娘に導かれ、彼と同様にアポロンによって守られており、アポロンの予言をもたらす人である）。しかしこのテイレシアスは、年老いた賢者となる前にエディプス王のような存在であったはずの、したがって知の前代未聞の瞬間を典型化するもう一人のテイレシアスである。この点で、コロノスに到達したエディプスは秘儀をもたらす人である。

エディプスは浄めの儀式にきちんと従っているけれども、それでもやはり、最後のほうでは、一種の自発性を保持している。神に呼ばれ、盲目ではあるが、娘たちを導くのは、彼である。消えゆく前に、従うべき儀式を命じるのは、彼である。今はヘルメスと冥府の女神〔ペルセポネ〕によって誘導されているエディプスにとって、目の見える人々を導くことが可能なのである。後に彼の仕草を詳しく語ることになる使者は、彼が自らある場所に、その詳しいことに関しては神聖な意図に応じているとしか言いようがない場所に、自分の身を置いたのを驚きをもって眺めている。彼は〔洞穴の〕険しい入り口に辿り着く、そしてその地点から幾筋にも分かれている道の一つに立って、とうとう動かなくなる――四つのもの、脇腹にテセウスとペイリトオスの誓いが書き記されている「岩の窪み」、「トリコスの岩」、「空洞の梨の木」、「石の墓」から等距離の地点である。盲目であるエディプスが、神々に導かれて、神聖な**四つの**ものから等距離に自分自身を位置づけたということは、つまりは十字架の中心に立っているということである。そしてこの場所、この中心で、彼はテセウスに今度は自分が伝えるべき最後の秘儀を明かす。またまさしくここで、彼はそのすぐ後に、このアテネの君主のたじろいだ目の前で、不思議な**ラプトゥス** *raptus*〔強奪〕の中で姿を消すのだが、使者の伝えるところでは、それは紛れもない驚異（**タウマストス** *taumastos*）であったという。

入り口でもあるこの中心、この十字架は何を意味しているのだろうか。われわれにとっては曖昧なこれらの指示物が、同時代の人々には理解できたのか、あるいは彼らにとってもすでに謎になっていたのか、それは分からない。たぶん普遍的に十字架（対立するものの和解）や中心（異なる次元どうし、例えば天、地、地下世界の間を通過する場所）と結びついている強い象徴主義を越えて、ソフォクレスは、神聖な王権にかかわりうる儀礼的パラディグムを暗示しているのだと考えられないでもない。そうだとすると、エディプスの死が問題となるのだろうか。そして彼は、かつての国王が死ぬ前に、まったく新たな国王に伝えなければならない秘儀を明らかにしているのではないのだろうか。年老いたエディプスは、アテネの国王たちの系譜の中に自ら一つの位置を設けているのではないのだろうか。なぜなら、彼が死を前にして伝達する秘儀を、テセウスが今度は自分が死ぬときに後継者に伝達しなければならなくなるからである。

エディプスはどうやら、遅ればせに、勝ち誇るような統治の最初にではなくて死ぬ瞬間に、自分が回避した儀式を、未だ聞いたこともない、孤独な形で踏襲し、開始されてまだ実現されていないことを、やり直すようにしむけられたようである。エディプスの最後の瞬間を、新しい姿勢への到達、こちら側に戻ることなく、若きエディプスの展望を乗り越えるもう一つ別の存在方法として理解しなければならない。年老いたエディプスは自分の権威、自分の自立性を回復する。彼は盲目であるにもかかわらず一人きりで進むべき道を見つける。しかしその回復された自律性も、彼を導いている者たちからすると、もっと高い依存性に基づいている。年老いたエディプスの秘儀、テセウスに伝える秘儀は、前代未聞のこの瞬間の秘儀、つまり、テイレシアスがまだ捉えられていた平面法を次々に克服してきた主体の姿勢、若きエディプスの遠近法なのである。それこそがコロノスのエディプスの秘儀である。主体性〔主観性〕という第三の姿勢である。

エディプス王は中心を失ってしまった。**住まい** *foyer*〔源、発祥地、炉、家庭〕へ彼は到達することができなかった。死によって彼は一つの光景を見つける。アンティゴネは、エディプスが消えた後、父親の墓を見たい、その場所の秘密を保証しているタブーを犯したいという欲望に捉えられて、イスメネに向かってこう叫ぶ。「焦がれるような思いがわき上がってくる……地下の住まいを見たいのです……お父様の住まいを」(一七二六行)。ここで用いられている語、**ヘスティア** *ēstia* は、住まい〔家庭〕を意味するが、また祭壇、神の住まい、神殿、墓をも意味する。関連する意味のこのような複数性によって、エディプスの場合には、驚くような立体感が示されるのである。死への入り口でやっと彼は一つの中心を見つけた。通過儀礼を破壊したために彼に与えられたのは、住まいの偽りの外見だけだったのだ。炉(**ヘスティア**)の神、ヘスティア Hestia の所に彼が到達するということは実現されていなかった。彼がその中心、その場所を見つけたのは、最後の通過儀礼のとき、彼の最後の住まいとともに、「彼の前に不思議な入り口が開かれた」（一六八一行）ときでしかなかった。彼はその住まいを未知の土壌の上に見出した。そしてその場所は秘密のままであり続けなければならない。三重の規定（死、未知の土地、秘密）がついに、エディプスが捉えられた自己論理的な輪を開く。彼は秘儀、謎、口に出すのもはばかられる他者性に応じることはできなかったが、今その入り口をまたいで、死の彼方へと通過した。彼の墓は未知の土地の神聖な境内の中にあり、その場所は――秘儀を授けられた者を除いて――秘密のままであり続ける。

他所、他者、位置づけられないもの、アンティゴネが父親を探しにゆくその住まいとはこのようなものである。消えてしまった肉体。場所が欠如している墓。

死を求めるほどの、自分の息子たちに対するエディプスの執拗な憎しみは、多くの人々にとって、この惨劇の最終部の根底を流れている和解的な動きとは矛盾するように見えた。保持されるその怒り、消えることのないそのいらだちは、年老いたエディプスが近づいてゆく逆説的な神聖さを汚しているように思えた。ところがこの憎しみは、ここで提示しているような読み方によると、きわめて明快、きわめて首尾一貫した意味作用を帯びている。（自分**自身の**父親、自分**自身の**母親と出会い、通過儀礼的な断絶を避けることによって）血縁関係をことごとく現実の血縁関係のほうに引き戻されたために苦悩を受けたエディプスは、とうとうその最後の通過儀礼の時に、血縁による親子関係とそれよりももっと高い親子関係とを識別するのである。彼の遺産、彼の墓によるアテネのための加護を受け取るのは、彼自身の子どもたちではなくて、つながりのない国王、テセウスである。国王への通過儀礼に際して象徴的な**親子関係**に自分自身を位置づけることができなかったので、自分の見解と厳しくて長い試練による自己゠犠牲の後で、彼はとうとう象徴的な**父性**に到達する。彼は（規則的な伝統によるならば）通過儀礼を達成した者ではなかった。彼は新しい伝統の創始者ということになるのだが、その伝統自体はあらゆる伝統を拒絶する契機を想定している。

ソフォクレスの二部作（『テーベのエディプス』、『コロノスのエディプス』）の力強い意味が、今やその完全な広がりの中で明らかになっている。この惨劇を、回避された通過儀礼として解釈することだけが、ソフォクレスのこの装置全体に関する包括的な見解を提示しうる。エウメニデスの神聖な森の中におけるエディプスの死は、冒頭における彼の違反の意味と切り離すことができない。

エディプスのこの悲劇の動機は、彼が伝達という連鎖を断ち切ってしまったということである。彼自身が、死という最後の犠牲的な瞬間に、啓示の源とならない限り、神々と和解することはできないだろう。それこそが彼の償いである。横領（クレオンやテーベの人たちにとっては彼が手柄によって自らの正当性を獲得したのだとしても、文字で書かれていない法に照らしてみれば横領である）によって権力に到達した者が、今やアテネにおける君主の系列の霊的な創始者となったのである。自らの目を生け贄とした後に、またまさしく彼の臨終の刹那、最後の通過儀礼の瞬間に、失墜したかつての〈テュランノス（僭主）〉は、この都市の保護者に、未来における君主たちの継承の秘儀を擁護する者に変貌する。通過儀礼のこの新たな連鎖において、エディプスの死というのは創始的瞬間なのである。

そんなわけでエディプスは償いをした。ただしその償いは、われわれを同じものに引き戻すような単なる取り消しではない。彼は違ったやり方で、自分自身の墓のカリスマ性によって、通過儀礼的次元を復元したのだが、その通過儀礼的次元は、スフィンクスが入り口となるような試練を知的に回避することで、自分がまさに愚弄し、無視し、冒瀆したものであった。しかもその試練と悲劇的な対応関係にあるものとしてはただ父親殺しと近親相姦しかありえなかった。だから彼は違ったやり方で、生涯の最後に、彼がかつて青年であったときに陰険に強奪することによって回避したこと、つまり秘儀伝達を再開したのである。

エディプスを新たな伝統の創始者、つまりアテネの伝説的な創始者であるテセウスが、その最初の受託者であるような通過儀礼的系列の出発点としたのは、ソフォクレスの天才的な発想の一つである。そんなわけで、ソフォクレスは、神聖な謎を破壊し、神ではなく人間を万物の尺度とする、新たな哲学的理性に対して反感と不安を感じていたにもかかわらず、結局エディプスを復権させる。最後に、将来の秘密を掌握し、それを伝達するのは、アポロンの祭司、テイレシアスではない。哲学的理性の勝利の体験と、目もくらむほどはっきりと彼の極限状態を示している試練とを同時に味わった唯一の人、エディプスである。その**同時に**という点に、アテネの秘宝は存在する。

エディプスは、前代未聞の危険、人間的理性のこの上ない尊厳を主張するという危険を、そのような主張が併せ持つ思い上がりとともに自ら引き受けた自由思想家の顔をしている。結局彼は人間を超えたものによって打ち砕かれる。彼は〈遠近法〉の極限状態のような悲劇的体験をする。しかしながら彼はまっとうな自分に戻り、神々と和解する。そして彼の体験は一民族——その都市にとっては異邦人であるばかりでなく、最も不純な存在、人間の屑でもある彼を受け入れた民族——の将来の保証となる。だからエディプスは単に独学的な知性でスフィンクスに答えることができた者というだけではない。未来に向かっての、新たな立場の起点となる者でもある。エディプスの**第一の**知はスフィンクスへの答、〈人間〉の中に含まれている。しかしエディプスの**第二の**、最終的な知が存在する。それは彼が死ぬ前に、エウメニデスの森の中の、神聖で、しかも人に知られないままであり続けなければならない場所で、テセウスに打ち明けることである。その知は将来のために予定されている。未来のほうに向けられている。いかなる言葉でエディプスがそれを表現したのかを知らなくても、われわれはそれが新しい立場であることを知っている。われわれはエディプスの秘儀に通じていない、しかしながらその未知の知こそが、それ以降アテネの運命を支配してゆくことになる。

エディプスにおいて一つの通過が行なわれる。つまり、彼はスフィンクスに対する答によって、この翼を持つ乙女が番人でもあり、入り口でもあった通過儀礼という古代の、残酷な儀式にけりをつけるのだ。しかし彼は自分が死ぬ前に、新しい秘儀、新たな伝達を創始する。エディプスが新しい啓示の源となるのは、彼の中で若い哲学者の知と年老いた賢者の知恵が結びつくからである。年老いたエディプスは権利の上で、哲学者のまだ新しい自己論理的な知と、盲目の体験を通してのテイレシアスの秘儀祭司的な知を**併せ持っている**。年老いた賢者の**平面法**と、謎に対して〈人間〉と答える哲学者の**遠近法**を同時に超克することで、年老いたエディプスはもう一つ別の知の発端となる。エディプスの完全な姿が典型化している存在のこの新たな立場を、われわれは**超越法** *transpective* と名づけることにしよう。

第一の操作の限界はいくつかの言葉で予測することができる。考察的な、人間を中心に据えた答によってスフィンクスを抹殺することは、スフィンクスを永遠に滅ぼすことではない。それを内面的にするということである。脱＝投影は投影された情動やイメージを消失させはしない。脱＝投影はそれらを魂の内面に連れ戻すのであって、その中でそうした情動やイメージは無視され続ける。エディプスの姿勢は無意識の光景を作り上げる。無意識とは、主体性という遠近法的な構成によって圧倒的に支配されている文明の中で、平面法で生き、感じ、知覚し続けている魂のそのような部分なのである。プラトンがすでにそうした次元を用意している。

したがってエディプスの勝利の後で、自己中心性と自意識というやり方で主体の反乱が成功した後で、新たな断絶が生じてくる。つまり内面化したスフィンクスとの出会いである。主体性のこの新たな顔をどのように示したらよいのだろうか。この顔は、自分自身を源にして動作主とは定めない主体が生み出した投影を、平面法で、古風に提示しているのではない。それにこの顔はもはや、明快さや自己＝考察的な確実性を要求する、遠近法による自意識の勝ち誇るような思い上がりも呈してない。

われわれはそれを**超越性**と名づけた。それは自己を中心に据えた主体の形成が、すでになされていることを前提とする。しかしその主体というのは、今や再び、何よりもその苦悩の中では、内面的になって〈無意識〉として位置づけられた平面法の次元を、還元できないものと認めているような主体である。スフィンクスを通して、やはり他者性という形で、怪物じみた、謎めいたものの異様さとのつながりが感じられたのであった。その恐怖には一つの狙いがあった。そしてその狙いは他者の境位というものだった。スフィンクスの不安はまた〈誰かある人〉の不安でもあった。この〈抹殺された〉存在、未知のものとの対決が方式を変えるのである。もはや恐怖の中ではなく、苦悩の中で、顔がなくなった内面的な他者性が立ち向かってくる。

したがってエディプス神話は、その事後性において、次のような意味をも備えている。スフィンクスの自殺、その〈象徴主義の象徴〉が深淵に身を投げることによって、恐怖の英雄的な時代が終わり、苦悩の合理主義的な時代が始まる。ずっと前から、これ以上ないくらい、さまざまな意味を担ってきた原初的な出来事を思い出させるようなことはもはやないのだから、神々によって産み出され、送り込まれてきた存在との想像的、劇的な対決はもはやないのだから、その出会いは、未知のものを前にした人間を捉える不条理な情動でしかなくなるだろう。理性の形而上学と必ず対応するのは、必然的にそれを補足する苦悩の形而上学である。苦悩とは**パトス** *pathos*〔情念〕のない文化の**パトス**なのである。

投影を取り消すこと、外界に転移され、世界を魔法にかけている内容を自意識によって取り込むことが、無意識の条件である。それゆえ、主体にとって、無意識の亀裂を認識し、自分自身の無意識に通じた人となることができるのは、エディプス的な、あるいはデカルト的な時代を完全に通り抜けた**後で**しかない。しかしその結果、想像的なものすべての内面化と個体化を前提とするエディプス的な征服は、その認識の中で維持され、延期される。平面法は還元できないものとして受け取られるが（夢、幻想、〈神々〉はこの様式によってしか示すことができない）、これはエディプス的な自己＝中心性の獲得によって内面化され、個体化された平面法なのである。この平面法は、自意識との関係で**位置づけられる**のであって、自意識によって全面的に取り込まれるわけではない。そんなことは不可能であり続ける。主体は自分自身の中に他者の部分が存在することを認めなければならない。超越性とはそのようなものである。

権利の上で、無意識が存在するということ――神々は内的なものでしかないということ――を初めて知るのは、年老いたエディプスである。テセウスとアテネ人である彼のすべての子孫たちへの彼の秘密のメッセージはその点にある、ということを容易に想像することができるであろう。テーベのエディプスは**エゴー**〔この私〕の常軌を逸した強化を典型化しているのだが、その**エゴー**は、国王＝父親と張り合い、父親を抹殺し、男性の主体にとっては完全なる他者、つまり女性的なもの、神、死との出会いを回避することによってのみ、自分の権力と影響力を発揮する。しかし超越的な他者性をすべて排除したその遠近法的な**エゴー**は、自らの失敗を認め、死ななければならない（視覚を神に捧げる自己＝犠牲）。そうしてその結果、内面的な光景の夜〔闇〕を統合しながら、より大きな意識へと再び目覚めなければならない（コロノスのエディプス）。これは個体化の惨劇なのである。まず第一に誇張した方向づけによって**エゴー**を強化しながら、彼は孤立した者、除外された者、剥奪された者、追放された者、孤独な者となる。そのときに彼は、暗闇と死とを組み込むような、個体化とより深い内面化ゆえの苦しみの体験をする。個体化の偉大さ（自律的で、勝ち誇った**エゴー**）と悲惨さ（剝奪、孤立）。それがエディプスの行程である。

実際に、今ではわれわれの立場でもあるこの超越性の立場、（内面化した平面法のような）無意識を、（遠近法のような）意識に還元できない関係の中で認識するこの立場は、かなり最近になってからやっと獲得されたものである。この立場がわれわれの主体性の制度となりえたのは、（デカルトからニーチェまで）エディプスのような僭主的態度が繰り返され、それが現代的に決定的に深められた後でしかなく、またその無意識の光景を、**エゴー**や自意識の主張の消すことのできない反対意見として、初めは哲学的に、次いで技術的に（フロイト）認識することによってでしかなかった。

さらに付け加えると、まさしくすべての神学が心理学となるときにだけ、（存在にかかわるものであれ、舞台上のものであれ）すべての悲劇が紛れもなく**人間的な**情念という言葉で正確に描写できるメカニズムだと解釈されうるときにだけ、無意識の光景は形成されるのである。**パトス**〔情念〕とその極端なメカニズム（狂気、倒錯、および悲劇のあらゆる逸脱）が、**神々との神聖な交流**（犠牲、復讐、贖罪、祈り、など）という言葉でなおも体験され、考えられる限り、無意識の光景が設定されることはない。すべての神学的表現が放棄されるときに初めて、神々の古風な超越性がもう一つ別の現代的な超越性、つまり無意識であるような、**内面的な**、**個別化された**亀裂となる。

したがって悲劇は無意識の系譜を復元する重要な契機となるであろう。ギリシャの作劇法は実り豊かな、矛盾をはらんだ、両義的な契機であって、そこで決せられるのは、神々が示す超越性を通して魂のさまざまな情念（およびそれらの制御）を自発的に表現する古い神話的な多神教の神学と、ヘーゲルが引用するあの「古代人」のように、疑心に満ちて「人間よ、お前の情念でお前は神々を作ったのか！」と叫ぶ非宗教的な心理学との間の重大な変わり目である。この喚声が発せられるとすぐに、空の高みから、あるいは大地の奥深くから影響力を及ぼす、生きた、超越的な力としての神々への信仰が終わった。この喚声が発せられるとすぐに、オリンポス山、その雷雨、その歌声、そのたくらみを駆り立てていたすべての欲望、すべての腕力、すべての能力が、今度は、固有の、深い富を作り上げる人間的魂の中に**位置づけられる**。この喚声が発せられるとすぐに、無意識の光景が浮かび上がる。自分と他の情景との間の亀裂は、もはや神のような超越的なものの中にではなく、今度は個人の内部に置かれる。というのも、愛の情念や、戦闘的なエネルギーを抹殺するためには、エロス〔愛の神〕が外的な神ではなくて**パトス**〔情念〕なのだということ、アレス〔軍神〕が外的な神ではなくて**パトス**なのだということを認識するだけでは十分ではないからである。変えられたのはただ単にこの**パトス**との**つながり**だけなのである。つまり、その〈深淵さ〉の生きた意味、それとの連結様式である。**パトス**は神々の死の後にも生き残る。しかしその立場、その光景、それとの生きた関係はもはや同じものではない。神々が死んでしまったときには、逆説的に、魂と、その魂自体の病的な影響力との連結は、より困難に、より回りくどいものに、より間接的にならないだろうか。無意識は**伝統の後の**人間にとってのみ生じてくる場となるだろう。そしてその場では（非宗教的に、個別的に、内面的になった）**パトス**が、神々の死、次いで「神」の死の後にも生き残る。

古代の悲劇は神々の神聖な超越性を一度で、完全に清算し、その代わりに無意識による非宗教的、個別的な亀裂を設定することができたというわけではない。まったくその逆である。だからプルタルコスも遅まきながらやはり、神々の一人一人をわれわれの能力、美徳、情念の権化に還元してしまう（クリュシッポスのような人において明白な）動きを、無神論的な深淵の中に突き落とす不敬虔な行為と見なすのである。「神々をわれわれの情念と同一視するのは不敬虔なことである。また、われわれの情念を神々と見なすことも、まったく同様である(4)」。それでも、同じプルタルコスによると、そのような傾向（例えばわれわれの魂の勇気や活力に向かう傾向、あるいはわれわれを愛へと駆り立てる傾向）が、一人の特殊な神（アレス、エロス）に依存していると言うことは正しい。しかしながら、悲劇が、非宗教的、個別的な心理学的内面化だけのために、実際に、完全に神学的投影を清算しているわけではないとしても、悲劇は構造と構成によって、確かにその通過儀礼的、動揺的、反駁的な契機を際立たせる。ところで、まさしくその点で、エディプス神話は、ヘーゲルによってかいま見られると同時に覆い隠されてしまったようなやり方で、特別な注意の対象とならねばならないのである。われわれが問題にしているような過程においては、エディプス神話はありきたりの神話の一つではない。これは通過の神話なのだ。歴史的な通過の神話である。一般的に考えられているギリシャ悲劇は、われわれがすでに述べたような伝統的な位置を占めている。ところが注目すべきことに、エディプスの悲劇自体は独特で、その推移において、転換点のような、あわただしい変わり目のような例外的な位置を占める。というのもエディプスの悲劇は構成によって、明白ではないにしても、正確に言うならば、神々の脱＝投影の悲劇だからである。

ヘーゲルは、少なくとも彼なりに、彼の言語活動の中でこの脱＝投影をよく理解できた。しかし彼に理解できなかったこと、それはまさしくこの脱＝投影が、必然的に、無意識の光景をも形成する動きであるということである。ヘーゲルがそのことを理解できなかったのは、無意識という概念が欠けていたからというわけではない。彼はその概念を使うことができたばかりでなく、きわめて明確に、スフィンクスに対するエディプスの答を、無意識的象徴主義から意識的象徴主義への移行の契機とさえしている。ヘーゲルの大きな間違いは、止揚〔超克〕＝抑圧の交代による「歴史」の見解に起因する。ヘーゲルはこう思ったのだ。自意識、自分の自分に対する純粋な考察はくまなく、神々の超越性に取って代わることができる。あるいはまた、（エジプト人たちの）無意識的象徴主義から（ギリシャ人たちの）意識的象徴主義への移行は、精神の歴史的獲得物、痕跡のない革命であって、それは無意識の光景を初めて明確にするどころか、逆に無意識の次元を永遠に破棄しうるのだ、と。ヘーゲルは、意識と同時に無意識の次元を理論的に根拠づけるのは、意識そのもの、自分自身を知る精神のこの透明性なのだ、ということを理解することができなかった。その点において、ヘーゲルもまたエディプスがやがてそうなるような盲目なのである。彼らは二人とも、宿命、破局的な結果、誇りを傷つけられた神の最後の報復措置、さらにはスフィンクスの復讐を見誤っている。ヘーゲルは、エディプスの答が（投影された）スフィンクスを抹殺するならば、まさしくそのことによってその答は内面的なスフィンクスの時代を開始させる、ということを理解しない。

しかしエディプスの悲劇が無意識の光景の基盤になるとしたら、無意識とエディプスとのつながりは、フロイトが感じ取った以上にずっと本質的、根本的なものである。**無意識それ自体は、配置からしてエディプス的である。**無意識の光景は、エディプスの姿勢の中に形成される主体にとってしか生じてこない。それゆえフロイトは無意識**と**〈エディプス〉を発見するほかないのである。現代的な意味で、無意識が存在する主体とは、伝統の後の主体であり、またそういう主体でしかありえず、その主体が形成されるのは、〈私〉が暴君的な位置を占める装置の中なのである。フロイトが構築したものは、二つのエディプス的幻想が無意識**の中で**発見されるということを信じさせる。その一方で、意識／無意識の亀裂が形成される主体性の装置は、原理そのものからしてエディプス的であり、絶対的な自律性という欲望によって動かされる。エディプス的な様式に基づいて作られる主体性**および**無意識は、主体性というもののたった一つの、同じ歴史的装置なのである。

結論

エディプスの発見と無意識の発見が同時に起こったということは、今は必然的であったように思われる。意識／無意識の亀裂はエディプス的である。そしてこの亀裂は、去勢（通過儀礼的犠牲）を回避する装置そのものである。というのもこの亀裂は、他所や深淵に通じていて、母親殺しを要求していた（隠れて支える象徴主義の、平面法の）謎の奥底を把握するのを**やめさせる**からである。これは、フロイト（および被分析者）が、エディプスをさらけだしながら、最初に発見する亀裂の制度である。なぜならば両者とも、デカルト的な社会の様式である主体性の様式に到達するために、固有の、伝記的なやり方で、この亀裂、この装置を生み出さなければならなかったからである。両者とも個々に、スフィンクスの危険な次元を抹殺し、遠近法的な真理に到達させた自己中心的な〈私〉の反乱によって、スフィンクスに答えなければならなかったのだ。しかしこの発見だけでは十分といえないであろう。フロイト的な精神分析に欠けている概念は、エディプスの彼方は何を意味しうるのかということであって、これはエディプスとともにその争点がもたらす倫理的結果につながる。単一神話が劇的に物語る真理と〈通過儀礼的なもつれ〉の解釈能力を正当に認識することによってのみ、その彼方は明確にされうる。

しかしイアソンやペルセウスの物語を構造化しているような単一神話が、エディプスの常軌を逸した筋立てよりも根本的に男性的欲望を表現しているとしても、この単一神話による欲望は近代性にかかわる人間にとって理解しがたいものであることに変わりはない。伝統との絶えざる断絶、歴史性の活動様式となったエディプス的回避により構造化される知と理解のタイプ、その回避を強化し、解放のための真の母親殺しはまだ遂行されていないとする意識と無意識との間の亀裂、近代的主体のこうしたすべての特徴が、エディプスによって典型化されている異常さを、息子が支配するような、新たな一つの規範性、反＝伝統の真の伝統としているのであって、それによれば単一神話による欲望は理解しがたいもの、あるいは少なくとも共有できるような意味に翻訳不可能なものとなる。エディプスの狂気が西洋の理性となったのである。

結局、逆転の哲学はエディプス的欲動を昇華したのだから、それを見事に転換させた、と主張することができるだろう。父親殺しは祖先の権威に対する頑とした拒否となり、近親相姦は大地の征服と無制限の享楽となる。悲劇はどこに存在するのだろうか。

近代的人間、民主主義と個人主義の社会の人間が実際に、エディプス的な**エゴー**の難点を克服するのは、エディプス自身のような行程、コロノスにまで達した立場による以外にない。彼にとっては、素朴に単一神話のような英雄でいるわけにはいかない。彼は延期された通過儀礼を堪え忍ぶほかない。単一神話と母親殺しという犠牲は、平面法でしか完全に体験されない。そして近代的人間は自らを、活動的な、考える、社会化された主体として、遠近法でのみ構築する。エディプスは、自分が最初にテーベで回避したことの真理をコロノスで発見するけれども、その通過儀礼を再開することはできない。自分の発見をもとにして新たな存在様式を作り上げるだけである。エディプスはもはや決してイアソンやペルセウスとはならない。

エディプスはもはや決して大航海から、「金羊毛」やメドゥーサの頭を持ち帰ることはない。せいぜい、死ぬ前に後継者たちに伝えるようにとテセウスに打ち明ける秘密の言葉を鍛え上げるくらいのものである。

近代的人間はもはや決して、委託する権威者の命令の下に、神々と賢者たちに助けられ、蛇＝母親のとぐろを血まみれになって切断する、決定的な試練への敷居をまたぐことはないだろう。彼の宿命は、完了しえない、開かれた、決定不可能な自己＝通過儀礼的な過程において、引き延ばされる**閾性** *liminalité* ということになるだろう。息子が支配するような、近代性の主体性とは、もはや通過儀礼となったものではなく、終わりなきプロセスとなった閾性の主体性のことである。それは決定的な識閾でもある全生涯ということである。英雄の道のりが完了せずに、開いていると、父権制の堅固さが揺すぶられ、制御できなくなる。神話的＝儀式的に通過儀礼を受けた者は**テロス** *telos*〔終わり〕に到達しており、これはその人を、この古いギリシャ語が〈通過儀礼を授けられる〉という観念に結びつけていた意味の作用によって、〈完成した〉、〈完了した〉、〈成熟した〉、〈終わりに達した〉存在としていたのだが、その結果はもはや主体性という息子による支配の構造によって優遇されることはない。死に至る新参者である。なぜならば考察的な知性による創造の妙技によって絶えずその試練を延期しながら、また象徴主義のスフィンクスたちを消滅させ、意識と無意識との断絶を維持する独学的な答で迂回を繰り返しながら、近代的主体は**テロス**全体から解放されることを欲するからである。

エウリピデスの『バッコスの信女』の中で、テイレシアスは、カドモスをディオニュソスに敬意を表する神聖な儀式のほうへ手で導き、彼に向かってこう言う。「神々と議論をするのは無益なことです。われわれの父祖たちからの伝統は、『時』と同じくらい古いもので、彼らが遺産としてわれわれに残したものなのですから、いかなる理屈をもってしても打ち壊すわけにはまいりません。たとえ最も深遠な知性がどんな巧妙さを見つけ出そうとも」（二〇〇行）。エレウシスの秘儀祭司のいかにも模範的な言説である。相続を否定することができない時代になって初めて、通過儀礼を受けた者の姿がその完全な厚みを帯びる。師によって教えられる真理のほうが、新しい真理よりもはるかに尊厳のある時代であって、その師自体も絶え間のない連鎖の中でその真理を一人の師から受け継ぎ、その純粋さと無謬性を保持しているという時代であった。テイレシアスは、ペンテウスの悲劇でもエディプスの悲劇でも、まだその知恵を典型化している。しかし息子の真理が、構成からして、父親の真理よりも重みを増してくると（〈歴史的進歩〉という概念がこのことを要約している）、通過儀礼を受けた者の顔（および教育という観念全体までも）がその実体をなくし、秘儀を授けられた者 myste は、人を欺く者 mystificateur となった。

密接な関係が「歴史」とエディプスとを結びつけている。観念の上で、主として世代から世代へと完全な伝統を繰り返し伝達することに基づいている〈「歴史」のない〉社会では、エディプスのような顔が重要な意味を帯びることはないであろう。それは常軌の逸脱でしかない。しかし、祖先の知恵が生きている者たちの思考と行為を確実に決定することができなくなるとたちまち、どんな個人も、ほとんど意に反しながら偉大なる死者たちの価値の下がった教えを冒瀆することになってしまい、大胆さとエディプス的な混乱を強いられる。だから、「歴史」を第二の自然として体験するすべての文化、繰り返しから抜け出し、あるものを〈進歩〉、〈発展〉、絶えざる〈改革〉と認めるすべての社会は、エディプス的なのである。それはその宿命と精神の中の、それ自体の最も奥深くにおいて、エディプスの悲劇によって引き裂かれている。

この点で、われわれにとって、エディプス神話は虚構ではない。これは意味装置であって、われわれはその中に実際に、〈脱＝伝統的な〉、あるいは〈自己通過儀礼的な〉〈開かれた社会〉に所属している主体として捉えられている。エディプス神話が保存している最も内奥の核、最も確かな原型が、われわれの意味作用領域を整える。エディプス神話は人間主義と個人主義の難点を問題提起する、というよりも〈イメージ化する〉。自己生産が主体の形成を引き起こすようになるとすぐに、(テーベの、コロノスの)エディプスはわれわれの宿命となるのだ。

西洋文明は、かついていくつかの社会が父権制であった、あるいは今でもまだ父権制であるという意味では、父権制ではない(1)。西洋文明は父親を抽象化することによって深められたのだ。〈ギリシャの奇跡〉以来、西洋文明の変則性、独創性を作り上げているものは、息子による支配の推進力であって、これが西洋文明を攪乱している。父祖たちからの息子の解放、祖先たちの至上命令から個人が個人として離れてゆく動き、これが西洋文明を「歴史」として規定する主張である。父権制と母権制が共有するものは、「伝統」による支配、過去の尊重、祖先たちの模倣、権威に基づく真理である。息子の思考は、象徴の再現における裂け目から、血縁関係の否認から噴き出す。ギリシャ以前のすべての社会は、他からやって来る、超越的、メタ＝社会的な規範という観念に基づいている。その行為と思考は、神からやって来て、祖先たちを通して伝えられた神聖な命令によって決定されている。その〈普遍的な〉図式が、ギリシャ的斬新さによって解体される。まさしく人間が、自分自身の規範を作り出すのである。自律性と人間主義という躓きの石であって、これは同時に、絶対的に主権を有する共同体における社会性の自己＝確立(**アウトノモス** *autonomos*〈自分自身の規範による〉、**アウトディコス** *autodikos*〈自分自身のやり方による〉、**アウトテレース** *autotelês*〈自分自身の意志による〉(2))の可能性をも開き、個人の出現を可能にする。ところでエディプスの筋立ては、古風さそのものの中で、自由な思考と〈自己通過儀礼的な〉動きが台頭してくるイメージ的な背景となっているものをあばきだす。エディプスの筋立てが、ギリシャ文化のある時期に、そのような影響力を帯び、哲学的な分岐能力によって、そのような位置を保持したのは、その後ずっと西洋の宿命を示し続ける断絶がイメージ的にそこに凝縮されたからである。これは熟慮的知性によって回避された通過儀礼の神話なのだということが、このモチーフのかかわる象徴的な判決理由の奥行きの中で、そうした断絶の主要な争点を要約している。息子による革命のように、その出現は示されるのである。

完全に自律しているということは、神話的言語では、父親の位置を占めるということである。したがって民主主義的な主体は、いつも自律的な意志によって動かされる主体である限り、この困難と対峙している。プラトンは彼なりに、父親と対等であることを主張する民主主義的な息子が、暴君的な息子に変貌し、父親を排除し、父親の位置を占めるのだということを、エディプス的な意味をも含めて知っていた。精神分析の光景はその機能によって民主主義における社会的＝象徴的な体制の中に割り当てられている。精神分析はその暗闇、無意識的、象徴的なその反対側を引き受けるのであって、それは民主主義的主体の自律的な意志が自分の中に作り上げることを忘れるわけにはいかないもの、つまりエディプス的な葛藤なのである。

そんなわけで**パトス**〔情念〕と知のエディプス的な構造化は、伝統から脱け出した世界に固有の特徴であり、その世界では、伝達による作劇法が、制度化された社会的実践としては完全に消え失せている。またその世界では、去勢（引き離し、断絶）の通過儀礼は、自由で、個別的で、自己＝操作的であり続け、そしてある意味では、引き延ばされ、絶えることなく、際限のないものになっている。したがって歴史的世界とは、通過儀礼的なプロセスが姿を消した世界というよりも、誰もが決して通過儀礼的なプロセスにけりをつけていない世界ということになるだろう。息子の世界であって、これは構造的に、本質的に、父親の知の姿勢の中で落ち着いているわけにはいかない。引き延ばされた閾性の世界である。要するに、父

（絶えざる、一時的な、再開される）自己＝確立の世界、ゆえに「歴史」の世界なのである。イメージ的な構成に形を与えるのは、（通過儀礼を受けた者の必然的に〈欺くような〉、〈空虚な〉立場ではなくて）通過儀礼を授ける者の立場である。

したがって問題となるのは、神話がもたらす真理を盲目的に認めさせることではない。エディプスの物語が予告している太古の不幸を、自律のための根本的なあらゆる企て、自己中心的な主体性のあらゆる形態と対比させることでもない。それはわれわれの意図ではない。われわれは、ヘーゲルがエディプスに認めているような英雄としての実証性を、彼から剝ぎ取ろうとはしない。その英雄的精神はわれわれには、過去の社会的＝象徴的体制に対する永久的断絶を示すような脱出を開始しているように見えるだけではない。エディプスはわれわれにとって、絶えず必要とされる契機、危機、常に再開されるべき、不変の開口部でもあるのだ。しかしながら、他律性から自律性への移行全体、伝達されることから解放されようとする意志全体が、悲劇的な危険をはらんでいる。否定的に、しかも矛盾を含んだ確定しがたいやり方で、常に限界の問題が現われてくる。この意味では、エディプスの悲劇は象徴の襞を意味するのであって、それらが他律性から自律性への移行全体を動かしている。エディプス的な悲劇は、近代において概念的に、実存的に置き換えられてその複雑さと斬新さがどんなものになろうとも、他の何にもまして自律的な意志を求められる限り、民主主義的な主体の恒久不変の代償である。だから、この主体はいつも一つの裂け目で動かされている。つまり彼は常にテーベにおけるエディプスの勝利と、コロノスにおけるエディプスの死に際との**間に**いることになる。

若きエディプスと年老いたエディプス、〈賢者〉と〈聖者〉を不可避的に結びつけている関係を考えるということは、他者性を哲学に回復するということである。この他者性を無視しているとして、エディプスは非難されるのである。裏返しにされたソフォクレスの解釈でも、この非難はすでに発せられている。コロノスのエディプスはテーベのエディプスの自己論理的な行程を断ち切る。実際に二人のエディプスを結んでいる宿命を考えるということは、自己＝考察的な偏った性格から抜け出すということである。ただし、エディプス的な主体の反乱に、改革、傲慢、脱神聖化という力を保持しなければならない。その力がないと、太古的なものにとっては、老いた、盲従的な魅惑が麻痺し、自由な思考が滅びてしまう恐れがある。まさしくここで賭けられているのは、無謀とも言える民主主義的、個人主義的な企てなのだ。二人のエディプス、テーベの国王＝哲学者とコロノスの剥奪された聖者の間で選択の余地はない。たとえこの芝居が、物語の論理によってこの二つの立場を相次ぐ形でしか提示することができないとしても、これらは一緒に考えなければならない。その〔両者をつなぐ〕張力のようなものが、西洋の主体をその悲劇の中で形成するからである。

原註

序論

（1）マリー・デルクール、『エディプス、あるいは征服者の伝説』、リエージュおよびパリ、ドローズ書店、一九四四年。ジャン＝ピエール・ヴェルナン、ピエール・ヴィダル＝ナケ、『古代ギリシャの神話と悲劇』、パリ、マスペロ書店、一九七二年、および『神話と悲劇　第二巻』、パリ、ラ・デクーヴェルト出版、一九八六年。

（2）ファン・デル・シュテルン、『エディプス――ソフォクレスの作品による精神分析的研究』、パリ、P・U・F、一九七六年。D・アンズィユー、『精神分析とギリシャ文化』、パリ、ベル・レットル、一九八〇年。A・グリーン、『余分な片目』、パリ、ミニュイ出版、一九……。さらにC・ステン、『エディプスの死』、パリ、ドゥノエル＝ゴンティエ出版、一九八〇年も参照。

第1章

（1）おびただしい数の神話の比較から、男性的英雄の典型的な神話を引き出す企ては、明らかに構造主義といえる方法論の出現よりもはるか以前から存在する。その主要な企ては次のようなものである。

――J・G・フォン・ハーン、『神話学研究』、イエーナ、一八七六年。ハーンの一覧表は、J・C・ダンロップの著作、『散文小説の歴史』（初版、一九八八年）の中に転載されている。再版ニューヨーク、一九七〇年。

――A・ナット、〈ケルト人の民衆的英雄物語におけるアーリア的追放と回帰の定式〉、『民俗学の記録』、一八八一年四月、一―四四ページに所収。

――O・ランク、『英雄誕生の神話』、仏訳、パヨ、パリ、一九八三年。エリオット・クラインの興味深い序文付き。

——V・プロップ、『昔話の形態学』、初版、一九二八年、仏訳、一九六八・一九七〇年、スイユ版、パリ。
〔北岡誠司・福田美智代訳、『昔話の形態学』、水声社、一九八七年〕
——J・キャンベル、『千の顔をもつ英雄』、プリンストン大学出版、一九四九年。キャンベルはジョイスから借りた〈単一神話〉という用語を使っている。
——J・フォンテンローズ、『ピュートーン——デルフォイのアポロ神話とその起源の研究』、バークリー、ロサンジェルス、ロンドン、一九五九年、一九八〇年。これは戦いの神話のさまざまなテーマを図表で表わそうと試みている。

(2) M・デティエンヌ、J・P・ヴェルナン、『知性の策略、ギリシャ人の混血児』、パリ、フラマリヨン版、一九七四年、五〇ページ。

(3) レヴィ＝ストロースにおける構造概念のいくつかの側面に対する批判については、例えば次のようなものを参照せよ。V・ターナー、『演劇、映像分野、隠喩、人間社会の象徴的行為』、コーネル大学出版、イサカおよびロンドン、二三六ページ以下。一方において、〈神話要素 mythèmes〉の時間を超越した配置転換は、英雄の一方通行的な運命、さまざまな出来事の必然的な順序を説明することができない。ところがそれとは反対に、プロップにおいてはその順序が規定されているのである（Al・クック、〈レヴィ＝ストロースと神話——神話学再考〉、MLN九一、一九七六年を比較参照）。

(4) レヴィ＝ストロース、〈神話の可能性から社会的実存へ〉、『はるかなる視線』、パリ、プロン版、一九八三年、二三〇ページに所収。
〔レヴィ＝ストロース、三保元訳、『はるかなる視線』、みすず書房、1（一九八六年）、2（一九八八年）〕

(5) 同書、二三五ページ。

(6) レヴィ＝ストロース、〈宇宙性《コスモポリタニズム》と分裂症〉、『はるかなる視線』、前掲書、二五〇ページに所収。

(7) 同書、二五〇ページ。狂気に関するこの知の諸例は、『蜂蜜から灰に至るまで』、一五一—一五二ページ、および『食事の作法の起源』、九二—九九ページに示されている。

第2章

（1）私はここではとりわけ、「大女神」とその愛人である息子たちに関するピエール・ソリエの最近の重要な著作のことを念頭に置いている。それらはエディプスという息子とは別の形態を明るみに出している。『核心的女性――「大母神」とその愛人たる「息子たち」の神話分析』、ゼーガース＝ラフォン、一九八〇年を参照。

（2）〈神経症患者の個人的神話〉、『オルニカール』、第一七・一八号、一九七九年、リーズ出版、パリ、に再掲載。

（3）アラン・ジュランヴィル、『ラカンと哲学』、パリ、P・U・F、一九八四年、一六二ページ以下、一九四ページ以下。

（4）拙著、〈偶像破壊者の処方〉を参照、『偶像破壊者』、パリ、スイユ版、一九七八年に所収。

（5）マリー・デルクール、前掲書を参照。後のギリシャ語では娼婦を示す民衆語の一つがスフィンクスであったことも指摘しておかなければならない。

第3章

（1）通過儀礼の人類学に当てられた数多くの研究の中で、次のものを挙げておこう。A・ヴァン・ジャネップ、『通過の儀式――儀式の体系的研究』、パリ、一九〇九年。J・カズヌーヴ、『儀式と人間の条件』、パリ、PUF、一九五八年。ミルセア・エリアッド、『通過儀礼、儀式、秘密結社』（神秘主義の誕生、通過儀礼のいくつかのタイプに関する論文）、パリ、ガリマール、一九五九年、「イデー」叢書、一九七六年。V・ターナー、『儀式のプロセス――構造と反構造』、イサカ、コーネル大学出版、一九六九年。『ドラマ、フィールド、メタファー――人間社会における象徴的行為』、イサカ、ロンドン、コーネル大学出版、一九七四年。S・モスコヴィシ、『自然に反する社会』、パリ、UGF、一九七二年。P・ソリエ、『通過儀礼的療法』、パリ、エピ出版、一九七六年。

（2）V・プロップ、『魔法昔話の歴史的起源』（一九四六年）、パリ、ガリマール版、一九八三年、三一五ページ。〔斎藤君子訳、『魔法昔話の起源』、せりか書房、一九八三年〕

（3）V・プロップ、前掲書、三一九ページ。この解釈はまた、グラーヴ、『ギリシャ神話』、パリ、アシェット＝プリュリエル版、第一三七節でも触れられている。

(4) V・ターナー、『ドラマ、フィールド、メタファー』、前掲書、二五三ページ以降。

(5) ジェーン・ハリソンの著作、『ギリシャの信仰の研究序論』(初版、一九〇三年)、ニューヨーク、メリディアン・ブックス、四七八ページ以降、および『テミス――ギリシャの信仰の社会的起源に関する研究』(初版、一九一二年)、ロンドン、マーリン・プレス、一九六三年、一三ページ以降を参照。J=F・ラフィトーが、一七二四年に初めて、ギリシャの通過儀礼と、それよりも古いアメリカ・インディアンの通過儀礼を比較したのだということを指摘しておこう(ピエール・ヴィダル=ナケ、〈生のもの、ギリシャの子どもと焼けたもの〉、『黒い狩人――ギリシャ世界における思考形態と社会形態』、パリ、マスペロ、一九八一年を参照)。

(6) アイスキュロス、『テーバイ攻めの七将』、五三九行。
〔高津春繁訳、『テーバイ攻めの七将』、『ギリシア悲劇 I』、ちくま文庫、一九八五年〕

(7) M・エリアッド、『通過儀礼、儀式、秘密結社』、前掲書、六二ページ。

(8) エウリピデス、『バッコスの信女』、五〇〇行。
〔松平千秋訳、『バッコスの信女』、『ギリシア悲劇 IV』、ちくま文庫、一九八六年〕

(9) 聖エピファーヌ、『異端に反して』、一、九による。

(10) エジプトのスフィンクスとギリシャのスフィンクスの違い、両者の間の影響作用については、W・H・ロシャー、『詳細ギリシャ・ローマ神話事典』、ライプツィヒ、一八八四―一九三七年、復刻版ニューヨーク、一九七七―一九七八年を参照。またヴェルドリ、〈ギリシャ芸術へのスフィンクスの出現〉、『ギリシャ通信会報』七五(一九五一年)も参照。

(11) G・マリー、〈ギリシャ悲劇に保存された儀式の形態についての余論〉、J・ハリソンの『テミス』、前掲書、三三九ページ以降に所収。もっと後の展開に関しては、H・c・ボールドリー、『ギリシャ人たちの悲劇』、ダルモン訳、パリ、マスペロ=ラ・デクーヴェルト版、一九七五年、および一九八五年を参照。

(12) 『テミス』、前掲書、三四九ページ。

(13) 『ギリシャの信仰の研究序論』、前掲書、二一一ページ。

(14) J・ボードマンの著作に転載、『アテナイの赤絵の壺、アルカイック期』、ニューヨークおよびトロント、オックスフォード大学出版、一九七五年。図版一六九番（パリ・ルーヴルCA、一九四七年）。

(15)『ギリシャの信仰の研究序論』、前掲書、一七三、二七八、二七九ページ。

(16)紀元前五世紀の盃、ヴァチカン美術館。

(17)U・ハウスマンによって作られた、エディプスとスフィンクスに関するたいへん詳しい図版集、〈エディプスとスフィンクス〉、『バーデン＝ヴュルテンベルク国立美術館年報』、一九七二年、ミュンヘン、ベルリンを参照せよ。言及した絵は二九ページに掲載されている。

(18)M・ルナール、〈強奪者スフィンクスと〝切断された頭〟〉、『ラトムス』、第九巻、一九五〇年。

(19)マリー・デルクール、前掲書、五四ページ。この格言は音の類似《オモフォニー》を利用している。〈**テレウタン、テレイスタイ** *teleutan, teleistai*〉。

(20)この壺には画家シレウスによる紀元前四七〇年の赤い絵がついている。ボストン美術館。エミリー・ヴェルムールの『初期ギリシャ美術および詩における死の諸相』、カリフォルニア大学出版、バークリー、一九七九年、一七一ページ（図版二二）に転載。

(21)紀元前五三〇年の壺。シュトゥットガルトのランデスムゼウム。U・ハウスマン、前掲書、二三ページに転載。

(22)この結びつきはルイ・ジェルネによる、〈古代ギリシャにおける罰則と宗教との諸関係〉の中で示されている。『古代ギリシャの法律と制度』、フラマリヨン版、パリ、一九八二年、一七〇―一七一ページに所収。

(23)E・ヴェルムール、前掲書、九ページ。

(24)P・ヴィダル＝ナケ、〈黒い狩人とアテネの軍事教育の起源〉、『年報』、E・S・C、XXIII、九四七―九六四ページ。前掲書『黒い狩人』に再掲載。

第4章

(1)レストナー、『スフィンクスの謎』、ベルリン、一八八九年。マリー・デルクール、前掲書、一〇九ページ以降から引用。三つの試練に関しては、一二八ページ。

(2)私はここでは、ジョルジュ・デュメジルがインド＝ヨーロッパの観念体系（神話、叙事詩、儀式、神学、法律など）における機能的三分割に当てた多くの重要な作業の総体を参照させることしかできない。デュメジルの最も総括的な著作は、『インド＝ヨーロッパ語族の三つの観念体系』、ラトムス双書、ブリュッセル、一九五八年である。

（3）デュメジル、『神話と叙事詩 II』、ガリマール版、パリ、一九七三年、三五八ページ。この概念はD・デュビュイソン、〈インド＝ヨーロッパ語族の国王と三つの機能の統合〉、『年報』、E・S・C、一九七八年、二一一—三四ページによって強化され、豊かなものになった。

（4）デュメジル、『ホラティウスとクリアケス一族』、ガリマール、パリ、一九四二年。とりわけ〈武勲〉、五〇ページ、および〈叙事詩、神話、儀式——三重の敵との戦い〉、一二六ページ。『戦士の幸運と不幸——インド＝ヨーロッパ語族における戦士の機能の神話的様相』、P・U・F、パリ、一九六九年、新版、フラマリヨン、一九八五年も参照せよ。

（5）この点に関しては、D・ブリケル、〈ギリシャの通過儀礼とインド＝ヨーロッパ語族のイデオロギー〉、『年報』、E・S・C、一九八二年、第三号を参照せよ。

通過儀礼のこの三重の構造が、驚くほどの耐久性を持っていたことを指摘することができる。というのは、アーサー王伝説にもやはりこの構造が見られるからである。アーサーは三つの試練と対決しなければならない。つまり、先見の明ある富の利用法、剣を引き抜く行為、賢明な返答である。ジョエル・グリスワード、〈ウーゼル・ペンドラゴン、アーサー、およびインド＝ヨーロッパ語族の国王のイデオロギー〉、『ヨーロッパ』、一九八三年十月、第六五四号を参照。

（6）デュメジルはクーフリンの通過儀礼的神話の中で、〈女性の裸〉の試練を分析している（『ホラティウスとクリアケス一族』、前掲書、三五ページ以降）。

（7）L・ジェルネ、〈ギリシャにおける価値の神話的概念〉、『古代ギリシャの人類学』、フラマリヨン版、パリ、一九八二年に所収。

（8）『ホラティウスとクリアケス一族』、前掲書、四五ページ。

（9）スフィンクスの三部分から成る構成は、スフィンクスを寓話的な構造にしていない、ということを付け加えよう。確かに、スフィンクスを組み立てている各部分に正確な意味を与え、それらの象徴的な必要性をさらけだすようにする機能的分割のコードは、このひとまとまりの寄せ集めから夢幻妄想を作り上げている何かを奪ってしまうように思われる。スフィンクスの姿は、自発的な想像力から自然のままに生み出されたものではなく、複雑なイデオロギー的秩序の中に厳密に刻み込まれている。しかしながら、この三分割自体は、秩序あるこのレベルの手前に置かれた要求によって細工され、形どられている。スフィンクスは怪物でなければならない。女性の怪物でなければならないのだ。通過儀礼のための語りによって要求された想像世界のこの中核に、他のさまざまな特徴が加わることができたのだ。〈女性の怪物を打ち負かす〉ということは還元できない神話要素であって、試練が徐々に高められてゆく三重性の、もっと練り上げられたイデオロギーは、その神話要素を支えとすることができたのである。しかしこの複数性が今度はより一般的な意味の中核を持つことになる。つまりそれは、すべての力、すべての効力、人間存在の能力全体が、打ち負かすことを望む者によって結集されなければならなくなる、ということを意味する。対決は部分的なものではなく、英雄の生命そのものを危険にさらすような、魂全体にかかわるのである。

(10) ロードスのアポロニオス、『アルゴナウティカ』、第三の歌、および第四の歌、P・U・F版、E・ドラージュ、F・ヴィアン訳、第二巻（一九八〇年）、第三巻（一九八一年）。

(11) デュメジル（『神話と叙事詩 I』、四四六―四四七ページ）は、スキタイ人に関するヘロドトスとクイントゥス・クルティウスのテクストを解釈しているが、それは第三の機能の魔よけとしての〈牛のくびきと犂《すき》〉をはっきり浮き上がらせている。その脇にある斧（槍、または矢）や木切れは、それぞれ、第二の機能、第一の機能の魔よけである。バンヴェニストは、アヴェスタ〔ゾロアスター教の経典〕の言語と同様にスキタイ人の言語においては、一つの単語だけで〈くびきと犂《すき》〉の一揃いを示さなければならない、ということを指摘した。

(12) ケルト人の場合がそうである。デュメジル、『神話と叙事詩 I』、六一五ページを参照。

(13) L・ジェルネ、〈ギリシャにおける価値の神話的概念〉、第四節〈金羊毛〉、『古代ギリシャの人類学』、前掲書に所収。

(14) D・デュビュイソン、〈ヴェーダによるインド、およびアイルランドにおける国王叙任のための装備〉、『宗教史研究誌』、第二号、一九七八年、またD・ブリケルの補足、〈インド＝ヨーロッパ語族の国王の装備、ギリシャ・ラテンの研究資料〉、『宗教史研究誌』、cc1／一九八三年を参照。

(15) L・ジェルネ、前掲書、一六三ページ。
(16) D・ブリケル、前記引用項目。
(17) ニーチェ、『悲劇の誕生』、第九節(ジュヌヴィエーヴ・ビアンキ訳、ガリマール、一九四九年、五一および五二ページ)。
〔西尾幹二訳、『悲劇の誕生』、『世界の名著46』、中央公論社、一九六六年〕
(18) 同書、第九節。
(19) エウリピデス、『フェニキアの女たち』(一七三〇行)。
スフィンクスによって出された謎(〈朝は四本足、昼は二本足、夕方は三本足で歩くものは何か〉)のほうは、最初はおそらく、機能の三分割と釣り合った確かな通過儀礼的意味を備えていた、ということを付け加えておこう。実際に、グラウコス伝説のなぞなぞ(〈国王の家畜の三色――白、赤、黒――の雌牛は、何に似ているか?〉)の例について、D・ブリケルによって示されたことは、スフィンクスの(三つの)謎の例について示されているのとまったく同じことなのかもしれない。この謎の意味を構成しているのも、やはりまた(機能的な三分割と釣り合った)人間存在の三つの状態なのである。グラウコス伝説のなぞなぞの解釈については、D・ブリケル、〈ギリシャの通過儀礼とインド=ヨーロッパ語族のイデオロギー〉、『年報』、E・S・C、一九八二年、第三号、四五四―四六四ページを参照。
(20) 『神話と叙事詩 II』、前掲書。ヘラクレスの三つの罪の要約は、一八ページ。本論、第六章。戦士の三つの罪に関しては、『戦士の幸運と不幸』、前掲書も参照せよ。
〔岡道男訳、『フェニキアの女たち』、『ギリシア悲劇 IV』、ちくま文庫、一九八六年〕
(21) 『人間の忘却と神々の栄光』、ガリマール版、パリ、一九八五年、〈ラーオメドーンの三重の罪〉、三一ページ。
(22) またそれゆえに、シークェンス的な順序とは一致しない、エディプスの過失のいわば構造的な、生成的な順序が存在する。三つの序列によれば、第一の(根本的)過失はスフィンクスを前にした態度の中にある。それに続いて父親殺しが、次いで近親相姦が生じるのであろう。しかしながら、物語の順序においては、父親殺しのほうが先に生じる。ライオス王は、スフィンクスを排除することのできる英雄が彼に取って代わるように想定されたために、殺された。さらにこの国王殺害は規則的な神話の物語の論理の中に入っているのだが、それは国王によって課せられる試練の否定だからである。かくして、規則的な英雄神話という外見を保つ必要性によって、過失の序列的継起は変えられなければならないのである。

第5章

(1) B・セルジャン、〈ギリシャ神話〉を参照。『文学雑誌――ジョルジュ・デュメジル』、一九八六年四月、四九ページに所収。もっと広範囲なものとしては、〈古代ギリシャにおけるインド゠ヨーロッパ語族の三つの機能――批評的総括〉、『年報』、一九七九年、第六号、一一五五―一一八六ページ。

(2) R・ボデウス、〈アテネの社会――ギリシャ的知恵とインド゠ヨーロッパ語圏の理想〉、『古代文明』、四一、一九七二年。

(3) レーモン・ド・ソシュール、『ギリシャの奇跡――ギリシャ文明に関する精神分析的研究』、ドノエル版、パリ、一九三九年。

その他には、〈ギリシャ的思考における父親のイメージ〉(『神話と歴史の中の父親のイメージ』、H・テレンバック、P・U・F、一九八三年、一二九―一四四ページに所収)。H・G・ガダマーがまさに言及しているのは、ギリシャにおけるソフィスト的思弁の時代の〈父親のイメージの危機〉、およびアテネ紀元前五世紀の〈父親的権威の揺らぎ〉である。しかし彼は、この危機とギリシャ的変化の特徴の間にあるつながりを浮き彫りにしてはいない。われわれの見解ではそれこそが根源的なものなのである。

(4) エウリピデスの『バッコスの信女』の中で、カドモスはテイレシアスにこう言う。「私を案内してくれ、老人よ、私の老いを導いてくれ、テイレシアスよ。**なんとなればあなたは通過儀礼を極めた者なのだから、あなたは**」。(一八六行)。

第6章

(1) ジェーン・ハリソン、『テミス』、前掲書、四四〇ページ。クーロトロポス〔青年を養う〕神々に関しては、ジャンメール、『クーロイ *Couroi*〔青年たち〕とクーレーテス *Courètes*〔若き戦士たち〕』、リール、一九三九年を参照。

(2) ハリソン、前掲書、四四一ページ。

(3) J＝P・ヴェルナン、P・ヴィダル＝ナケ、『古代ギリシャの神話と悲劇』、マスペロ版、一九七二年、パリ。

(4) ソクラテスの言葉を伝えているクセノフォン、『記憶すべきこと *Les mémorables*』、第四巻、第四章、第一九—二四節。

(5) プルタルコス、〈神の裁きの猶予について〉、『倫理論集』、第七巻、第二部、四一、C・U・F、一九七四年。ジャクリーヌ・ド・ロミー、『ギリシャ悲劇における時間』、ヴラン、一九七一年も参照せよ。

(6) 「合唱隊《コロス》——おお、お前は何と恐ろしいことをしてしまったのだ！ お前はどうして傷つけることができたのか
ひじょうに貴重な財産、お前のその両方の目を。いかなる神がお前を駆り立てたのか。

エディプス——アポロンが、そうしたのだ！ 友よ、アポロンなのだ！」（一三二七—一三三〇行）（ジャン・ボラック、マヨット・ボラック訳、『エディプス王』、ミニュイ版、一九八五年、七九ページ）。

〔高津春繁訳、『オイディプス王』、『ギリシア悲劇 II』、ちくま文庫、一九八六年〕

(7) この点に関して、私はH・D・F・キトの解釈に同意する。『劇作家・哲学者、ソフォクレス』、ロンドン、一九五八年、オックスフォード大学出版局。

(8) **ディケー**と**ネメシス**については、コルマン、『アイスキュロスにおけるネメシスの観念』、アルカン版、パリ、一九三五年を参照。

(9) ヴァルター・オットー、『ギリシャの神々——ギリシャ的精神の鏡に映った神の顔』、Cl・N・グランベール、A・モルガンによるドイツ語からのフランス語訳、パヨ、パリ、一九八一年。

(10) チャールズ・シーガル、『ディオニュソス的な詩論とエウリピデスのバッコスの信女』、プリンストン、一九八二年。

(11) プラトンはパイドロスの中に、単なる狂気と〈神の錯乱〉の違いを設定している。ところで彼は四種類の神の狂気を区別する。アポロンが擁護者である、**予言的**錯乱。ディオニュソスが擁護者である、**通過儀礼**的、あるいは儀式的錯乱。ミューズによって鼓舞される**詩的**錯乱。アフロディテとエロスによって鼓舞される**性的**錯乱である

（ドッズ、『ギリシャ人と非理性』、M・ギブソン訳、フラマリヨン、一九七七年を参照）。
(12) 数ある中で、シュザンヌ・サイド、『悲劇の過ち』、マスペロ、一九七八年。
〔E・R・ドッズ、岩田靖夫・水野一訳、『ギリシャ人と非理性』、みすず書房、一九七二年〕
(13) P・ボワイアンセ、『ギリシャの哲学者たちにおけるミューズ崇拝』、パリ、一九三七年。
(14) ディオジェーヌ・ラエルス、『偉大な哲学の人生、教義、警句』、第九巻。
(15) J＝P・ヴェルナン、『ギリシャ人における神話と思考』、マスペロ、一九六九年。
(16) ドシャルム、『起源からプルタルコスの時代までの、ギリシャ人たちの宗教的伝統の研究』、パリ、一九〇四年、およびE・ドレンヌ、『紀元前五・六世紀のアテネの哲学者たちによって起こされた瀆神行為に関する訴訟』、シャンピオン版、一九三〇年パリ、リエージュを参照。
(17) B・ノックス、『テーベのエディプス――ソフォクレスの悲劇の英雄と彼の時代』、イェール大学出版局、一九五七年。引用した版は、ノートン・ライブラリー、ニューヨーク、一九七一年、四八ページ。
(18) 同書、二五、六〇ページ。
(19) 同書、一二〇ページ。
(20) 同書、一一七ページ。
(21) J＝P・ヴェルナン、ヴィダル＝ナケ、『古代ギリシャの神話と悲劇』。
(22) J＝P・ヴェルナン、『ギリシャ的思想の起源』、P・U・F、パリ、一九六二年。
(23) B・ノックス、『英雄的気質――ソフォクレスの悲劇の研究』、バークリーおよびロサンジェルス、一九六四年、一四三ページ。
(24) エディプスのことを〈最後の哲学者〉（これはニーチェが自分自身にも当てはめた表現である。Ph・ラクー＝ラバルト、〈最後の哲学者〉を参照、『近代人の模倣』、ガリレ版、パリ、一九八六年に所収）と言うことができるのは、哲学がその絶頂に達し、息切れのような兆候を示しているように見えるときに、エディプスが（ヘーゲルによって）やっと遅まきに哲学者の**明白な**顔となる、という意味においてである。しかしながら、私のソフォクレスの読み方によれば、エディプスは**すでに**間違いなくギリシャの作劇法の中で、〈最初の哲学者〉を典型化している。

また私の分析は、(ヘーゲルやニーチェにおいて) 明白なエディプスの言及が考えさせるよりもはるかに深く、デカルトからニーチェに至るまでの「近代」の哲学の中に、哲学のエディプス的な形成が書き込まれている、ということも示すことになるだろう。

第7章

(1) コロフォンのクセノファネス、断章、一八。
(2) フィンリー、ヴェルナン、カストリアディスの著作を参照。
(3) E・H・ゴンブリッチ、『芸術とその歴史』、E・クーム訳、パリ、一九六七年、第一巻、一九一ページ。引用したその他の作家たちに関しては、ユーリウス・ラング、『古代ギリシャ美術における人間の描写』、ストラスブール、一八九九年。フランクフォルト、フェアヴォン、『観念造形的な美術』、イエナ、一九一四年。H・シェーファー、『エジプト美術について』、ライプツィヒ、一九一九年、英語訳、『エジプト美術の原理』、クラレンドン・プレス、オックスフォード、一九七四年。
(4) エマ・ブラナー＝トロート、〈平面法〉、シェーファーの『エジプト美術の原理』のエピローグ。
(5) 前掲書、英語版、四二ページ。
(6) ジェラール・シモン、『古代文明の視点における視線、存在、外見』、スイユ版、一九八七年を参照。
(7) 次を参照。E・ウィル、〈貨幣のギリシャ的起源に関する倫理的側面〉、『歴史雑誌』、二一二、一九五四年、二〇九ページ以降。J＝P・ヴェルナン、『ギリシャ的思想の起源』、P・U・F、『ギリシャ人における神話と思考』、マスペロ、一九六五年。
(8) E・ウィル、〈貨幣鋳造の起源についての考察と仮説〉、『古銭学誌』一七、一九五五年、五—二三ページを参照。
(9) J＝J・グー、『言語の金使い』、ガリレ版、一九八四年、および、『哲学百科事典』、第一巻、P・U・F、〈交易のカテゴリー——観念性、象徴性、現実性〉の項目。
〔土田知則訳、『言語の金使い』、新曜社、一九九八年〕
(10) フランソワ、『多神教と、ホメロスからプラトンまでのギリシャ文学におけるテオス〔神〕とダイモーン〔神霊〕

という言葉の単数の用法』、〈レ・ベル・レットル〉、パリ、一九五七年。

(11) B・ノックス、『テーベのエディプス』、前掲書、二一ページ。

(12) J＝P・ヴェルナン、P・ヴィダル＝ナケ、『古代ギリシャの神話と悲劇』、前掲書、一〇七ページ。

(13) P・マゾンの訳註、『ソフォクレス』、第二巻、C・U・F、一九五八年、一二二ページ。

(14) ジョン・クロセット、〈エディプス王〉、Al・クックによる『ギリシャ劇にとっての鏡、エディプス王』、ウェーヴランド・プレス、イリノイ、一九六三年、一五〇ページに所収。

第8章

(1) プルタルコス、『論集四二』、〈ソクラテスの神霊《ダイモン》〉、五八九E、C・U・F版。

(2) プラトン、『メノン』。ソクラテスはその未熟な子供についてこう言っている。「だから彼は、どんな師も持たずに、単なる質問だけで、自分自身の中に知識を捉え直したことで、物事が分かるようになるのだ」(八五d)。〔藤沢令夫訳、『メノン』、『筑摩世界文学体系3』、筑摩書房、一九七二年〕

(3) ヘーゲル、『哲学の歴史についての講義　一』、ジブラン訳、N・R・F版、「イデー」叢書、パリ、一九七〇年、七四ページ。

(4) アプレイウス、〈ソクラテスの神〉、V、一三二、C・U・F版。

(5) アプレイウス、同書、XXII、一七一。

(6) クセノフォン、『全集』一、アゲシラオス、第一〇章、シャンブリー訳、ガルニエ＝フラマリヨン版、一九六七年、四六一ページ。

(7) 『国家』における近親相姦や父親殺しの夢についての言及は、プラトンをフロイトの先駆者とするのだが、それはサラ・コフマンの次の論文によって強調された。〈鏡と夢の幻想――フロイトの先駆者プラトン〉、『パール・ド・ルイユ』、第四号、ブリュッセル、一九八八年、『誘惑』、ガリレ、一九九〇年に再掲載。

(8) したがって、スフィンクスを、プラトンが描写する架空の怪物と文字通りに同一視することができないとしても、機能的な構成によって、両者が同じ系統に属していることは明らかである。ライオンの部分はまさしく両者に共通している。しかしながら、スフィンクスの最も人間的な要素、女性的な頭は、明らかになまめかしく魅了し、欲望をかき立てる部分である。一方、鷲のような翼は、魂の中の最も神々しいもの、世俗的な重苦しさから逃れ、天のほうへ差しのべられているものを象徴しているように思える。

もしも今われわれが、この新参者は、女性の怪物に出会うときに、魂のイメージ、対決を強いられる謎を含んだ彼自身の魂の恐ろしいイメージと出会うのだ、と言うとしたら、われわれは、プラトンが言っていることから演繹できるようなことを何も示してはいないということになる。

（9）V・ターナー、『ドラマ、フィールド、メタファー』、前掲書、二五三ページ。

第9章

（1）『方法序説』における〈唯一のもの〉というテーマ、およびそれがもたらす遠近法的な図式に関しては、次の私のテクストを参照。〈デカルトと遠近法〉、『創造的精神』、一九八五年春、ルイジアナ州立大学出版、バトン・ルージュに所収。

（2）ヘーゲル、『美学、象徴的芸術』、第一章〈無意識の象徴主義〉、S・ジャンケレヴィッチ訳、フラマリヨン版、第二巻、パリ、一九七九年。エディプスへの暗示はこの章の終わりに見られる。
〔竹内敏雄訳、『美学　第二巻の上』、『ヘーゲル全集　19a』、岩波書店、一九六五年〕

（3）同書、七二ページ。

（4）同書、六八ページ。

（5）同書、六八ページ。

（6）ヘーゲル、『哲学史講義』、ギベリン訳、N・R・F版、「イデー」叢書、パリ。

（7）フォイエルバハ、〈将来の哲学〉、第五五節、『哲学的声明』、アルチュセール訳、U・G・E、一九七三年に所収。
〔松村一人・和田楽訳、『将来の哲学の根本命題』、岩波文庫、一九六七年〕

（8）フォイエルバハ、〈哲学改革のための暫定的命題〉第一番（同書）。
〔松村一人・和田楽訳、『哲学改革のための暫定的命題』、前掲書に所収〕

(9) ニーチェ、『ツァラトゥストラはこう語った』、〈彼岸の見神者〉。第一部、ツァラトゥストラの三番目の言説、M・ベッツ訳、ガリマール、一九四七年。
〔氷上英廣訳、『ツァラトゥストラはこう言った』、岩波文庫、一九六七年(上)、一九七〇年(下)〕
〔手塚富雄訳、『ツァラトゥストラ』、『世界の名著46』、中央公論社、一九六六年〕
(10) ニーチェ、ハイデッガーによる引用、『ニーチェ II』、ガリマール版、二四四ページ。
(11) マルクス、『自筆原稿44』、ソシアル版、一九六八年、九九ページ(ボッティジェルリ訳)。

第10章

(1) 『人間と聖なるもの』の中で、神聖なものの両義性を事細かに分析したロジェ・カイヨワを参照することがここではぜひとも必要である。
〔塚原史・吉本素子・小幡一雄・中村典子・守永直幹訳、『人間と聖なるもの』、せりか書房、一九九四年〕
(2) この動きに関しては、例えばヴィクター・ターナー、『儀式のプロセス――構造と反構造』、特に第五章、〈謙虚さと階層――地位向上と逆転のリミナリティー(通過儀礼の過渡的段階)〉、コーネル大学出版、イサカ、一九七七年を参照せよ。
(3) この問題点と他のいくつかの点については、チャールズ・シーガルの分析、『悲劇と文明、およびソフォクレスの解釈』、ロンドン＝ケンブリッジ、マサチューセッツ、ハーヴァード大学出版、一九八一年、第一一章、〈コロノスのエディプス――一つの展望の終焉〉を参照。
(4) プルタルコス、〈愛についての対話〉、第一四節、第一〇巻。

結　論

(1) このような弁別的な評価は、「貨幣＝父親＝男根＝言葉《ロゴス》」という構造支配を探し当てようとしていた以前の私の研究には欠けている(『経済と象徴的なもの』、スイユ版、パリ、一九七三年を参照)。父親はすでに、この一連の〈一般的等価物〉の尺度においては、専制的な父権制という古風な人格とはまったく別のもの、アリストテレスが貨幣に与えているような、〈仲介〉的、〈審判〉的な立場と同等の、抽象的、調整的な立場になっている。

(2) コルネリウス・カストリアディスは、トゥキュディデスから借りた言葉を強調しながら、ギリシャ的斬新さに関するこの特異性を見事に指摘した。〈ギリシャの都市国家と民主主義の創造〉を参照、『ル・デバ』、第三八号、一九八六年一月—三月に所収。

訳者あとがき

本書は、Jean-Joseph Goux, *œdipe philosophe*, Aubier, 1990 の全訳である。

〈朝は四本足、昼は二本足、夕方は三本足で歩くものは何か〉というなぞなぞは、世界中の誰もが知っている、なぞなぞの典型とも言うべきものである。ルーヴル美術館にあるアングルの絵、『エディプスがスフィンクスの謎を解く』は、その有名な場面を描いている。傲慢そうな顔つきのエディプスが、左足を石の上に載せ、挑みかかるような姿勢で、スフィンクスと対峙している。右手に二本の槍を抱えているが、その穂先は下を向いている。左の肘を左足に載せ、指先はふてぶてしくスフィンクスを指し示している。一段高い岩の上にスフィンクスは立っているが、女性の顔と胸、翼、ライオンの脚を持つその体半分だけしか見せていない。エディプスは絵の中央で存在感を示し、体全体に明るい光が当てられているのに対して、スフィンクスは女性としての胸の部分にしか光を当てられていない。闇の中のスフィンクスの目がエディプスを睨みつけている。画面の左下に、人間の足と骨が見える。謎に答えられなくて犠牲となった人の姿であろう。体をばらばらにされ、スフィンクスに食われてしまったものと思われる。右下には、スフィンクスを目にして恐れおののき、逃げようとしている民の姿がある。その彼方に見えるのはテーベの町だろうか。いずれにしても、謎を解いたエディプスの自負心と、傲岸不遜な様子がはっきりと見て取れる。そしてこれは、知性によって謎を解いたということ、つまり理性の勝利を表現しているのだということが分かる。しかし、だからといってそれで謎は解けたのだろうか。スフィンクスとはいったい何なのか。たとえ象徴的な次元であっても、なぞなぞを解いただけで怪物をやっつけるなどとは、まるで子どもだましではないか。それよりも何よりも、エディプスとスフィンクスの対決そのものは何を意味しているのか。さらに、なぞなぞの答は簡単であっても、エディプスのその答自体を通じて、先人たちはわれわれに何を伝えようとしたのか。謎は、次から次へと湧き出てきて、尽きることがない。昔ながらの素朴な疑問から、新たに噴出してきた疑問に至るまで、ジャン＝ジョゼフ・グーのこの本は、きわめて明快な答を用意している。そしてその答についてあれこれ考えていると、いつの間にか、知らないうちに、ヨーロッパ社会の根底に潜む思考形態に触れることになる。グーが白日の下にさらすそうした謎の数数を辿ってみよう。

まず初めにグーは、アングルの絵の場面、つまりスフィンクスとエディプスとの対決について疑問を呈する。多くのギリシャ神話の英雄たちは、文字通り、血みどろの戦いによって怪物たちを退治する。ところがエディプスには、そんなことは起こらない。腕力を使わずに、なぞなぞを解くだけで、つまり知力を使うだけでスフィンクスを打ち負かすのである。これではあまりにも迫力がない。何か煙に巻かれたような、期待はずれにされたような雰囲気が漂う。ペルセウス、ベレロフォーン、イアソン、ヘラクレスなどといったあまたの英雄たちの戦いと比べると、あまりにも貧弱である。エディプス神話が本当にギリシャ神話の一部なのかと疑念を感じてしまうのも、もしかするとこの点に起因するのかもしれない。ともあれ、グーは、ペルセウスのように勇敢な、流血の戦いをする普遍的な男性的英雄たちの神話を、〈単一神話 monomythe〉と呼んでいる。その単一神話と比べたときに、エディプス神話は驚くべき逸脱を示すのである。そして、その比較によってのみ、今まで誰も理解することができなかった真実が見えてくるというのである。単一神話では、怪物との対決に際して、英雄たちは、アテナやヘルメスなど、神々の援助を得る。さらには、賢者や許婚者など、人間たちにも助けられる。ところがエディプスはたった一人で、他から何の援助もなしに怪物を退治する。単一神話では決定的な勝利に至るまでのさまざまな試練に段階を設けているのに、エディプス神話ではそれがなくて、スフィンクスとの対決は唐突に行なわれるような印象を受ける。単一神話では英雄たちは血まみれになり、肉体的な力によって、怪物たちを殺害するのに対して、エディプスは知性の力でスフィンクスを排除する。

ところで、英雄たちが立ち向かう怪物はみな雌、つまり女性的である。ペルセウスはゴルゴン la Gorgogne を、ベレロフォーンはキマイラ la Chimère を、テーセウスはクロムミュオーンの雌猪 la truie de Crommyon を、ヘラクレスはレルネーのヒュドラ l'Hydre de l'Herne を、そしてエディプスはスフィンクス la Sphinge を倒す。このような〈怪物殺し〉に関して、フロイトの学説は説明することができない。フロイトによれば、エディプス神話は〈父親殺し〉が大きな問題なのであって、スフィンクスを殺すことは〈父親を殺すことの代用〉であるという。ところが、スフィンクスは雌なのである。確かにエジプトのスフィンクス le Sphinx は雄であるとしても、ギリシャの、エディプス神話のスフィンクスは雌であり、ギリシャ語の ἡ Σφίγξ、ドイツ語の die Sphinx が、いずれも女性名詞であることにフロイトは気づくべきだった。また、エディプスとスフィンクスが対峙するときに、父親はすでに殺害されてしまっているのだから、父親殺しが重複してしまうということを、フロイトは理解していない。しかも、スフィンクスは殺されるのではなくて、自殺するのである。そうしてみると、フロイトが〈父親殺し〉を軸に築き上げた〈エディプス・コンプレックス〉そのものが、疑問視されなければならなくなる。その一方でグーは、ユングがフロイトと衝突しながらも妥協することなく、母親のほうへ向かったことを、正当なことと評価している。つまり、〈怪物殺し〉とは〈母親殺し〉のことであって、これはフロイトの学説ではまったく考えつかないことである。英雄たちは雌の怪物との血みどろの戦いで、雄々しいエネルギーのすべてを結集させてその怪物を殺し、自由になる。そうして初めて約束された娘である王女と結婚できるようになる。これは、母親の強力な絆を断ち切り、致命的な愛着から自分自身を解放し、勝利者として外に出ること、すなわち、少年時代から抜け出て、〈男〉というものになるための、死の危険を冒す試練、大いなる通過儀礼の試練なのだという。それを通過することによってのみ、「許婚者」、女性的なものを解放することができる。ところがそれと比較すると、エディプスは知性によってスフィンクスを打ちのめすのであって、スフィンクスを殺すことはなかった。そしてスフィンクスの自己破壊は、秘密が暴かれたことで名誉を傷つけられた者の、悔しさの行為である。エディプスは、通過儀礼を巧みに回避したために、女性的なものの解放を達成していない。それゆえにスフィンクスの、恐るべき恨みにつきまとわれることになる。

では、そのスフィンクスとはいったい何なのだろうか。〈生肉を食らうもの〉、スフィンクスは、疑いもなく、通過儀礼の師である怪物の神話的＝儀式的な姿の一つである、とグーは明言している。近代以前の社会においては必ず、複雑な儀式化によって、子どもから大人への移行がなされる。この思春期の通過儀礼が重要なのは、これがあらゆる通過儀礼のモデルとなるからである。そして通過儀礼の一般的原則は不変であり続け、常に、別離、死者の世界への下降、子宮への逆行、流血の試練、一時的な死、秘密の教えの受容、再生や復活のテーマが、多様な形で見られる。象徴的な死や喪の悲しみを経て、〈第二の誕生〉として生者たちの間に帰還する。そのような死を乗り越えて、崩壊、分割、細分化という段階につながらなければ、新しい基盤に立つ自己同一性の再構成は起こりようがない。英雄たちは怪物にむさぼり食われるが、その後で怪物を殺し、生まれ変わる。そうして通過儀礼的な再生の結果として、若い娘が解放され、結婚によって獲得されるのである。

　興味深いことに、悲劇の形式そのものが、原初的なディオニュソス劇の痕跡と、ディオニュソス劇の筋書、つまり死と再生の筋書を踏襲した通過儀礼を保持している。ギリシャの演劇は、初期の頃には、三つの悲劇と一つのサテュロス劇を含む四部作で成り立っていた。そしてこの配置によって、ディオニュソス的通過儀礼の神話的＝儀式的筋書の展開が忠実に繰り返された。三つの悲劇はそれぞれ、神の闘いと苦悩、神の粉砕、神の死に伴う喪の悲しみにかかわり、サテュロス劇は神の復活を賞賛する喜びと哄笑のほとばしりにつながっていた。アイスキュロスの作品、「テーベ三部作」である『ライオス』、『エディプス』、『テーバイ攻めの七将』と、サテュロス劇『スフィンクス』は、そのきちんとした形式に則っていたが、残念なことに、今残されているのは、『テーバイ攻めの七将』だけである。完全な形で残っていたら、ディオニュソスとスフィンクスとエディプスのつながりが解明されたはずなのだ、とグーは言っている。その後、ソフォクレスが活躍する頃には、もう四部作の形式は崩れていたらしいのだが、ギリシャ語の「悲劇」、トラゴーイディア τραγῳδία は語源的に、トラゴス τράγος（山羊）とオーイデー ᾠδή（歌）が組み合わさった「山羊の歌」からできたもので、酒神ディオニュソスの伝説を内容とし、彼を称えるという目的で、山羊の皮をつけた俳優によって演じられ、山羊が賞品であった。またサテュロスは、山羊の角・耳・脚と、馬の尾を持っていて、ディオニュソスにいつも付き従っている。これだけでも十分にさまざまなことを連想させるが、ディオニュソスとスフィンクスとの関係について、きわめてはっきりと解き明かしてくれるものが現存することを、グーは指摘している。一方は、ヴァニョンヴィルのクラテルやミゾンのクラテルであって、そこにはつるはしで墓を壊している二匹のサテュロスと、墓の上にすわっているスフィンクスが描かれている（本書六三ページ）。またもう一方は、サテュロスたちがつるはしやハンマーで叩いている場所の中央から、若い娘がぬっと顔を出しているコレーΚόρη〔若い娘〕のアノドスἄνοδος〔浮上〕の光景である（六四ページ）。サテュロスを介して両方を関連づければ、次のことが分かる。スフィンクスは若い娘を虜にしている（内包している）墓の塚を守っている。つるはしやハンマーでその塚を壊すディオニュソスの眷族サテュロスたちが最終的に介入することによって、コレーのアノドス、冥界の深みから、若い娘が出現することが可能となる。これはディオニュソス劇のサテュロス的な段階であると同時に、若い男の通過儀礼的な段階、つまり許婚者となる娘の解放でもある。

スフィンクスは人を殺す動物であると同時に、来世での再生を請け合う怪物でもある。再生するためには死ななければならない。死とは再生であり、ゆえに最後の通過の儀式なのである。魂の導き手としてスフィンクスが携えている意味を考慮しないとしたら、エディプスの物語は何も理解することができない、とグーは断言している。さらに決定的な光景を示しているのは、紀元前五世紀のアッティカの壺（七〇ページ）、および紀元前六世紀の壺（七一ページ）であって、これらはスフィンクスが中心となる、通過儀礼的試練にふさわしい儀式の状況を忠実に呼び起こす。ところがエディプスは、このスフィンクスの試練を達成していない。彼は若い娘を解放していない。であるならば、エディプスの運命は、はたしてどうなるのだろうか。

英雄的試練には、結婚を可能ならしめ、国王となる資格を与えるという意味がある。ところがエディプスは、その試練を完全に通過していない。というよりも、その通過儀礼を巧みに回避している。その逸脱が、エディプスの運命の異常性を作り上げているのだ、とグーは述べている。神話学者レストナーは、『スフィンクスの謎』で、スフィンクスのような悪魔が、愛撫、打撃、質問という三つのタイプの試練を課していることを示した。そしてジョルジュ・デュメジルの『インド＝ヨーロッパ語族の三つの観念体系』は、それら三つの機能領域がインド＝ヨーロッパ文化圏に回帰し、インド＝ヨーロッパ文化圏における根源的構造化機能となっているということを解き明かした。第一の試練は性的欲望にかかわり、第二は戦士の力、第三は知性にかかわる。英雄は節制の美徳を示して情欲の性癖を克服し、勇気と肉体の力で立ち向かい、質問に答えて自らの知性を示さなければならない。この三重の通過儀礼的試練を乗り越えて、英雄はやがて国王となり、自らの人格の中で〈三つの機能の統合〉を実現しなければならないのである。ところで面白いのは、スフィンクスが三つの部分、女性の頭、ライオンの体、鷲の翼で成り立っているということである。つまり〈三重の敵対者〉であって、この三つの部分はそれぞれデュメジルの三つの機能に対応している。女性の頭は性的な試練、ライオンの体は戦士の力、鷲の翼は、鷲がゼウスの聖獣であり、空・昼・光を連想させることから、知性を表わしているのだという。そのような視点から見ると、ギリシャ神話の英雄の冒険は次のようにまとめられる。ヘラが怪物たちを送り込み、アテナがそれらと対決する勇気と手段を与え、アフロディテが欲望と勝利の機会を与える。ところがエディプス神話では、アテナの援助もなければ、アフロディテによって吹き込まれる愛の力もない。彼はたった一人でスフィンクスに勝利する。

規則的な英雄神話では、完全な国王叙任が達成されるために、三つで一揃いの試練が課せられる。つまり、第一に神聖化の試練、第二に戦いの試練、第三に性欲・多産性の試練である。このそれぞれが機能上の三分割と対応している。そしてこの三重の試練は普通一般の青年たちに関して必要なものであったが、国王となる英雄の人格に関しては、とりわけ必要な試練であった。これらの試練の順序が、エディプスの場合には逆になって生じている。つまり、性欲・多産性に結びつく試練、戦士としての効力にかかわる試練、神聖なものの知恵にかかわる試練という順序で、後に行くほど困難さが増大する。しかし結局のところ、エディプスは三つの機能の統合と調和を十分に実現しておらず、何かちぐはぐなのである。それは、第二の機能にかかわる父親殺し、第三の機能にかかわる近親相姦であって、これらは本来あるべき姿の違反や倒錯ではないのか、とグーは疑問を投げかける。本当なら、勇気と肉体的な力によって戦いの試練を乗り越えた後に、性欲の危険な支配力を克服し若い娘を解放し、獲得するところなのだ。さらに、エディプスはスフィンクスのなぞなぞを解くことによって、一見、第一の機能的試練は達成したかのように見えるけれども、彼が、神々からも他の人間たちからも教えられることなく、たった一人でその答を見つけ出したということは、伝統的精神にとって、通過儀礼的伝達における冒瀆的決裂の由々しきしるし、通過違反の証拠そのもの、エディプスの慢心と知的自負心を示す破廉恥な行為でしかありえない。ニーチェも『悲劇の誕生』の中で、エディプスの行為を分離するべきではなく、三つで一つのまとまりとして眺めるべきだ、と理解することができた。そして、エディプスの宿命の〈恐るべき三つ組〉の中に、自然の最も神聖な法則を打ち砕く三つの態度があると記した。神聖さを汚すこと、冒瀆、これこそが、通過儀礼の導き手である動物、スフィンクスを前にして、エディプスの態度が真に意味していることだという。彼が示すような極端な傲慢さ、慢心を、ギリシャ語でヒュブリス ὕβρις という。このヒュブリスは、ギリシャ神話やギリシャ悲劇を読み解く一つの鍵ではないのだろうか。慢心ゆえに自分の能力に酔いしれ、神々に戦いを挑み、その結果として悲惨な運命を招く話が数多く存在する。エディプスの運命は、その悲惨さの最たるものだろう。エディプスの人生を貫く三つの災禍は、通過儀礼を回避した三つの領域の一つ一つに対応している。父親殺し、近親相姦は、第二、第三の機能にかかわる罪の中でも最悪の、極限的な罪である。一方、エディプスの失明は、第一の機能にかかわる最悪の罰ということになる。盲目になって光を失うということは、知を失うということだからである。とはいえ、エディプスは三重の違反行為を犯しながらも、自分自身ではそのことをまったく知らない。エディプス神話は、それを悲劇の力のすべてとするようなやり方で、完全な無知を知への継ぎ目と連携させる。したがってこの神話は、倫理学と知との関係にかかわる教訓を含んでいるのだという。

ところで見方を変えるならば、通過儀礼の回避は一つの解放でもある。通過儀礼を回避したエディプスとともに、新たな主体性の様式が浮かび上がる。自分自身を自然、物質、大地を所有する主体であると自任すること。いかなる権威の指示にも何の負うところもない力の自立的意志によるのだとすること。エディプスによってそのような新たな主体性、新たな存在・思考形態を創り出す主体性が現われてくる。だから、エディプス神話は、インド＝ヨーロッパ語圏に特有の機能的三分割のイデオロギーから外へ移行するギリシャ的脱出の神話である、とグーは述べている。一方には、年老いた賢者、アポロンの祭司、太古の知恵の継承者であるテイレシアスがいる。もう一方には、若き哲学者、自分自身の考察だけを信じ、人間だけを信じ、事実だけを確かなものと見なすエディプスがいる。前者は通過儀礼を極めた者であり、後者は知の通過儀礼的な様式を、自己の考察によって乗り越えようと主張する者であって、ソフォクレスがわれわれにかいま見せるのは、この二者の深い対立なのである。

ソフォクレスの悲劇では、エディプスを罰するのはアポロンである。では、先に述べたディオニュソスとアポロンの関係はいかなるものだろうか。エディプスの運命におけるこれらの神の役割は何だろうか。アポロンもディオニュソスも、青年の通過儀礼のしきたりの中で、特別な機能を持っている、とグーは言う。アポロンは、自分の完全さを保持しながら、雌の竜を殺す。一方、ディオニュソスは、体をばらばらにされ、切り刻まれ、分割の責め苦の後で、蘇生し、第二の誕生を体験する。両者とも男性の通過儀礼の擁護者なのだが、アポロンはその能動的、肯定的な一面を、ディオニュソスは受動的、否定的な側面を受け持っている。ところがエディプスは、ディオニュソス的な責め苦と分割（怪物との血みどろの戦い）を回避しながらディオニュソスを無視し、しかもアポロンと張り合ってアポロンを越えようとする。このヒュブリス〔慢心〕が問題なのであって、神々に対する侮蔑が神々の怒りを招き、自らの悲劇を生み出すのである。そのように神話にはそれなりの厳格な合理性が存在する。アイアスは、アテナの援助なしに戦いに勝つことができると信じた。ペンテウスは、酒に酔うことの神聖さを無視してディオニュソスを蔑ろにした。ヒッポリュトスは、愛の力を認めようとせずにアフロディテを傷つけた。傷つけられた神の報復の中に、悲劇の合理性と教訓がある。どんな神がどんな罰を、なぜ差し向けるのか。これが分からなければ、エディプスの筋立ては分からない、とグーは断言している。

　エディプスの不幸が生じる原因は、アポロンの怒りである。たいへんな思い上がりから、冒瀆的に神自身と競争し、人間としての境遇に与えられている限界を越えることができると考えたりすると、常に均衡が破れ、常に節度がなくなり、神の激怒が引き起こされる。ディケーΔίκη〔正義〕は、矯正のためのすぐれた原則であって、一人の神（ネメシスΝέμεσις〔復讐〕）の処罰行為という手段だけがそれを実現する。スフィンクスとの対決の中で、エディプスは、冒瀆的な知性で、通過儀礼そのものの合理性を解体する。つまりスフィンクスを侮辱するのである。その結果として、エディプスのアポロン的な行き過ぎた自負心が罰せられる。アポロンは、元来、哲学者たちの擁護者として称えられてきた。伝統の精神においては、哲学するということはアポロンを崇拝するということである。ところがその哲学によって、個人が誕生し、主体が反乱するようになる。そこでギリシャ悲劇は、合理主義と人間中心主義に対抗して差し向けられる絶えざる教訓となっている。悲劇本来の神を称えるという機能がよく納得できる。

エディプスが典型化している新しい姿勢を、グーは〈アントロポサントルマン anthropocentrement〉と呼んでいる。本書ではこれを〈人間中心性〉と訳した。神々とは単なる投影でしかなく、人間がその源である、という認識である。スフィンクスに対するエディプスの〈人間〉という答が、スフィンクスにとって致命的なのは、その答が人間性の所作を典型化しているから、通過儀礼そのものを無効にするからである。そんなわけで、エディプスは、人間が中心に置かれる文化へ移行する象徴と見なすことができる。彼はギリシャ人たちが行なった決定的な変化を典型化している。ここに、その後ヨーロッパ社会にあまねく広がってゆく考え方の基盤がある。神話から理性へと移行し、個人の誕生、民主主義の出現を可能にする基盤である。

エディプスが象徴しているのは、人間的主体が、自らを源にして動作主であると認識しながら、外的世界に自分が投影していたものをそこから引き離す動きである。対象としての世界を発見し、自らを主体として位置づける。そのような作用は、〈ギリシャの奇跡〉と呼ばれるものの特徴の中に見てとることができる。具体的な例で言えば、演劇、ソクラテス流の哲学的対話、民主主義的論争、絵画の遠近短縮法、建築の〈視覚調整〉、流通貨幣といったものである。

例えばパルテノン神殿は、厳密には垂直線と水平線に従っていない。直線ではなくて、緩やかな曲線を使いながら、まっすぐに見えるような工夫がなされている。形の歪みは、眺める人間のためのものであって、見物人のための視覚的な補正が行なわれているのである。神のための神殿でありながら、その建物自体は人体のような曲線美を備え、きわめて人間的であるという点が、この上なく興味深い。

エジプトの絵画は、色彩によっても、線の構成によっても、奥行きの効果は存在しない。すべてが同じ平面に、一色塗りで配置されているように見える。そのようなものに、グーは平面法 aspective という名称を適用している。ところがギリシャでは、主体が自分自身を、見えるものの源にして動作主と位置づける。つまり、遠近法 perspective である。エディプス神話は、そのような平面法から遠近法への移行を示しているのだという。

さらに貨幣を問題にするならば、エジプト人たちは、商品の価値を照合する単位として役立つ観念的な尺度、計算貨幣を知っていたが、市場では物々交換という形で、商品どうしが取り引きされた。ところがギリシャでは、国家的規模で硬貨を鋳造することによって、一つの通貨機関の中に、単位上の観念的な機能と、日々の交換のための道具的な機能とが組み合わされた。つまり流通貨幣であって、この場合は、各個人が普遍的な尺度の保持者であり、その普遍的な尺度が同時に交易を行なう手段でもある。

いずれにしても、このような改革が可能になったのは、遠近法的な主体が構築され、人間に合理的な視点が備わったからである。救済からも、神の力の脅威からも解放されて、人間は、諸現象の真ん中に立ち、自分だけで自分を制御する。エディプスが〈人間〉という言葉を発して、たった一人で成し遂げる行為は、プロタゴラスの〈人間は万物の尺度である〉を凝縮している。彼は、スフィンクスに対するその答によって、個人を越えた他者性をまったく拠り所とせずに、あの〈汝自身を知れ〉を、エゴー ἐγώ 〔この私〕の完全な支配のほうへ、自己＝考察的意識のほうへ向かわせる人なのである。しかしながら、このデルフォイの神託は、誤って解釈された可能性がある、とグーは言っている。〈汝自身を知れ〉が神の神託であるからには、これは自己認識をすることによって、神を崇めるようにすることなのであって、知的な思索をすることによって、神を傷つける方向に向かうことではない。にもかかわらず、エディプスの自己中心性は、神々の否定に、あらゆる教えの忌避に向かっている。このエディプスの態度は、自己認識することを命じるアポロン的な戒律の倒錯である。そのような方向に向かうエディプスの筋立てを、グーは、〈自己論理的な autologique〉やり方と表現しているが、一連のその論証はきわめて見事で、必見の価値がある（一六四―一七〇ページ）。エディプスの名前自体がすでにそのやり方に則っている。エディプスは、赤ん坊のとき踝を刺し貫かれて山に捨てられた。その結果、足（プース πούς）が腫れている（オイディン οἰδεῖν）ために、オイディプース Οἰδίπους（腫れた足）と名づけられた。スフィンクスの問いかけに対して、その足（プース）を数え上げるということは、彼の自己同一性にかかわっている。これは、自己＝認識、自己＝同一化によって、自分自身を指し示すことで、スフィンクスのなぞなぞを解くということである。結局のところ、エディプスは自分を裁き、自分に劫罰を与え、自分に刑を宣告する。次いで自分の視覚を奪うために自分自身で両眼を打ち、その自己論理的な宿命を投げ捨て、ついには自己＝破壊的段階に達するのである。

哲学は、エディプスが典型化する所作によって切り開かれた亀裂に左右され続けるとして、グーは偉大な思想家たちとエディプスとのつながりを探ってゆく。彼がその最初に挙げているのがソクラテス（紀元前四七〇［四六九？］―紀元前三九九年）である。われわれはそのソクラテスとエディプスとの意外な類似性に驚かされる。

アテナイ出身のソクラテスは、他のいかなる人物よりも、哲学的思考の独学的、個人主義的傾向をはっきりと示す。それが理由で、ソクラテスを哲学的思考の真の始まりとするのだが、ソクラテスはいかなる教育も受けなかった典型的な人物で、彼は自分自身の中に、自分自身で真理を見つけ出した。父親的権威が後退し、消滅し、まさに息子の自律性によって哲学的思考が形成された。父親だけでなく、師も、秘儀祭司も必要としない。その上、通過儀礼も受けていない。この状況はエディプスとそっくりである。プルタルコスによれば、ソクラテスは自分自身の中に指導者を持っているという。父親が脱落し、内的な指導者に接近することによって、あの哲学的な対話、ソクラテスの問答法（ディアレクティケー）が生まれる。いかなる前提的な知、いかなる教義も押しつけず、自分が何も知らないということを示す。そして最終的に、対話者どうしが無知を認識することで終わる。ソクラテスにしてみれば、すべての伝統と教義から離れて、自分自身で考え、自分の中に真理を見つけることで満足するのだが、権威者たちにとっては、己の無知を露呈されるということは、自らが保持する権威の失墜を意味する。その方法の中には、潜在的破壊力があったということになる。

アテナイの名門の生まれであるプラトン（紀元前四二七—紀元前三四七年）は、ソクラテスの弟子として、「対話篇」によってソクラテスの哲学者としての姿を称揚しているが、エディプス的な過激性については覆い隠そうとする。彼は反＝エディプス的企てに向かう。

プラトンにとっては、都市も人間の魂も、三つの部分から成り立っている。都市を作り上げているのは、生産と富の交換を保証する人々、防衛のために戦う人々、都市について討議し行政を行なう人々である。一方、それらとちょうど対応するように魂を組み立てているものは、欲望、怒り、知性であって、それぞれの美徳は、節制、勇気、慎重さということになる。この背後にあると考えられるのは、インド＝ヨーロッパ語族的な三つの機能の統合、三つの機能上の美徳なのだが、そこに四番目の美徳が加えられる。それは正義であって、正義という美徳が階層の調和を保証する。自分自身の中に、自分の魂の構造によって、そうした調和の完全なイメージを抱えている人として、プラトンは国王＝哲学者の姿を思い描く。国王＝

哲学者の魂とはそれ自体の中で、魂を組み立てる異質な三つの要素の、調和に満ちた、階層化された均衡を実現する魂のことである。ところがエディプスは、そのような国王＝哲学者と正反対のところに位置づけられる僭主（テュランノス）なのである。ただし、エディプスとプラトンが描く僭主との間には一つの差異がある。エディプスの行為が無意志的だということである。そのことであらわにされる意味は、エディプスにおいては、理性的な要素の高揚、すなわち哲学的行き過ぎが破局へと通じるのに対して、邪悪な僭主においては、逆に理性的な要素が欠如しているがゆえに、欲望によって階層をひっくり返し、猛り狂う貪欲な野獣を放つということである。邪悪な僭主は、自分の中に常軌を逸した怒りや殺人の衝動をたぎらせ、自分の中に歯止めなく官能的な興奮をかき立てる。外見的に両者は正反対に見えるが、結局は同一化してしまうのが、エディプスの悲劇なのである。ところで、エディプスも国王＝哲学者も、知恵によって統治権を獲得した、つまり理性的な要素を備えているという点では、同じ状況に置かれている。それにもかかわらず、エディプスは、結果として正真正銘の邪悪な僭主と同一化してしまう。その危険な近接関係にプラトンは不安を感じ、反＝人間主義的な警戒を示したのだと思われる。だから、哲学的理性の若々しい、民主主義的な出現は、プラトンの知性によって取り込まれていると同時に批判されてもいる。

〈近代哲学の父〉と言われるルネ・デカルト（一五九六―一六五〇年）は、フランス、トゥレーヌ州、ラ・エイに生まれた。理性を順序正しく導く方法を求めるために、『方法序説』（一六三七年）を著したが、その中で彼は、絶対に確かな真理を認識するためにすべてのものを疑ってかかる〈方法的懐疑〉から出発する。しかしそれでも、考えている自分自身の存在だけは疑うことができないという結論、コーギトー・エルゴー・スム cōgitō ergō sum、〈我考えるゆえに我あり〉に到達する。ところで、デカルトのこの方法の順序そのものが、エディプスの物語の大いなる契機の連続を厳密に継承している、とグーは言う。第一に、デカルトは師をことごとく拒否し、知の伝達に関して、独学者の立場の優位性を主張している。第二に、〈我考える〉のような自意識の鋭敏な形によって、曖昧でぼんやりした思考を解体している。第三に、〈自然の支配者にして所有者〉となる。この三つは、父親殺し、スフィンクスへの答え、母親の所有という エディプスの三大契機にぴたりと重なる。だから、デカルトの〈我考えるゆえに我あり〉は、勝利の叫び、達成した父親殺しの叫びであって、これは存在論的な自己＝確立の所作なのである。デカルトは、神話の言語の中で英雄の冒険があらかじめ表象として示していた個体化行為を繰り返すだけではなく、その表象を追い求め、ついには英雄的な想像世界の中で働いているもの、人間に対して、主体となって、自分を自意識として発見し、自分自身がその確信を拠り所とするようにしむける努力を明るみに出す。彼もまた、理性と自意識という武器で、奇怪なものを打ち負かしたということになる。

ドイツ観念論の代表的な哲学者、ゲオルク・ヴィルヘルム・フリードリヒ・ヘーゲル（一七七〇―一八三一年）は、ドイツのシュトゥットガルトの中級官吏の子として生まれた。牧師になることをめざしたが、断念し、キリスト教の批判を行なっている。ヘーゲルは、スフィンクスとエディプスが対決する場面を、哲学の原初的光景とした。ただしヘーゲルの念頭にあるのは、エジプトのスフィンクスである。エジプトは、ヘーゲルにとって、象徴の国であり、すべてが神秘と難解さに包まれている。中でもスフィンクスは象徴主義の象徴であって、動物性と人間性の混合体である。エディプスがその混合体を抹殺し、その奇怪さを解体する。したがってエディプスは、その象徴主義の象徴と対決する人である。自意識であるような、意識の光は、謎めいた他者性をことごとく消失させ、無意識の次元を抹殺する。〈思考が自分自身を考える》とき、思考は、精神の自由な表現を統制していた象徴主義的、神話的形態を打ち砕く。つまり、精神が感覚的なものから解放されて、精神それ自体のために存在し、それ自体を考察し、主体的なもの、内面性にまで到達しうる状態に辿り着くことができたときに初めて、精神はすべての象徴主義的な表現を脱ぎ捨てることができるのである。思考の自己考察的な動き、自意識的行為によって、主体性は自らを知る。スフィンクスを前にしてのエディプスの答は、ヘーゲルにとって、哲学の到来、その始まり、その端緒なのである。

ドイツにおける最初の唯物論者、ルートヴィヒ・アンドレーアス・フォイエルバハ（一八〇四―一八七二年）は、バイエルンのランツフートに生まれた。ヘーゲルの影響を受け、ヘーゲル左派に属し、やがてマルクスやエンゲルスの史的唯物論に通じる道を切り開く。彼はキリスト教を、利己的で、非人間的な宗教だと批判する。教義によって神に与えられる属性はすべて、人間の魂によって生み出され、意識が改めて我が物としなければならない内容から引き離され、超越的となった存在の、投影にすぎない。だから、神的な他者性をことごとく否定し、その後で、神によって疎外された人間の本質を、人間によって再び獲得するようにしなければならない。神々と神々の神秘が人間的精神の産物にすぎない、とする点でエディプスとまったく同じである。エディプスが発見するのは、人間を恐怖や期待で一杯にする強力な形象の背後に、人間自身以外の謎など存在しないということである。さらに、人間が自分とは異なる、外部の現実として崇拝し、恐れる神聖な存在とは、他ならぬ自分自身なのだという。

フォイエルバハが企てた操作の延長となるのが、フリードリヒ・ヴィルヘルム・ニーチェ（一八四四

―一九〇〇年）の思想である。彼はプロイセンのザクセン州のレッケンという町に、牧師の長男として生まれた。四部からなる、『ツァラトゥストラはこう語った』（一八八三―一八八五）を書いたが、これは未完の作品である。ニーチェによれば、この私こそが創造し、意欲し、事物の尺度と価値を示す者だ、ということになる。ニーチェは、ツァラトゥストラの予言的言語で、人間中心性という動き、天の神に転移された崇高な内容を人間に取り戻すという動きを再発見する。人間的な、あまりにも人間的な作品、それが神学なのだ！　しかし、彼岸があばかれ、神々が死に、人間が唯一の創造者となる。そこに超人、ユーバーメンシュÜbermenschが出現する。そして力への意志によって、大地の征服に向かってゆく。ニーチェにおける、神の死、超人の出現、大地の支配は、エディプスにおける、父親の排除、人間（私）の昇格、母親（自然・物質・大地）の所有とちょうど対応している。

科学的社会主義の創始者、カール・ハインリヒ・マルクス（一八一八―一八八三年）は、ドイツ、プロイセン領ライン州、トリール市の裕福なユダヤ系ドイツ人の家庭に生まれた。彼は、無神論は神の否定であり、この否定によって無神論は人間の存在を提起すると述べ、神の死、無神論が結果として人間の出現をもたらすと考えた。人間を中心に据えるという点では、フォイエルバハの思想を受け継いでいるわけであるが、しかしフォイエルバハの思い描く人間は、抽象的な人間、人間一般であって、社会的・歴史的な人間ではなかった。いわばブルジョワ社会の、ブルジョワ的人間であって、そのことがマルクスの批判の対象となった。

マルクスは哲学の歴史を、観念論と唯物論の絶えざる闘争と考える。この闘争の中で、支配を逆転させるために、彼は観念論に反して、唯物論の側に立つ。そうして史的唯物論を確立する。物質への、ここ＝

下界への回帰は、マルクスにとっては、〈物質的な基盤〉という客観的な条件をもとにした、社会や歴史の表現という理論的な形を帯びる。そこからすべての理想が出てくるのであり、それらの理想にはもはや永遠のもの、無条件のものなど何もない。

精神分析の創始者、ジグムント・フロイト（一八五六―一九三九年）は、モラビアのフライベルクに生まれ、三歳の時にウィーンに移住した。フロイトの無意識の発見は、エディプス的立場を称賛する近代という背景の中に、くっきりと浮かび上がっている。ヘーゲルにとっては、（エジプト人たちの）無意識的象徴体系から（ギリシャ人たちの）意識的象徴体系や純粋概念への移行は、残り滓を出さずに行なわれたが、フロイトにとっては、還元できない残り滓が存在する。エディプス的な亀裂、人間中心性、自己中心性が、決して排除することなくいつも無意識の中に落としているもののことであって、それは〈無意識的欲動〉として描写されることになる。その〈無意識的欲動〉は本質的に二重になっている。つまり、死に至らしめる攻撃性と性的リビドーである。その攻撃的なものと性的なものと、魂の〈人間的な〉要素との関連の中に、エディプス的なものが見られる。フロイトは、無意識を探し当ててからは、エディプス的欲望以外のものを発見することができないでいる、とグーは述べている。

偉大な思想家たちの中に、エディプス的な痕跡を探し求めた後で、グーは最後にもう一度、ソフォクレスの悲劇を取り上げる。

ソフォクレスは、『エディプス王』から『コロノスのエディプス』へと移ってゆく過程で、いったい何をいわんとしていたのだろうか。この二部作、『エディプス王』と『コロノスのエディプス』を、通過儀礼という観点から眺めて、比較してみると、隠れていたものが浮かび上がってきて、ソフォクレスの意図をはっきり読みとることができるのである。失明し、彷徨した後、コロノスのエディプスは、貧困状態で、身ぐるみを完全に剝がされた痛ましい姿になっている。彼はすべてを失ってしまった。青春、権力、祖国、両眼、力、誇り。完全な逆転である。すべてが神の権限の下に位置づけられ、すべてが儀式化され、天の意志に従っている。やがてエディプスは、自分の息子にではなく、自分とは血のつながりのないテセウスに秘儀を伝達する。アテネの君主たちが将来において継承してゆくように、彼が始める新たな通過儀礼的儀式を創設するのである。この結末は、エディプスの惨劇の中心にあるものが、まさしく通過儀礼、その伝達の問題だということを証明している。

エディプスがテーベにおける勝利で逸してしまった通過儀礼の否定的側面が、コロノスで遅ればせに体験されるかのように行なわれる。遅ればせの通過儀礼として、エディプスが渡ってゆくのは、もはや象徴的な死という側面ではない。現実の死、他界が、真の通過となる。思春期の志願者にとって通過儀礼を受けるということは象徴的に死ぬということであるが、エディプスにとっては現実に死ぬということが、神聖なものを無視することによって、その歩みを絶えず遅らせてきた人生の終わりに到達するということなのである。すべてはまるで彼がテイレシアスとつながって、テイレシアスと同一化するかのように行なわれる。だから、彼は最後には、テイレシアスと同様に年老いていて盲目で、娘に導かれ、アポロンによって守られ、アポロンの予言をもたらす人になっている。回避された通過儀礼と、ついに死への入り口で達成される通過儀礼の儀式。これが、エディプスとコロノスのエディプスの対照を説明する対立なのである。この二人の人物像の間で、哲学の宿命が戯れている、この二人の人物像の間を、エディプス的遠近法の超克の秘密が走っている、と表現するグーの言葉は印象的である。

本書を刊行するにあたっては、この本を訳すように勧めてくださり、校正刷りの段階で訳文にていねいに目を通してくださった、茨城大学名誉教授・愛国学園大学教授、及川馥先生に感謝の意を表わしたいと思います。推理小説のような〈謎解き〉の面白さを十分に味わうことができましたが、それよりも何よりも、この翻訳作業を通じて、ヨーロッパの思想の根底にあるものに、改めて目が開かれたような気がしました。人間中心の思想の流れとして、ツヴェタン・トドロフの『未完の菜園』につながるテーマすらいくつも含んでいると思います。また、今回も、本文を細かくチェックし、さまざまな助言をしてくださった、法政大学出版局の松永辰郎氏をはじめ編集部の皆様方に、心からお礼を申し上げます。ありがとうございました。

二〇〇五年五月二十日

内藤雅文

索　引

（架空の人物・怪物名は，フランス語の綴りをイタリック体で示した）

【ア行】

アイアース　*Ajax*　16, 126, 127
アイエーテース　*Aietês*　82, 83
アイゲウス　*Égée*　229
アイスキュロス　Eschyle　61
アウゲイアス　*Augias*　95
アエネイアス　*Enée*　54
アクリシオス　*Acrésius*　12
アゲシラオス　Agésilas　178-180
アテナ　*Athéna*　15-17, 20, 22, 54, 82, 86, 127-129
アナクサゴラス　Anaxagore　139, 141, 159
アナクシマンドロス　Anaximandre　140
アプレイウス　Apulée　175
アフロディテ　*Aphrodite*　17, 82, 86, 87, 127, 128
アポロニオス　Appollonios　83
アポロン　*Apollon*　21, 65, 96, 106-108, 111-113, 117-145, 163, 164, 203, 232, 237
アマルテイア　*Amalthée*　80
アラクネー　*Arachné*　129
アラン　Alain　198
アリストテレス　Aristote　102, 123, 161
アルゴナウテース　*Argonautes*　20
アレス　*Arès*　242, 243
アンズィユー　Anzieu, D.　2
アンティゴネ　*Antigone*　143, 160, 234, 235
アンドロメダ　*Andromède*　9, 18, 86
イアソン　*Jason*　6-9, 11, 12, 14, 16-18, 54, 82-87, 136, 246
イオカステ　*Jocaste*　9, 88, 124, 135, 142
イオバテース　*Iobatês*　11, 12
イスメネ　*Ismène*　227, 234
ヴァレリー　Valéry　198
ヴェルナン　Vernant, Jean-Pierre　2
エウリュステウス　*Eurysthée*　95
エキドナ　*Echnida*　8, 27, 28, 31, 57
エウリピデス　Euripide　57, 59, 87, 124, 247

エリニュス　*Erinye*　57
エロス　*Eros*　62, 180, 242, 243
エンペドクレス　Empédocle　139
オデュッセウス　*Ulysse*　17
オルトロス　*Orthos*　8
オルフェウス　*Orphée*　20

【カ行】

カッサンドラ　*Cassandre*　80
カドモス　*Cadmos*　57-60, 247
カント　Kant, Immanuel　171
キマイラ　*la Chimère*　8, 11, 17, 19, 27, 28, 53, 54, 56, 78, 79, 80-82, 84, 148, 184-186, 189
金羊毛　*la Toison d'or*　8, 11, 14, 17, 18, 41, 54, 82-85, 247
クセノファネス　Xénophane　139-141, 147, 171, 204
クセノフォン　Xénophon　178-180
クーフリン　*Cûchulaim*　77
クリアケス兄弟　*Curiaces*　77
クリュシッポス　Chrysippe　242
グリュプス　*Griffons*　67
グリーン　Green, A.　2
クレオン　*Créon*　87, 126, 236
クロムミュオーンの雌猪　*la truie de Crommyon*　28
ケイロン　*Chirn*　8
ケートー　*Ceto*　9
ゲリュオン　*Geryon*　77, 79
ケール　*Ker*　65
ケルベロス　*Cerbère*　9, 54, 95, 184, 185
コルキスの竜　*le dragon de Colchide*　8, 11
ゴルゴン　*la Gorgogne*　8, 9, 11, 15, 18, 28, 148
コレー　*Koré*　60, 62, 65, 66
ゴンブリッチ　Gombrich, E. H.　154

【サ行】

サテュロス　*Satyres*　60-62, 65, 66, 69, 80, 117, 120
シェーファー　Shäfer, Heinrich　154
シャンポリオン　Champollion　216
シュテレン　Sterren, Van der　2
スキュラ　*Scylla*　184
スフィンクス　*la Sphinge, le Sphinx*　8, 12, 13, 16, 19, 20, 22, 23, 27, 28, 39, 41-73, 76, 78-82, 86, 87, 89-92, 94-98, 107, 108, 110, 112, 113, 119-121, 132-135, 148, 158, 159, 163-166, 169, 175, 185, 188, 190, 192, 196, 198, 199-208, 215-219, 221, 231, 236-239,

243-245, 247
セイレン　*Sirènes*　20
ゼウクシス　Zeuxis　152
ゼウス　*Zeus*　17, 58, 80, 84, 85, 93, 94, 119, 229
セメレー　*Sémélé*　58
ソクラテス　Socrate　106, 140, 141, 144, 171-175, 180, 203, 206
ソフォクレス　Sophocle　1, 4, 16, 17, 19, 20, 59, 91, 98, 102-105, 107-109, 112, 114, 117, 118, 122, 130, 133, 137, 139, 141-143, 145, 160-162, 164, 167, 168, 170, 225, 230, 233, 236, 237, 252

【タ行】

ツァラトゥストラ　*Zarathoustra*　208, 209
ディアゴラス　Diagoras　141
テイレシアス　*Tirésias*　17, 21, 22, 80, 95, 103, 106-113, 124, 142, 163, 164, 232, 234, 237, 238, 247, 248,
ディオニュソス　*Dionysos*　56, 58, 60-62, 65, 66, 72, 96, 117-121, 127-129, 132, 135, 151, 247
ティタン　*Titans*　56
ディテュランボス　*Dithyrambe*　58
デカルト　Descartes, René　101, 102, 106, 107, 140, 150, 151, 162, 171, 172, 183, 193, 195, 196-200, 204, 210, 214, 215, 220, 240, 241, 245
テセウス　*Thésée*　118, 223, 229, 233, 235, 237, 240, 247
デモクリトス　Démocrite　139
デュメジル　Dumézil, Georges　3, 76, 77, 79, 81, 93, 95, 181
デルクール　Delcourt, Marie　2, 76
ドッズ　Dodds　143
トール　*Thôrr*　77

【ナ行】

ナルシス　*Narcisse*　163, 164
ニーチェ　Nietzsche, Friedrich　91, 101, 102, 106, 107, 118, 145, 148, 162, 171, 172, 193, 208-215, 241
ニンフ　*Nymphes*　18
ネメアのライオン　*Lion de Némée*　9, 95
ネメシス　*Némésis*　130
ノックス　Knox, Bernard　142

【ハ行】

ハイデッガー　Heidegger, Martin　145, 150, 151, 162
パイドロス　Phèdre　185
バッコスの信女　*Bacchantes*　143, 247

ハデス　*Hadès*　66, 67, 72
パリス　*Pâris*　82, 93
ハリソン　Harrison, Jane　62, 118
パルメニデス　Parménide　139
パン　*Pans*　62
パンドラ　*Pandore*　62
ピタゴラス　Pythagore　137, 144
ヒッポリュトス　*Hippolyte*　127, 129
ピーネウス　*Phinéus*　17
ヒュドラ　*Hydre*　9, 28, 95
ピロノエー　*Philonoé*　9
フォイエルバハ　Feuerbach, Ludwig　148, 172, 205, 206, 208-212
フォン・ハーン　von Hahn, J. G.　9, 10
ブラナー＝トロート　Brunner-Traut, Emma　154
フランクフォルト　Frankfort　154
プラトン　Platon　43, 88, 102, 103, 105, 137, 172, 175-188, 190-193, 195, 203-205, 210, 213, 217, 219, 238, 250
プルタルコス　Plutarque　81, 105, 118, 158, 172, 242
フロイト　Freud, Sigmund　1, 2, 5, 10, 27-34, 36-42, 44, 45, 98, 129, 193, 216-221, 241, 244, 245
プロイトス　*Prœtus*　12
プロタゴラス　Protagoras　101, 106, 139, 141, 150, 151, 159, 204
プロップ　Propp, V.　11, 17, 53
ペイリトオス　*Prithoos*　233
ペガサス　*Pégase*　16, 17, 19
ヘーゲル　Hegel, Georg Wilhelm Friedrich　4, 98, 125, 145, 148, 149, 162, 163, 174-176, 190, 191, 193, 195, 198, 200-208, 211, 214, 216-219, 241, 243, 244, 251
ヘシオドス　Hésiode　31, 79, 118
ヘーシオネー　*Hésioné*　54
ヘスティア　*Hestia*　234
ヘファイストス　*Hephaïstos*　62
ヘラ　*Héra*　14, 16, 82, 86
ヘラクレイトス　Héraclite　139, 140, 171
ヘラクレス　*Héraklès*　17, 54, 77, 93, 94, 97
ペリアス　*Pélias*　11, 12, 14, 85
ペリクレス　Périclès　141, 142, 158, 159
ペルセウス　*Persée*　6-9, 11, 12, 14-16, 18-20, 40, 85-87, 135, 148, 246
ペルセポネ　*Perséphone*　232
ヘルメス　*Hermès*　16, 22, 72, 232
ベレロフォーン　*Bellérophon*　6, 8, 9, 11, 12, 16-19, 40, 54, 79, 81, 148, 184, 185, 189
ペンテウス　*Penhée*　126, 127, 129, 132, 135, 136, 248

ホラティウス兄弟　*Horaces*　77
ポリュイードス　*Polyidos*　17
ポリュデクテース　*Polydecte*　8, 11, 12, 14, 15
ポルキデス　*Phorcydes*　18
ポルキュス　*Phorcys*　9, 18

【マ行】
マリー　Murray, G.　61
マルクス　Marx, Karl　211-215
マルシュアス　*Marsyas*　129
ミューズ　*Muses*　20, 57, 136
メック　*Mech*　77
メデイア　*Médée*　9, 17, 82, 83, 85, 86
メティス　*Métis*　17
メドゥーサ　*Méduse*　14-16, 18, 19, 27, 38, 41, 43, 247
メノン　Ménon　173
メラムプース　*Melampous*　80

【ヤ行】
ユング　Jung　29, 30, 33

【ラ行】
ライオス　*Laïos*　7, 13, 14, 23, 39, 41, 61, 124, 135, 165, 166
ラーオメドーン　*Laomédon*　94
ラカン　Lacan　33-37, 41, 221
ラグラン　Raglan　9, 10
ランク　Rank, O.　9, 27
ラング　Lang, Julius　154
レヴィ＝ストロース　Lévi-Strauss　24-26, 122
レストナー　Laistner　76
ロクシアス　*Loxias*　111

《叢書・ウニベルシタス　820》
哲学者エディプス　ヨーロッパ的思考の根源

2005年７月１日　初版第１刷発行

ジャン=ジョセフ・クロード・グー
内藤雅文 訳
発行所　財団法人　法政大学出版局
〒102-0073 東京都千代田区九段北3-2-7
電話03(5214)5540/振替00160-6-95814
製版，印刷　平文社／鈴木製本所

Printed in Japan

ISBN4-588-00820-X

著者

ジャン=ジョセフ・クロード・グー

1943年，フランスに生まれる．ソルボンヌの哲学博士，同文学・人文科学国家博士．現在，アメリカ・ヒューストンのライス大学教授．経済学，哲学，精神分析，美学など複数の研究領域で分野横断的に活躍している．アメリカ各地の大学やパリのユネスコで講演を行ない，パリの国際コレージュのプログラム・ディレクターも務めた．『批評』，『テル・ケル』，『アンフィニ』，『エスプリ』などの各誌で多数の論文を発表している．著書に，『経済と象徴的なもの』(1973)，『聖像破壊者』(78)，『言語の金使い』(84)，『哲学者エディプス』(本書，90)，『絵画に描かれた女性たち』(94)，『価値の軽さ』(2000) などがある．

訳者

内藤雅文（ないとう　まさふみ）

1952年生．筑波大学大学院文芸言語研究科各国文学専攻博士課程修了．フランス文学専攻（マルセル・プルーストの研究)．現在，武蔵大学非常勤講師．訳書：M. ピカール『遊びとしての読書』，R. ヤーコブソン他『詩の記号学のために』(以上，共訳)，T. トドロフ『未完の菜園』，M. セルトー『歴史と精神分析』

叢書・ウニベルシタス

				(頁)
1	芸術はなぜ心要か	E.フィッシャー／河野徹訳	品切	302
2	空と夢〈運動の想像力にかんする試論〉	G.バシュラール／宇佐見英治訳		442
3	グロテスクなもの	W.カイザー／竹内豊治訳		312
4	塹壕の思想	T.E.ヒューム／長谷川鉱平訳	品切	316
5	言葉の秘密	E.ユンガー／菅谷規矩雄訳		176
6	論理哲学論考	L.ヴィトゲンシュタイン／藤本,坂井訳		350
7	アナキズムの哲学	H.リード／大沢正道訳		318
8	ソクラテスの死	R.グアルディーニ／山村直資訳		366
9	詩学の根本概念	E.シュタイガー／高橋英夫訳		334
10	科学の科学〈科学技術時代の社会〉	M.ゴールドスミス,A.マカイ編／是永純弘訳	品切	346
11	科学の射程	C.F.ヴァイツゼカー／野田,金子訳	品切	274
12	ガリレオをめぐって	オルテガ・イ・ガセット／マタイス,佐々木訳		290
13	幻影と現実〈詩の源泉の研究〉	C.コードウェル／長谷川鉱平訳	品切	410
14	聖と俗〈宗教的なるものの本質について〉	M.エリアーデ／風間敏夫訳		286
15	美と弁証法	G.ルカッチ／良知,池田,小箕訳	品切	372
16	モラルと犯罪	K.クラウス／小松太郎訳		218
17	ハーバート・リード自伝	北條文緒訳		468
18	マルクスとヘーゲル	J.イッポリット／宇津木,田口訳	品切	258
19	プリズム〈文化批判と社会〉	Th.W.アドルノ／竹内,山村,板倉訳	品切	246
20	メランコリア	R.カスナー／塚越敏訳		388
21	キリスト教の苦悶	M.de ウナムーノ／神吉,佐々木訳		202
22	アインシュタイン ゾンマーフェルト往復書簡	A.ヘルマン編／小林,坂口訳	品切	194
23 24	群衆と権力（上・下）	E.カネッティ／岩田行一訳		440 356
25	問いと反問〈芸術論集〉	W.ヴォリンガー／土肥美夫訳		272
26	感覚の分析	E.マッハ／須藤,廣松訳		386
27 28	批判的モデル集（I・II）	Th.W.アドルノ／大久保健治訳	〈品切 品切〉	I 232 II 272
29	欲望の現象学	R.ジラール／古田幸男訳		370
30	芸術の内面への旅	E.ヘラー／河原,杉浦,渡辺訳	品切	284
31	言語起源論	ヘルダー／大阪大学ドイツ近代文学研究会訳		270
32	宗教の自然史	D.ヒューム／福鎌,斎藤訳		144
33	プロメテウス〈ギリシア人の解した人間存在〉	K.ケレーニイ／辻村誠三訳	品切	268
34	人格とアナーキー	E.ムーニエ／山崎,佐藤訳		292
35	哲学の根本問題	E.ブロッホ／竹内豊治訳		194
36	自然と美学〈形体・美・芸術〉	R.カイヨワ／山口三夫訳	品切	112
37 38	歴史論（I・II）	G.マン／加藤,宮野訳	I・品切 II・品切	274 202
39	マルクスの自然概念	A.シュミット／元浜清海訳	品切	316
40	書物の本〈西欧の書物と文化の歴史.書物の美学〉	H.プレッサー／轡田収訳		448
41 42	現代への序説（上・下）	H.ルフェーヴル／宗,古田監訳	品切	上・220 下・296
43	約束の地を見つめて	E.フォール／古田幸男訳	品切	320
44	スペクタクルと社会	J.デュビニョー／渡辺淳訳	品切	188
45	芸術と神話	E.グラッシ／榎本久彦訳		266
46	古きものと新しきもの	M.ロベール／城山,島,円子訳		318
47	国家の起源	R.H.ローウィ／古賀英三郎訳	品切	204
48	人間と死	E.モラン／古田幸男訳		448
49	プルーストとシーニュ（増補版）	G.ドゥルーズ／宇波彰訳		252
50	文明の滴定〈科学技術と中国の社会〉	J.ニーダム／橋本敬造訳	品切	452
51	プスタの民	I.ジュラ／加藤二郎訳		382

				(頁)
52 53	社会学的思考の流れ（I・II）	R.アロン／北川，平野，他訳		I・350 II・392
54	ベルクソンの哲学	G.ドゥルーズ／宇波彰訳		142
55	第三帝国の言語LTI〈ある言語学者のノート〉	V.クレムペラー／羽田，藤平，赤井，中村訳		442
56	古代の芸術と祭祀	J.E.ハリスン／星野徹訳		222
57	ブルジョワ精神の起源	B.グレトゥイゼン／野沢協訳		394
58	カントと物自体	E.アディッケス／赤松常弘訳		300
59	哲学的素描	S.K.ランガー／塚本，星野訳		250
60	レーモン・ルーセル	M.フーコー／豊崎光一訳		268
61	宗教とエロス	W.シューバルト／石川，平田，山本訳	品切	398
62	ドイツ悲劇の根源	W.ベンヤミン／川村，三城訳		316
63	鍛えられた心〈強制収容所における心理と行動〉	B.ベテルハイム／丸山修吉訳	品切	340
64	失われた範列〈人間の自然性〉	E.モラン／古田幸男訳		308
65	キリスト教の起源	K.カウツキー／栗原佑訳		534
66	ブーバーとの対話	W.クラフト／板倉敏之訳		206
67	プロデメの変貌〈フランスのコミューン〉	E.モラン／宇波彰訳		450
68	モンテスキューとルソー	E.デュルケーム／小関，川喜多訳	品切	312
69	芸術と文明	K.クラーク／河野徹訳		680
70	自然宗教に関する対話	D.ヒューム／福鎌，斎藤訳		196
上・71 下・72	キリスト教の中の無神論（上・下）	E.ブロッホ／竹内，高尾訳		上・234 下・304
73	ルカーチとハイデガー	L.ゴルドマン／川俣晃自訳	品切	308
74	断　想　1942—1948	E.カネッティ／岩田行一訳		286
75 76	文明化の過程（上・下）	N.エリアス／吉田，中村，波田，他訳		上・466 下・504
77	ロマンスとリアリズム	C.コードウェル／玉井，深井，山本訳		238
78	歴史と構造	A.シュミット／花崎皋平訳		192
79 80	エクリチュールと差異（上・下）	J.デリダ／若桑，野村，阪上，三好，他訳		上・378 下・296
81	時間と空間	E.マッハ／野家啓一編訳		258
82	マルクス主義と人格の理論	L.セーヴ／大津真作訳		708
83	ジャン=ジャック・ルソー	B.グレトゥイゼン／小池健男訳		394
84	ヨーロッパ精神の危機	P.アザール／野沢協訳		772
85	カフカ〈マイナー文学のために〉	G.ドゥルーズ，F.ガタリ／宇波，岩田訳		210
86	群衆の心理	H.ブロッホ／入野田，小崎，小岸訳		580
87	ミニマ・モラリア	Th.W.アドルノ／三光長治訳		430
88 89	夢と人間社会（上・下）	R.カイヨワ，他／三好郁郎，他訳		上・374 下・340
90	自由の構造	C.ベイ／横越英一訳	品切	744
91	1848年〈二月革命の精神史〉	J.カスー／野沢協，他訳		326
92	自然の統一	C.F.ヴァイツゼカー／斎藤，河井訳	品切	560
93	現代戯曲の理論	P.ションディ／市村，丸山訳	品切	250
94	百科全書の起源	F.ヴェントゥーリ／大津真作訳	品切	324
95	推測と反駁〈科学的知識の発展〉	K.R.ポパー／藤本，石垣，森訳		816
96	中世の共産主義	K.カウツキー／栗原佑訳	品切	400
97	批評の解剖	N.フライ／海老根，中村，出淵，山内訳		580
98	あるユダヤ人の肖像	A.メンミ／菊地，白井訳		396
99	分類の未開形態	E.デュルケーム／小関藤一郎訳		232
100	永遠に女性的なるもの	H.ド・リュバック／山崎庸一郎訳	品切	360
101	ギリシア神話の本質	G.S.カーク／吉田，辻村，松田訳		390
102	精神分析における象徴界	G.ロゾラート／佐々木孝次訳		508
103	物の体系〈記号の消費〉	J.ボードリヤール／宇波彰訳		280

				(頁)
104	言語芸術作品〔第2版〕	W.カイザー／柴田斎訳	品切	688
105	同時代人の肖像	F.ブライ／池内紀訳		212
106	レオナルド・ダ・ヴィンチ〔第2版〕	K.クラーク／丸山,大河内訳		344
107	宮廷社会	N.エリアス／波田,中埜,吉田訳		480
108	生産の鏡	J.ボードリヤール／宇波,今村訳		184
109	祭祀からロマンスへ	J.L.ウェストン／丸小哲雄訳		290
110	マルクスの欲求理論	A.ヘラー／良知,小箕訳	品切	198
111	大革命前夜のフランス	A.ソブール／山崎耕一訳	品切	422
112	知覚の現象学	メルロ=ポンティ／中島盛夫訳		904
113	旅路の果てに〈アルペイオスの流れ〉	R.カイヨワ／金井裕訳		222
114	孤独の迷宮〈メキシコの文化と歴史〉	O.パス／高山,熊谷訳		320
115	暴力と聖なるもの	R.ジラール／古田幸男訳		618
116	歴史をどう書くか	P.ヴェーヌ／大津真作訳		604
117	記号の経済学批判	J.ボードリヤール／今村,宇波,桜井訳		304
118	フランス紀行〈1787,1788&1789〉	A.ヤング／宮崎洋訳		432
119	供　犠	M.モース,H.ユベール／小関藤一郎訳		296
120	差異の目録〈歴史を変えるフーコー〉	P.ヴェーヌ／大津真作訳	品切	198
121	宗教とは何か	G.メンシング／田中,下宮訳		442
122	ドストエフスキー	R.ジラール／鈴木晶訳	品切	200
123	さまざまな場所〈死の影の都市をめぐる〉	J.アメリー／池内紀訳		210
124	生　成〈概念をこえる試み〉	M.セール／及川馥訳		272
125	アルバン・ベルク	Th.W.アドルノ／平野嘉彦訳		320
126	映画　あるいは想像上の人間	E.モラン／渡辺淳訳	品切	320
127	人間論〈時間・責任・価値〉	R.インガルデン／武井,赤松訳		294
128	カント〈その生涯と思想〉	A.グリガ／西牟田,浜田訳		464
129	同一性の寓話〈詩的神話学の研究〉	N.フライ／駒沢大学フライ研究会訳		496
130	空間の心理学	A.モル,E.ロメル／渡辺淳訳		326
131	飼いならされた人間と野性的人間	S.モスコヴィッシ／古田幸男訳		336
132	方　法　1.自然の自然	E.モラン／大津真作訳	品切	658
133	石器時代の経済学	M.サーリンズ／山内昶訳		464
134	世の初めから隠されていること	R.ジラール／小池健男訳		760
135	群衆の時代	S.モスコヴィッシ／古田幸男訳	品切	664
136	シミュラークルとシミュレーション	J.ボードリヤール／竹原あき子訳		234
137	恐怖の権力〈アブジェクシオン〉試論	J.クリステヴァ／枝川昌雄訳		420
138	ボードレールとフロイト	L.ベルサーニ／山縣直子訳		240
139	悪しき造物主	E.M.シオラン／金井裕訳		228
140	終末論と弁証法〈マルクスの社会・政治思想〉	S.アヴィネリ／中村恒矩訳	品切	392
141	経済人類学の現在	F.プイヨン編／山内昶訳		236
142	視覚の瞬間	K.クラーク／北條文緒訳		304
143	罪と罰の彼岸	J.アメリー／池内紀訳		210
144	時間・空間・物質	B.K.ライドレー／中島龍三訳	品切	226
145	離脱の試み〈日常生活への抵抗〉	S.コーエン,N.テイラー／石黒毅訳		321
146	人間怪物論〈人間脱走の哲学の素描〉	U.ホルストマン／加藤二郎訳		206
147	カントの批判哲学	G.ドゥルーズ／中島盛夫訳		160
148	自然と社会のエコロジー	S.モスコヴィッシ／久米,原訳		440
149	壮大への渇仰	L.クローネンバーガー／岸,倉田訳		368
150	奇蹟論・迷信論・自殺論	D.ヒューム／福鎌,斎藤訳		200
151	クルティウス-ジッド往復書簡	ディークマン編／円子千代訳		376
152	離脱の寓話	M.セール／及川馥訳		178

				(頁)
153	エクスタシーの人類学	I.M.ルイス／平沼孝之訳		352
154	ヘンリー・ムア	J.ラッセル／福田真一訳		340
155	誘惑の戦略	J.ボードリヤール／宇波彰訳		260
156	ユダヤ神秘主義	G.ショーレム／山下,石丸,他訳		644
157	蜂の寓話〈私悪すなわち公益〉	B.マンデヴィル／泉谷治訳	品切	412
158	アーリア神話	L.ポリアコフ／アーリア主義研究会訳	品切	544
159	ロベスピエールの影	P.ガスカール／佐藤和生訳		440
160	元型の空間	E.ゾラ／丸小哲雄訳		336
161	神秘主義の探究〈方法論的考察〉	E.スタール／宮元啓一,他訳		362
162	放浪のユダヤ人〈ロート・エッセイ集〉	J.ロート／平田,吉田訳		344
163	ルフー，あるいは取壊し	J.アメリー／神崎巌訳		250
164	大世界劇場〈宮廷祝宴の時代〉	R.アレヴィン,K.ゼルツレ／円子修平訳	品切	200
165	情念の政治経済学	A.ハーシュマン／佐々木,旦訳		192
166	メモワール〈1940-44〉	レミ／築島謙三訳		520
167	ギリシア人は神話を信じたか	P.ヴェーヌ／大津真作訳	品切	340
168	ミメーシスの文学と人類学	R.ジラール／浅野敏夫訳	品切	410
169	カバラとその象徴的表現	G.ショーレム／岡部,小岸訳		340
170	身代りの山羊	R.ジラール／織田,富永訳	品切	384
171	人間〈その本性および世界における位置〉	A.ゲーレン／平野具男訳		608
172	コミュニケーション〈ヘルメスI〉	M.セール／豊田,青木訳		358
173	道　化〈つまずきの現象学〉	G.v.バルレーヴェン／片岡啓治訳	品切	260
174	いま,ここで〈アウシュヴィッツとヒロシマ以後の哲学的考察〉	G.ピヒト／斎藤,浅野,大野,河井訳		600
175 176 177	真理と方法〔全三冊〕	H.-G.ガダマー／轡田,麻生,三島,他訳		I・350 II・ III・
178	時間と他者	E.レヴィナス／原田佳彦訳		140
179	構成の詩学	B.ウスペンスキイ／川崎,大石訳	品切	282
180	サン=シモン主義の歴史	S.シャルレティ／沢崎,小杉訳		528
181	歴史と文芸批評	G.デルフォ,A.ロッシュ／川中子弘訳		472
182	ミケランジェロ	H.ヒバード／中山,小野訳	品切	578
183	観念と物質〈思考・経済・社会〉	M.ゴドリエ／山内昶訳		340
184	四つ裂きの刑	E.M.シオラン／金井裕訳		234
185	キッチュの心理学	A.モル／万沢正美訳		344
186	領野の漂流	J.ヴィヤール／山下俊一訳		226
187	イデオロギーと想像力	G.C.カバト／小箕俊介訳		300
188	国家の起源と伝承〈古代インド社会史論〉	R.=ターパル／山崎,成澤訳		322
189	ベルナール師匠の秘密	P.ガスカール／佐藤和生訳		374
190	神の存在論的証明	D.ヘンリッヒ／本間,須田,座小田,他訳		456
191	アンチ・エコノミクス	J.アタリ,M.ギヨーム／斎藤,安孫子訳		322
192	クローチェ政治哲学論集	B.クローチェ／上村忠男編訳		188
193	フィヒテの根源的洞察	D.ヘンリッヒ／座小田,小松訳		184
194	哲学の起源	オルテガ・イ・ガセット／佐々木孝訳	品切	224
195	ニュートン力学の形成	ベー・エム・ゲッセン／秋間実,他訳		312
196	遊びの遊び	J.デュビニョー／渡辺淳訳	品切	160
197	技術時代の魂の危機	A.ゲーレン／平野具男訳	品切	222
198	儀礼としての相互行為	E.ゴッフマン／浅野敏夫訳		376
199	他者の記号学〈アメリカ大陸の征服〉	T.トドロフ／及川,大谷,菊地訳		370
200	カント政治哲学の講義	H.アーレント著,R.ベイナー編／浜田監訳		302
201	人類学と文化記号論	M.サーリンズ／山内昶訳	品切	354
202	ロンドン散策	F.トリスタン／小杉,浜本訳		484

				（頁）
203	秩序と無秩序	J.-P.デュピュイ／古田幸男訳		324
204	象徴の理論	T.トドロフ／及川馥, 他訳	品切	536
205	資本とその分身	M.ギヨーム／斉藤日出治訳		240
206	干　渉〈ヘルメスII〉	M.セール／豊田彰訳		276
207	自らに手をくだし〈自死について〉	J.アメリー／大河内了義訳	品切	222
208	フランス人とイギリス人	R.フェイバー／北條, 大島訳		304
209	カーニバル〈その歴史的・文化的考察〉	J.カロ・バロッハ／佐々木孝訳	品切	622
210	フッサール現象学	A.F.アグィーレ／川島, 工藤, 林訳		232
211	文明の試練	J.M.カディヒィ／塚本, 秋山, 寺西, 島訳		538
212	内なる光景	J.ポミエ／角山, 池部訳		526
213	人間の原型と現代の文化	A.ゲーレン／池井望訳		422
214	ギリシアの光と神々	K.ケレーニイ／円子修平訳	品切	178
215	初めに愛があった〈精神分析と信仰〉	J.クリステヴァ／枝川昌雄訳		146
216	バロックとロココ	W.v.ニーベルシュッツ／竹内章訳		164
217	誰がモーセを殺したか	S.A.ハンデルマン／山形和美訳		514
218	メランコリーと社会	W.レペニース／岩田, 小竹訳		380
219	意味の論理学	G.ドゥルーズ／岡田, 宇波訳		460
220	新しい文化のために	P.ニザン／木内孝訳		352
221	現代心理論集	P.ブールジェ／平岡, 伊藤訳		362
222	パラジット〈寄食者の論理〉	M.セール／及川, 米山訳		466
223	虐殺された鳩〈暴力と国家〉	H.ラボリ／川中子弘訳		240
224	具象空間の認識論〈反・解釈学〉	F.ダゴニェ／金森修訳		300
225	正常と病理	G.カンギレム／滝沢武久訳		320
226	フランス革命論	J.G.フィヒテ／桝田啓三郎訳		396
227	クロード・レヴィ=ストロース	O.パス／鼓, 木村訳		160
228	バロックの生活	P.ラーンシュタイン／波田節夫訳	品切	520
229	うわさ〈もっとも古いメディア〉増補版	J.-N.カプフェレ／古田幸男訳		394
230	後期資本制社会システム	C.オッフェ／寿福真美編訳	品切	358
231	ガリレオ研究	A.コイレ／菅谷暁訳		482
232	アメリカ	J.ボードリヤール／田中正人訳	品切	220
233	意識ある科学	E.モラン／村上光彦訳		400
234	分子革命〈欲望社会のミクロ分析〉	F.ガタリ／杉村昌昭訳		340
235	火, そして霧の中の信号―ゾラ	M.セール／寺田光徳訳		568
236	煉獄の誕生	J.ル・ゴッフ／渡辺, 内田訳		698
237	サハラの夏	E.フロマンタン／川端康夫訳		336
238	パリの悪魔	P.ガスカール／佐藤和夫訳		256
239 240	自然の人間的歴史（上・下）	S.モスコヴィッシ／大津真作訳	品切	上・494 下・390
241	ドン・キホーテ頌	P.アザール／円子千代訳	品切	348
242	ユートピアへの勇気	G.ピヒト／河井徳治訳	品切	202
243	現代社会とストレス〔原書改訂版〕	H.セリエ／杉, 田多井, 藤井, 竹宮訳		482
244	知識人の終焉	J.-F.リオタール／原田佳彦, 他訳		140
245	オマージュの試み	E.M.シオラン／金井裕訳		154
246	科学の時代における理性	H.-G.ガダマー／本間, 座小田訳		158
247	イタリア人の太古の知恵	G.ヴィーコ／上村忠男訳		190
248	ヨーロッパを考える	E.モラン／林　勝一訳		238
249	労働の現象学	J.-L.プチ／今村, 松島訳		388
250	ポール・ニザン	Y.イシャグプール／川俣晃自訳		356
251	政治的判断力	R.ベイナー／浜田義文監訳	品切	310
252	知覚の本性〈初期論文集〉	メルロ=ポンティ／加賀野井秀一訳		158

				（頁）
253	言語の牢獄	F.ジェームソン／川口喬一訳		292
254	失望と参画の現象学	A.O.ハーシュマン／佐々木，杉田訳		204
255	はかない幸福—ルソー	T.トドロフ／及川馥訳	品切	162
256	大学制度の社会史	H.W.プラール／山本尤訳		408
257 258	ドイツ文学の社会史（上・下）	J.ベルク，他／山本，三島，保坂，鈴木訳		上・766 下・648
259	アランとルソー〈教育哲学試論〉	A.カルネック／安斎，並木訳		304
260	都市・階級・権力	M.カステル／石川淳志監訳	品切	296
261	古代ギリシア人	M.I.フィンレー／山形和美訳	品切	296
262	象徴表現と解釈	T.トドロフ／小林，及川訳		244
263	声の回復〈回想の試み〉	L.マラン／梶野吉郎訳		246
264	反射概念の形成	G.カンギレム／金森修訳		304
265	芸術の手相	G.ピコン／末永照和訳		294
266	エチュード〈初期認識論集〉	G.バシュラール／及川馥訳		166
267	邪な人々の昔の道	R.ジラール／小池健男訳		270
268	〈誠実〉と〈ほんもの〉	L.トリリング／野島秀勝訳	品切	264
269	文の抗争	J.-F.リオタール／陸井四郎，他訳		410
270	フランス革命と芸術	J.スタロバンスキー／井上尭裕訳	品切	286
271	野生人とコンピューター	J.-M.ドムナック／古田幸男訳		228
272	人間と自然界	K.トマス／山内昶，他訳		618
273	資本論をどう読むか	J.ビデ／今村仁司，他訳		450
274	中世の旅	N.オーラー／藤代幸一訳		488
275	変化の言語〈治療コミュニケーションの原理〉	P.ワツラウィック／築島謙三訳		212
276	精神の売春としての政治	T.クンナス／木戸，佐々木訳		258
277	スウィフト政治・宗教論集	J.スウィフト／中野，海保訳		490
278	現実とその分身	C.ロセ／金井裕訳		168
279	中世の高利貸	J.ル・ゴッフ／渡辺香根夫訳		170
280	カルデロンの芸術	M.コメレル／岡部仁訳		270
281	他者の言語〈デリダの日本講演〉	J.デリダ／高橋允昭編訳		406
282	ショーペンハウアー	R.ザフランスキー／山本尤訳		646
283	フロイトと人間の魂	B.ベテルハイム／藤瀬恭子訳		174
284	熱　狂〈カントの歴史批判〉	J.-F.リオタール／中島盛夫訳		210
285	カール・カウツキー 1854-1938	G.P.スティーンソン／時永，河野訳		496
286	形而上学と神の思想	W.パネンベルク／座小田，諸岡訳	品切	186
287	ドイツ零年	E.モラン／古田幸男訳		364
288	物の地獄〈ルネ・ジラールと経済の論理〉	デュムシェル，デュピュイ／織田，富永訳		320
289	ヴィーコ自叙伝	G.ヴィーコ／福鎌忠恕訳	品切	448
290	写真論〈その社会的効用〉	P.ブルデュー／山縣熙，山縣直子訳		438
291	戦争と平和	S.ボク／大沢正道訳		224
292	意味と意味の発展	R.A.ウォルドロン／築島謙三訳		294
293	生態平和とアナーキー	U.リンゼ／内田，杉村訳		270
294	小説の精神	M.クンデラ／金井，浅野訳		208
295	フィヒテ-シェリング往復書簡	W.シュルツ解説／座小田，後藤訳		220
296	出来事と危機の社会学	E.モラン／浜名，福井訳		622
297	宮廷風恋愛の技術	A.カペルラヌス／野島秀勝訳	品切	334
298	野蛮〈科学主義の独裁と文化の危機〉	M.アンリ／山形，望月訳		292
299	宿命の戦略	J.ボードリヤール／竹原あき子訳		260
300	ヨーロッパの日記	G.R.ホッケ／石丸，柴田，信岡訳		1330
301	記号と夢想〈演劇と祝祭についての考察〉	A.シモン／岩瀬孝監修．佐藤，伊藤，他訳		388
302	手と精神	J.ブラン／中村文郎訳		284

				(頁)
303	平等原理と社会主義	L.シュタイン／石川, 石塚, 柴田訳		676
304	死にゆく者の孤独	N.エリアス／中居実訳		150
305	知識人の黄昏	W.シヴェルブシュ／初見基訳		240
306	トマス・ペイン〈社会思想家の生涯〉	A.J.エイヤー／大熊昭信訳		378
307	われらのヨーロッパ	F.ヘール／杉浦健之訳		614
308	機械状無意識〈スキゾ-分析〉	F.ガタリ／高岡幸一訳		426
309	聖なる真理の破壊	H.ブルーム／山形和美訳		400
310	諸科学の機能と人間の意義	E.パーチ／上村忠男監訳		552
311	翻　訳〈ヘルメスIII〉	M.セール／豊田, 輪田訳		404
312	分　布〈ヘルメスIV〉	M.セール／豊田彰訳		440
313	外国人	J.クリステヴァ／池田和子訳		284
314	マルクス	M.アンリ／杉山, 水野訳	品切	612
315	過去からの警告	E.シャルガフ／山本, 内藤訳		308
316	面・表面・界面〈一般表層論〉	F.ダゴニェ／金森, 今野訳		338
317	アメリカのサムライ	F.G.ノートヘルファー／飛鳥井雅道訳		512
318	社会主義か野蛮か	C.カストリアディス／江口幹訳		490
319	遍　歴〈法, 形式, 出来事〉	J.-F.リオタール／小野康男訳		200
320	世界としての夢	D.ウスラー／谷　徹訳		566
321	スピノザと表現の問題	G.ドゥルーズ／工藤, 小柴, 小谷訳		460
322	裸体とはじらいの文化史	H.P.デュル／藤代, 三谷訳		572
323	五　感〈混合体の哲学〉	M.セール／米山親能訳		582
324	惑星軌道論	G.W.F.ヘーゲル／村上恭一訳		250
325	ナチズムと私の生活〈仙台からの告発〉	K.レーヴィット／秋間実訳		334
326	ベンヤミン-ショーレム往復書簡	G.ショーレム編／山本尤訳		440
327	イマヌエル・カント	O.ヘッフェ／藪木栄夫訳		374
328	北西航路〈ヘルメスV〉	M.セール／青木研二訳		260
329	聖杯と剣	R.アイスラー／野島秀勝訳		486
330	ユダヤ人国家	Th.ヘルツル／佐藤康彦訳		206
331	十七世紀イギリスの宗教と政治	C.ヒル／小野功生訳		586
332	方　法　2．生命の生命	E.モラン／大津真作訳		838
333	ヴォルテール	A.J.エイヤー／中川, 吉岡訳		268
334	哲学の自食症候群	J.ブーヴレス／大平具彦訳		266
335	人間学批判	レペニース, ノルテ／小竹澄栄訳		214
336	自伝のかたち	W.C.スペンジマン／船倉正憲訳		384
337	ポストモダニズムの政治学	L.ハッチオン／川口喬一訳		332
338	アインシュタインと科学革命	L.S.フォイヤー／村上, 成定, 大谷訳		474
339	ニーチェ	G.ピヒト／青木隆嘉訳		562
340	科学史・科学哲学研究	G.カンギレム／金森修監訳		674
341	貨幣の暴力	アグリエッタ, オルレアン／井上, 斉藤訳		506
342	象徴としての円	M.ルルカー／竹内章訳	品切	186
343	ベルリンからエルサレムへ	G.ショーレム／岡部仁訳		226
344	批評の批評	T.トドロフ／及川, 小林訳		298
345	ソシュール講義録注解	F.de　ソシュール／前田英樹・訳注		204
346	歴史とデカダンス	P.ショーニュー／大谷尚文訳		552
347	続・いま, ここで	G.ピヒト／斎藤, 大野, 福島, 浅野訳		580
348	バフチン以後	D.ロッジ／伊藤誓訳		410
349	再生の女神セドナ	H.P.デュル／原研二訳		622
350	宗教と魔術の衰退	K.トマス／荒木正純訳		1412
351	神の思想と人間の自由	W.パネンベルク／座小田, 諸岡訳		186

				(頁)
352	倫理・政治的ディスクール	O.ヘッフェ／青木隆嘉訳		312
353	モーツァルト	N.エリアス／青木隆嘉訳		198
354	参加と距離化	N.エリアス／波田,道籏訳		276
355	二十世紀からの脱出	E.モラン／秋枝茂夫訳		384
356	無限の二重化	W.メニングハウス／伊藤秀一訳	品切	350
357	フッサール現象学の直観理論	E.レヴィナス／佐藤,桑野訳		506
358	始まりの現象	E.W.サイード／山形,小林訳		684
359	サテュリコン	H.P.デュル／原研二訳		258
360	芸術と疎外	H.リード／増渕正史訳	品切	262
361	科学的理性批判	K.ヒュプナー／神野,中才,熊谷訳		476
362	科学と懐疑論	J.ワトキンス／中才敏郎訳		354
363	生きものの迷路	A.モール,E.ロメル／古田幸男訳		240
364	意味と力	G.バランディエ／小関藤一郎訳		406
365	十八世紀の文人科学者たち	W.レペニース／小川さくえ訳		182
366	結晶と煙のあいだ	H.アトラン／阪上脩訳		376
367	生への闘争〈闘争本能・性・意識〉	W.J.オング／高柳,橋爪訳		326
368	レンブラントとイタリア・ルネサンス	K.クラーク／尾崎,芳野訳		334
369	権力の批判	A.ホネット／河上倫逸監訳		476
370	失われた美学〈マルクスとアヴァンギャルド〉	M.A.ローズ／長田,池田,長野,長田訳		332
371	ディオニュソス	M.ドゥティエンヌ／及川,吉岡訳		164
372	メディアの理論	F.イングリス／伊藤,磯山訳		380
373	生き残ること	B.ベテルハイム／高尾利数訳		646
374	バイオエシックス	F.ダゴニェ／金森,松浦訳		316
375 376	エディプスの謎（上・下）	N.ビショッフ／藤代,井本,他訳		上・450 下・464
377	重大な疑問〈懐疑的省察録〉	E.シャルガフ／山形,小野,他訳		404
378	中世の食生活〈断食と宴〉	B.A.ヘニッシュ／藤原保明訳	品切	538
379	ポストモダン・シーン	A.クローカー,D.クック／大熊昭信訳		534
380	夢の時〈野生と文明の境界〉	H.P.デュル／岡部,原,須永,荻野訳		674
381	理性よ，さらば	P.ファイヤアーベント／植木哲也訳		454
382	極限に面して	T.トドロフ／宇京頼三訳		376
383	自然の社会化	K.エーダー／寿福真美監訳		474
384	ある反時代的考察	K.レーヴィット／中村啓,永沼更始郎訳		526
385	図書館炎上	W.シヴェルブシュ／福本義憲訳		274
386	騎士の時代	F.v.ラウマー／柳井尚子訳	品切	506
387	モンテスキュー〈その生涯と思想〉	J.スタロバンスキー／古賀英三郎,高橋誠訳		312
388	理解の鋳型〈東西の思想経験〉	J.ニーダム／井上英明訳		510
389	風景画家レンブラント	E.ラルセン／大谷,尾崎訳		208
390	精神分析の系譜	M.アンリ／山形頼洋,他訳		546
391	金《かね》と魔術	H.C.ビンスヴァンガー／清水健次訳		218
392	自然誌の終焉	W.レペニース／山村直資訳		346
393	批判的解釈学	J.B.トンプソン／山本,小川訳	品切	376
394	人間にはいくつの真理が必要か	R.ザフランスキー／山本,藤井訳		232
395	現代芸術の出発	Y.イシャグプール／川俣晃自訳		170
396	青春　ジュール・ヴェルヌ論	M.セール／豊田彰訳		398
397	偉大な世紀のモラル	P.ベニシュー／朝倉,羽賀訳		428
398	諸国民の時に	E.レヴィナス／合田正人訳		348
399 400	バベルの後に（上・下）	G.スタイナー／亀山健吉訳		上・482 下・
401	チュービンゲン哲学入門	E.ブロッホ／花田監修・菅谷,今井,三国訳		422

				(頁)
402	歴史のモラル	T.トドロフ／大谷尚文訳		386
403	不可解な秘密	E.シャルガフ／山本, 内藤訳		260
404	ルソーの世界〈あるいは近代の誕生〉	J.-L.ルセルクル／小林浩訳	品切	378
405	死者の贈り物	D.サルナーヴ／菊地, 白井訳		186
406	神もなく韻律もなく	H.P.デュル／青木隆嘉訳		292
407	外部の消失	A.コドレスク／利沢行夫訳		276
408	狂気の社会史〈狂人たちの物語〉	R.ポーター／目羅公和訳	品切	428
409	続・蜂の寓話	B.マンデヴィル／泉谷治訳		436
410	悪口を習う〈近代初期の文化論集〉	S.グリーンブラット／磯山甚一訳		354
411	危険を冒して書く〈異色作家たちのパリ・インタヴュー〉	J.ワイス／浅野敏夫訳		300
412	理論を讃えて	H.-G.ガダマー／本間, 須田訳		194
413	歴史の島々	M.サーリンズ／山本真鳥訳		306
414	ディルタイ〈精神科学の哲学者〉	R.A.マックリール／大野, 田中, 他訳		578
415	われわれのあいだで	E.レヴィナス／合田, 谷口訳		368
416	ヨーロッパ人とアメリカ人	S.ミラー／池田栄一訳		358
417	シンボルとしての樹木	M.ルルカー／林 捷 訳		276
418	秘めごとの文化史	H.P.デュル／藤代, 津山訳		662
419	眼の中の死〈古代ギリシアにおける他者の像〉	J.-P.ヴェルナン／及川, 吉岡訳		144
420	旅の思想史	E.リード／伊藤誓訳		490
421	病のうちなる治療薬	J.スタロバンスキー／小池, 川那部訳		356
422	祖国地球	E.モラン／菊地昌実訳		234
423	寓意と表象・再現	S.J.グリーンブラット編／船倉正憲訳		384
424	イギリスの大学	V.H.H.グリーン／安原, 成定訳		516
425	未来批判 あるいは世界史に対する嫌悪	E.シャルガフ／山本, 伊藤訳		276
426	見えるものと見えざるもの	メルロ=ポンティ／中島盛夫監訳		618
427	女性と戦争	J.B.エルシュテイン／小林, 廣川訳		486
428	カント入門講義	H.バウムガルトナー／有福孝岳監訳		204
429	ソクラテス裁判	I.F.ストーン／永田康昭訳		470
430	忘我の告白	M.ブーバー／田口義弘訳		348
431 432	時代おくれの人間 (上・下)	G.アンダース／青木隆嘉訳		上・432 下・546
433	現象学と形而上学	J.-L.マリオン他編／三上, 重永, 檜垣訳		388
434	祝福から暴力へ	M.ブロック／田辺, 秋津訳		426
435	精神分析と横断性	F.ガタリ／杉村, 毬藻訳		462
436	競争社会をこえて	A.コーン／山本, 真水訳		530
437	ダイアローグの思想	M.ホルクウィスト／伊藤誓訳	品切	370
438	社会学とは何か	N.エリアス／徳安彰訳		250
439	E.T.A.ホフマン	R.ザフランスキー／識名章喜訳		636
440	所有の歴史	J.アタリ／山内昶訳		580
441	男性同盟と母権制神話	N.ゾンバルト／田村和彦訳		516
442	ヘーゲル以後の歴史哲学	H.シュネーデルバッハ／古東哲明訳		282
443	同時代人ベンヤミン	H.マイヤー／岡部仁訳		140
444	アステカ帝国滅亡記	G.ボド, T.トドロフ編／大谷, 菊地訳		662
445	迷宮の岐路	C.カストリアディス／宇京賴三訳		404
446	意識と自然	K.K.チョウ／志水, 山本監訳		42
447	政治的正義	O.ヘッフェ／北尾, 平石, 望月訳		598
448	象徴と社会	K.バーク著, ガスフィールド編／森常治訳		58
449	神・死・時間	E.レヴィナス／合田正人訳		36
450	ローマの祭	G.デュメジル／大橋寿美子訳		44

			(頁)
451	エコロジーの新秩序	L.フェリ／加藤宏幸訳	274
452	想念が社会を創る	C.カストリアディス／江口幹訳	392
453	ウィトゲンシュタイン評伝	B.マクギネス／藤本,今井,宇都宮,髙橋訳	612
454	読みの快楽	R.オールター／山形,中田,田中訳	346
455	理性・真理・歴史〈内在的実在論の展開〉	H.パトナム／野本和幸,他訳	360
456	自然の諸時期	ビュフォン／菅谷暁訳	440
457	クロポトキン伝	ピルーモヴァ／左近毅訳	384
458	征服の修辞学	P.ヒューム／岩尾,正木,本橋訳	492
459	初期ギリシア科学	G.E.R.ロイド／山野,山口訳	246
460	政治と精神分析	G.ドゥルーズ,F.ガタリ／杉村昌昭訳	124
461	自然契約	M.セール／及川,米山訳	230
462	細分化された世界〈迷宮の岐路III〉	C.カストリアディス／宇京頼三訳	332
463	ユートピア的なもの	L.マラン／梶野吉郎訳	420
464	恋愛礼讃	M.ヴァレンシー／沓掛,川端訳	496
465	転換期〈ドイツ人とドイツ〉	H.マイヤー／宇京早苗訳	466
466	テクストのぶどう畑で	I.イリイチ／岡部佳世訳	258
467	フロイトを読む	P.ゲイ／坂口,大島訳	304
468	神々を作る機械	S.モスコヴィッシ／古田幸男訳	750
469	ロマン主義と表現主義	A.K.ウィードマン／大森淳史訳	378
470	宗教論	N.ルーマン／土方昭,土方透訳	138
471	人格の成層論	E.ロータッカー／北村監訳・大久保,他訳	278
472	神　罰	C.v.リンネ／小川さくえ訳	432
473	エデンの園の言語	M.オランデール／浜﨑設夫訳	338
474	フランスの自伝〈自伝文学の主題と構造〉	P.ルジュンヌ／小倉孝誠訳	342
475	ハイデガーとヘブライの遺産	M.ザラデル／合田正人訳	390
476	真の存在	G.スタイナー／工藤政司訳	266
477	言語芸術・言語記号・言語の時間	R.ヤコブソン／浅川順子訳	388
478	エクリール	C.ルフォール／宇京頼三訳	420
479	シェイクスピアにおける交渉	S.J.グリーンブラット／酒井正志訳	334
480	世界・テキスト・批評家	E.W.サイード／山形和美訳	584
481	絵画を見るディドロ	J.スタロバンスキー／小西嘉幸訳	148
482	ギボン〈歴史を創る〉	R.ポーター／中野,海保,松原訳	272
483	欺瞞の書	E.M.シオラン／金井裕訳	252
484	マルティン・ハイデガー	H.エーベリング／青木隆嘉訳	252
485	カフカとカバラ	K.E.グレーツィンガー／清水健次訳	390
486	近代哲学の精神	H.ハイムゼート／座小田豊,他訳	448
487	ベアトリーチェの身体	R.P.ハリスン／船倉正憲訳	304
488	技術〈クリティカル・セオリー〉	A.フィーンバーグ／藤本正文訳	510
489	認識論のメタクリティーク	Th.W.アドルノ／古賀,細見訳	370
490	地獄の歴史	A.K.ターナー／野﨑嘉信訳	456
491	昔話と伝説〈物語文学の二つの基本形式〉	M.リューティ／高木昌史,万里子訳　品切	362
492	スポーツと文明化〈興奮の探究〉	N.エリアス,E.ダニング／大平章訳	490
493 494	地獄のマキアヴェッリ（I・II）	S.de.グラツィア／田中治男訳	I・352 II・306
495	古代ローマの恋愛詩	P.ヴェーヌ／鎌田博夫訳	352
496	証人〈言葉と科学についての省察〉	E.シャルガフ／山本,内藤訳	252
497	自由とはなにか	P.ショーニュ／西川,小田桐訳	472
498	現代世界を読む	M.マフェゾリ／菊地昌実訳	186
499	時間を読む	M.ピカール／寺田光徳訳	266
500	大いなる体系	N.フライ／伊藤誓訳	478

				（頁）
501	音楽のはじめ	C.シュトゥンプ／結城錦一訳		208
502	反ニーチェ	L.フェリー他／遠藤文彦訳		348
503	マルクスの哲学	E.バリバール／杉山吉弘訳		222
504	サルトル，最後の哲学者	A.ルノー／水野浩二訳	品切	296
505	新不平等起源論	A.テスタール／山内昶訳		298
506	敗者の祈禱書	シオラン／金井裕訳		184
507	エリアス・カネッティ	Y.イシャグプール／川俣晃自訳		318
508	第三帝国下の科学	J.オルフ＝ナータン／宇京頼三訳		424
509	正も否も縦横に	H.アトラン／寺田光徳訳		644
510	ユダヤ人とドイツ	E.トラヴェルソ／宇京頼三訳		322
511	政治的風景	M.ヴァルンケ／福本義憲訳		202
512	聖句の彼方	E.レヴィナス／合田正人訳		350
513	古代憧憬と機械信仰	H.ブレーデカンプ／藤代，津山訳		230
514	旅のはじめに	D.トリリング／野島秀勝訳		602
515	ドゥルーズの哲学	M.ハート／田代，井上，浅野，暮沢訳		294
516	民族主義・植民地主義と文学	T.イーグルトン他／増渕，安藤，大友訳		198
517	個人について	P.ヴェーヌ他／大谷尚文訳		194
518	大衆の装飾	S.クラカウアー／船戸，野村訳		350
519 520	シベリアと流刑制度（I・II）	G.ケナン／左近毅訳		I・632 II・642
521	中国とキリスト教	J.ジェルネ／鎌田博夫訳		396
522	実存の発見	E.レヴィナス／佐藤真理人，他訳		480
523	哲学的認識のために	G.-G.グランジェ／植木哲也訳		342
524	ゲーテ時代の生活と日常	P.ラーンシュタイン／上西川原章訳		832
525	ノッツ nOts	M.C.テイラー／浅野敏夫訳		480
526	法の現象学	A.コジェーヴ／今村，堅田訳		768
527	始まりの喪失	B.シュトラウス／青木隆嘉訳		196
528	重　合	ベーネ，ドゥルーズ／江口修訳		170
529	イングランド18世紀の社会	R.ポーター／目羅公和訳		630
530	他者のような自己自身	P.リクール／久米博訳		558
531	鷲と蛇〈シンボルとしての動物〉	M.ルルカー／林捷訳		270
532	マルクス主義と人類学	M.ブロック／山内昶，山内彰訳		256
533	両性具有	M.セール／及川馥訳		218
534	ハイデガー〈ドイツの生んだ巨匠とその時代〉	R.ザフランスキー／山本尤訳		696
535	啓蒙思想の背任	J.-C.ギユボー／菊地，白井訳		218
536	解明　M.セールの世界	M.セール／梶野，竹中訳		334
537	語りは罠	L.マラン／鎌田博夫訳		176
538	歴史のエクリチュール	M.セルトー／佐藤和生訳		542
539	大学とは何か	J.ペリカン／田口孝夫訳		374
540	ローマ　定礎の書	M.セール／高尾謙史訳		47
541	啓示とは何か〈あらゆる啓示批判の試み〉	J.G.フィヒテ／北岡武司訳		25
542	力の場〈思想史と文化批判のあいだ〉	M.ジェイ／今井道夫，他訳		38
543	イメージの哲学	F.ダゴニェ／水野浩二訳		41
544	精神と記号	F.ガタリ／杉村昌昭訳		18
545	時間について	N.エリアス／井本，青木訳		23
546	ルクレティウスのテキストにおける物理学の誕生	M.セール／豊田彰訳		32
547	異端カタリ派の哲学	R.ネッリ／柴田和雄訳		29
548	ドイツ人論	N.エリアス／青木隆嘉訳		57
549	俳　優	J.デュヴィニョー／渡辺淳訳		34

			（頁）
550	ハイデガーと実践哲学	O.ペゲラー他,編／竹市, 下村監訳	584
551	彫　像	M.セール／米山親能訳	366
552	人間的なるものの庭	C.F.v.ヴァイツゼカー／山辺建訳	852
553	思考の図像学	A.フレッチャー／伊藤誓訳	472
554	反動のレトリック	A.O.ハーシュマン／岩崎稔訳	250
555	暴力と差異	A.J.マッケナ／夏目博明訳	354
556	ルイス・キャロル	J.ガッテニョ／鈴木晶訳	462
557	タオスのロレンゾー〈D.H.ロレンス回想〉	M.D.ルーハン／野島秀勝訳	490
558	エル・シッド〈中世スペインの英雄〉	R.フレッチャー／林邦夫訳	414
559	ロゴスとことば	S.プリケット／小野功生訳	486
560 561	盗まれた稲妻〈呪術の社会学〉（上・下）	D.L.オキーフ／谷林眞理子, 他訳	上・490 下・656
562	リビドー経済	J.-F.リオタール／杉山, 吉谷訳	458
563	ポスト・モダニティの社会学	S.ラッシュ／田中義久監訳	462
564	狂暴なる霊長類	J.A.リヴィングストン／大平章訳	310
565	世紀末社会主義	M.ジェイ／今村, 大谷訳	334
566	両性平等論	F.P.de ラ・バール／佐藤和夫, 他訳	330
567	暴虐と忘却	R.ボイヤーズ／田部井孝次・世志子訳	524
568	異端の思想	G.アンダース／青木隆嘉訳	518
569	秘密と公開	S.ボク／大沢正道訳	470
570 571	大航海時代の東南アジア（I・II）	A.リード／平野, 田中訳	I・430 II・598
572	批判理論の系譜学	N.ボルツ／山本, 大貫訳	332
573	メルヘンへの誘い	M.リューティ／高木昌史訳	200
574	性と暴力の文化史	H.P.デュル／藤代, 津山訳	768
575	歴史の不測	E.レヴィナス／合田, 谷口訳	316
576	理論の意味作用	T.イーグルトン／山形和美訳	196
577	小集団の時代〈大衆社会における個人主義の衰退〉	M.マフェゾリ／古田幸男訳	334
578 579	愛の文化史（上・下）	S.カーン／青木, 斎藤訳	上・334 下・384
580	文化の擁護〈1935年パリ国際作家大会〉	ジッド他／相磯, 五十嵐, 石黒, 高橋編訳	752
581	生きられる哲学〈生活世界の現象学と批判理論の思考形式〉	F.フェルマン／堀栄造訳	282
582	十七世紀イギリスの急進主義と文学	C.ヒル／小野, 圓月訳	444
583	このようなことが起こり始めたら…	R.ジラール／小池, 住谷訳	226
584	記号学の基礎理論	J.ディーリー／大熊昭信訳	286
585	真理と美	S.チャンドラセカール／豊田彰訳	328
586	シオラン対談集	E.M.シオラン／金井裕訳	336
587	時間と社会理論	B.アダム／伊藤, 磯山訳	338
88	懐疑的省察ABC〈続・重大な疑問〉	E.シャルガフ／山本, 伊藤訳	244
89	第三の知恵	M.セール／及川馥訳	250
90 91	絵画における真理（上・下）	J.デリダ／高橋, 阿部訳	上・322 下・390
92	ウィトゲンシュタインと宗教	N.マルカム／黒崎宏訳	256
93	シオラン〈あるいは最後の人間〉	S.ジョドー／金井裕訳	212
94	フランスの悲劇	T.トドロフ／大谷尚文訳	304
95	人間の生の遺産	E.シャルガフ／清水健次, 他訳	392
96	聖なる快楽〈性, 神話, 身体の政治〉	R.アイスラー／浅野敏夫訳	876
97	原子と爆弾とエスキモーキス	C.G.セグレー／野島秀勝訳	408
98	海からの花嫁〈ギリシア神話研究の手引き〉	J.シャーウッドスミス／吉田, 佐藤訳	234
99	神に代わる人間	L.フェリー／菊地, 白井訳	220
00	パンと競技場〈ギリシア・ローマ時代の政治と都市の社会学的歴史〉	P.ヴェーヌ／鎌田博夫訳	1032

			(頁)
601	ギリシア文学概説	J.ド・ロミイ／細井, 秋山訳	486
602	パロールの奪取	M.セルトー／佐藤和生訳	200
603	68年の思想	L.フェリー他／小野潮訳	348
604	ロマン主義のレトリック	P.ド・マン／山形, 岩坪訳	470
605	探偵小説あるいはモデルニテ	J.デュボア／鈴木智之訳	380
606 607 608	近代の正統性〔全三冊〕	H.ブルーメンベルク／斎藤, 忽那 佐藤, 村井訳	I・328 II・390 III・318
609	危険社会〈新しい近代への道〉	U.ベック／東, 伊藤訳	502
610	エコロジーの道	E.ゴールドスミス／大熊昭信訳	654
611	人間の領域〈迷宮の岐路II〉	C.カストリアディス／米山親能訳	626
612	戸外で朝食を	H.P.デュル／藤代幸一訳	190
613	世界なき人間	G.アンダース／青木隆嘉訳	366
614	唯物論シェイクスピア	F.ジェイムソン／川口喬一訳	402
615	核時代のヘーゲル哲学	H.クロンバッハ／植木哲也訳	380
616	詩におけるルネ・シャール	P.ヴェーヌ／西永良成訳	832
617	近世の形而上学	H.ハイムゼート／北岡武司訳	506
618	フロベールのエジプト	G.フロベール／斎藤昌三訳	344
619	シンボル・技術・言語	E.カッシーラー／篠木, 高野訳	352
620	十七世紀イギリスの民衆と思想	C.ヒル／小野, 圓月, 箭川訳	520
621	ドイツ政治哲学史	H.リュッベ／今井道夫訳	312
622	最終解決〈民族移動とヨーロッパのユダヤ人殺害〉	G.アリー／山本, 三島訳	470
623	中世の人間	J.ル・ゴフ他／鎌田博夫訳	478
624	食べられる言葉	L.マラン／梶野吉郎訳	284
625	ヘーゲル伝〈哲学の英雄時代〉	H.アルトハウス／山本尤訳	690
626	E.モラン自伝	E.モラン／菊地, 高砂訳	368
627	見えないものを見る	M.アンリ／青木研二訳	248
628	マーラー〈音楽観相学〉	Th.W.アドルノ／龍村あや子訳	286
629	共同生活	T.トドロフ／大谷尚文訳	236
630	エロイーズとアベラール	M.F.B.ブロッチェリ／白崎容子訳	304
631	意味を見失った時代〈迷宮の岐路IV〉	C.カストリアディス／江口幹訳	338
632	火と文明化	J.ハウツブロム／大平章訳	356
633	ダーウィン, マルクス, ヴァーグナー	J.バーザン／野島秀勝訳	526
634	地位と羞恥	S.ネッケル／岡原正幸訳	434
635	無垢の誘惑	P.ブリュックネール／小倉, 下澤訳	350
636	ラカンの思想	M.ボルク=ヤコブセン／池田清訳	50
637	羨望の炎〈シェイクスピアと欲望の劇場〉	R.ジラール／小林, 田口訳	69
638	暁のフクロウ〈続・精神の現象学〉	A.カトロッフェロ／寿福真美訳	35
639	アーレント＝マッカーシー往復書簡	C.ブライトマン編／佐藤佐智子訳	71
640	崇高とは何か	M.ドゥギー他／梅木達郎訳	41
641	世界という実験〈問い, 取り出しの諸カテゴリー, 実践〉	E.ブロッホ／小田智敏訳	40
642	悪　あるいは自由のドラマ	R.ザフランスキー／山本尤訳	32
643	世俗の聖典〈ロマンスの構造〉	N.フライ／中村, 真野訳	25
644	歴史と記憶	J.ル・ゴフ／立川孝一訳	40
645	自我の記号論	N.ワイリー／船倉正憲訳	46
646	ニュー・ミメーシス〈シェイクスピアと現実描写〉	A.D.ナトール／山形, 山下訳	43
647	歴史家の歩み〈アリエス　1943-1983〉	Ph.アリエス／成瀬, 伊藤訳	42
648	啓蒙の民主制理論〈カントとのつながりで〉	I.マウス／浜田, 牧野監訳	40
649	仮象小史〈古代からコンピューター時代まで〉	N.ボルツ／山本尤訳	20

			（頁）
650	知の全体史	C.V.ドーレン／石塚浩司訳	766
651	法の力	J.デリダ／堅田研一訳	220
652 653	男たちの妄想（I・II）	K.テーヴェライト／田村和彦訳	I・816 II
654	十七世紀イギリスの文書と革命	C.ヒル／小野, 圓月, 箭川訳	592
655	パウル・ツェラーンの場所	H.ベッティガー／鈴木美紀訳	176
656	絵画を破壊する	L.マラン／尾形, 梶野訳	272
657	グーテンベルク銀河系の終焉	N.ボルツ／識名, 足立訳	330
658	批評の地勢図	J.ヒリス・ミラー／森田孟訳	550
659	政治的なものの変貌	M.マフェゾリ／古田幸男訳	290
660	神話の真理	K.ヒュプナー／神野, 中才, 他訳	736
661	廃墟のなかの大学	B.リーディングズ／青木, 斎藤訳	354
662	後期ギリシア科学	G.E.R.ロイド／山野, 山口, 金山訳	320
663	ベンヤミンの現在	N.ボルツ, W.レイイェン／岡部仁訳	180
664	異教入門〈中心なき周辺を求めて〉	J.-F.リオタール／山縣, 小野, 他訳	242
665	ル・ゴフ自伝〈歴史家の生活〉	J.ル・ゴフ／鎌田博夫訳	290
666	方　法　3.　認識の認識	E.モラン／大津真作訳	398
667	遊びとしての読書	M.ピカール／及川, 内藤訳	478
668	身体の哲学と現象学	M.アンリ／中敬夫訳	404
669	ホモ・エステティクス	L.フェリー／小野康男, 他訳	496
670	イスラームにおける女性とジェンダー	L.アハメド／林正雄, 他訳	422
671	ロマン派の手紙	K.H.ボーラー／高木葉子訳	382
672	精霊と芸術	M.マール／津山拓也訳	474
673	言葉への情熱	G.スタイナー／伊藤誓訳	612
674	贈与の謎	M.ゴドリエ／山内昶訳	362
675	諸個人の社会	N.エリアス／宇京早苗訳	308
676	労働社会の終焉	D.メーダ／若森章孝, 他訳	394
677	概念・時間・言説	A.コジェーヴ／三宅, 根田, 安川訳	448
678	史的唯物論の再構成	U.ハーバーマス／清水多吉訳	438
679	カオスとシミュレーション	N.ボルツ／山本尤訳	218
680	実質的現象学	M.アンリ／中, 野村, 吉永訳	268
681	生殖と世代継承	R.フォックス／平野秀秋訳	408
682	反抗する文学	M.エドマンドソン／浅野敏夫訳	406
683	哲学を讃えて	M.セール／米山親能, 他訳	312
684	人間・文化・社会	H.シャピロ編／塚本利明, 他訳	
685	遍歴時代〈精神の自伝〉	J.アメリー／富重純子訳	206
686	ノーを言う難しさ〈宗教哲学的エッセイ〉	K.ハインリッヒ／小林敏明訳	200
687	シンボルのメッセージ	M.ルルカー／林捷, 林田鶴子訳	590
688	神は狂信的か	J.ダニエル／菊地昌実訳	218
689	セルバンテス	J.カナヴァジオ／円子千代訳	502
690	マイスター・エックハルト	B.ヴェルテ／大津留直訳	320
691	マックス・プランクの生涯	J.L.ハイルブロン／村岡晋一訳	300
692	68年－86年　個人の道程	L.フェリー, A.ルノー／小野潮訳	168
693	イダルゴとサムライ	J.ヒル／平山篤子訳	704
694	〈教育〉の社会学理論	B.バーンスティン／久冨善之, 他訳	420
695	ベルリンの文化戦争	W.シヴェルブシュ／福本義憲訳	380
696	知識と権力〈クーン, ハイデガー, フーコー〉	J.ラウズ／成定, 網谷, 阿曽沼訳	410
697	読むことの倫理	J.ヒリス・ミラー／伊藤, 大島訳	230
698	ロンドン・スパイ	N.ウォード／渡辺孔二監訳	506
699	イタリア史〈1700－1860〉	S.ウールフ／鈴木邦夫訳	1000

			（頁）
749	王の肖像	L.マラン／渡辺香根夫訳	454
750	ヘルマン・ブロッホの生涯	P.M.リュツェラー／入野田真右訳	572
751	ラブレーの宗教	L.フェーヴル／高橋薫訳	942
752	有限責任会社	J.デリダ／高橋，増田，宮﨑訳	352
753	ハイデッガーとデリダ	H.ラパポート／港道隆，他訳	388
754	未完の菜園	T.トドロフ／内藤雅文訳	414
755	小説の黄金時代	G.スカルペッタ／本多文彦訳	392
756	トリックスターの系譜	L.ハイド／伊藤誓，他訳	652
757	ヨーロッパの形成	R.バルトレット／伊藤，磯山訳	720
758	幾何学の起源	M.セール／豊田彰訳	444
759	犠牲と羨望	J.-P.デュピュイ／米山，泉谷訳	518
760	歴史と精神分析	M.セルトー／内藤雅文訳	252
761 762 763	コペルニクス的宇宙の生成〔全三冊〕	H.ブルーメンベルク／後藤，小熊，座小田訳	I・412 II・ III・
764	自然・人間・科学	E.シャルガフ／山本，伊藤訳	230
765	歴史の天使	S.モーゼス／合田正人訳	306
766	近代の観察	N.ルーマン／馬場靖雄訳	234
767 768	社会の法（1・2）	N.ルーマン／馬場，上村，江口訳	1・430 2・446
769	場所を消費する	J.アーリ／吉原直樹，大澤善信監訳	450
770	承認をめぐる闘争	A.ホネット／山本，直江訳	302
771 772	哲学の余白（上・下）	J.デリダ／高橋，藤本訳	上・ 下・
773	空虚の時代	G.リポヴェツキー／大谷，佐藤訳	288
774	人間はどこまでグローバル化に耐えられるか	R.ザフランスキー／山本尤訳	134
775	人間の美的教育について	F.v.シラー／小栗孝則訳	196
776	政治的検閲〈19世紀ヨーロッパにおける〉	R.J.ゴールドスティーン／城戸，村山訳	356
777	シェイクスピアとカーニヴァル	R.ノウルズ／岩崎，加藤，小西訳	382
778	文化の場所	H.K.バーバ／本橋哲也，他訳	490
779	貨幣の哲学	E.レヴィナス／合田，三浦訳	230
780	バンジャマン・コンスタン〈民主主義への情熱〉	T.トドロフ／小野潮訳	244
781	シェイクスピアとエデンの喪失	C.ベルシー／高桑陽子訳	310
782	十八世紀の恐怖	ベールシュトルド，ポレ編／飯野，田所，中島訳	456
783	ハイデガーと解釈学的哲学	O.ペゲラー／伊藤徹監訳	418
784	神話とメタファー	N.フライ／高柳俊一訳	578
785	合理性とシニシズム	J.ブーヴレス／岡部，本郷訳	284
786	生の嘆き〈ショーペンハウアー倫理学入門〉	M.ハウスケラー／峠尚武訳	182
787	フィレンツェのサッカー	H.ブレーデカンプ／原研二訳	222
788	方法としての自己破壊	A.O.ハーシュマン／田中秀夫訳	358
789	ペルー旅行記〈1833-1834〉	F.トリスタン／小杉隆芳訳	482
790	ポール・ド・マン	C.ノリス／時実早苗訳	370
791	シラーの生涯〈その生活と日常と創作〉	P.ラーンシュタイン／上西川原章訳	730
792	古典期アテナイ民衆の宗教	J.D.マイケルソン／箕浦恵了訳	266
793	正義の他者〈実践哲学論集〉	A.ホネット／日暮雅夫，加藤泰史，他訳	460
794	虚構と想像力	W.イーザー／日中，木下，越谷，市川訳	
795	世界の尺度〈中世における空間の表象〉	P.ズムトール／鎌田博夫訳	536
796	作用と反作用〈ある概念の生涯と冒険〉	J.スタロバンスキー／井田尚訳	460
797	巡礼の文化史	N.オーラー／井本，藤代訳	332
798	政治・哲学・恐怖	D.R.ヴィラ／伊藤，磯山訳	422
799	アレントとハイデガー	D.R.ヴィラ／青木隆嘉訳	558
800	社会の芸術	N.ルーマン／馬場靖雄訳	760